# *Noesje Djaan*
## De Afghaanse keuken

door
### Helen Saberi

met hulp van Najiba Zaka en Shaima Breshna
en tekeningen van Abdullah Breshna

UITGEVERIJ PEREBOOM

Voor Alexander en Oliver en alle kinderen van Afghanistan

© Helen Saberi, 2003
© deze uitgave: Uitgeverij Pereboom, 2003
Oorspronkelijke titel: Noshe Djan: *Afghan Food & Cookery*
VERTALING: Henja Schneider en Joosje Noordhoek
ONTWERP & OPMAAK: Geert Verstaen
ILLUSTRATIES: Abdullah Breshna
FOTO OMSLAG: Helen Saberi
KAARTEN: UvA-Kaarten, Amsterdam
TEKSTVERZORGING: Henk Pel
ISBN 90 77455 09 4

Uitgeverij Pereboom
Meerweg 6
1405 BE Bussum
info@uitgeverijpereboom.nl
www.uitgeverijpereboom.nl

# Inhoud

| | |
|---|---|
| Voorwoord | 7 |
| Inleiding | 11 |
| De Afghaanse keuken | 23 |
| Brood | 45 |
| Soepen | 52 |
| Eten op straat en snacks | 61 |
| Gerechten met pasta en noedels | 70 |
| Eiergerechten | 78 |
| Kebaabs | 83 |
| Hoofdgerechten | 100 |
| Groentegerechten en salades | 147 |
| Tafelzuren en chutneys | 158 |
| Fruit en desserts | 166 |
| Gebak, snoepgoed en koekjes | 183 |
| Jams en ingemaakt fruit | 200 |
| Dranken | 205 |
| | |
| Literatuur | 215 |
| Dankbetuiging | 217 |
| Register | 219 |

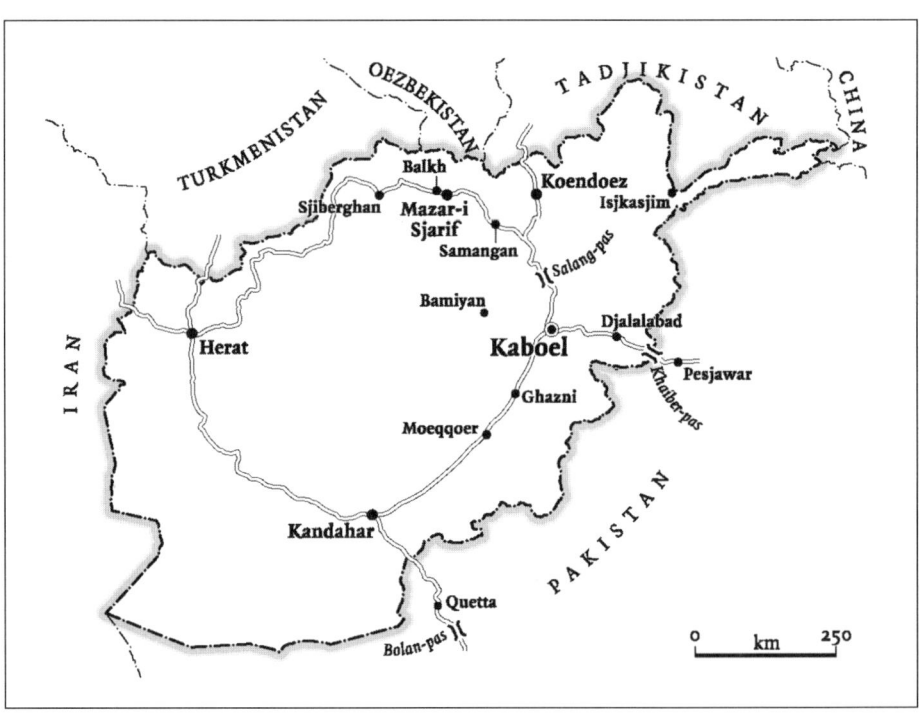

# Voorwoord

Ik zat nog op school toen ik, na het lezen van een boek over het land, de cultuur en tradities, belangstelling kreeg voor Afghanistan. Het klonk allemaal zo fascinerend en interessant dat ik me voornam er ooit heen te gaan.

Omdat ik altijd al geïnteresseerd was in vreemde landen en ook al tamelijk wat gereisd had, solliciteerde ik na het volgen van een secretaresseopleiding bij het ministerie van Buitenlandse Zaken. Ik begon in Londen en werd vervolgens naar Warschau gestuurd. Kort daarna werd ik tot mijn grote vreugde overgeplaatst naar Kaboel in Afghanistan. Ik vond het geweldig dat ik kon gaan werken op een plek waar ik altijd al heen had gewild.

In maart 1971 kwam ik in Afghanistan aan. In een heel klein vliegtuigje vloog ik over de bergen en de beroemde Khaiberpas van Pesjawar naar Kaboel. Het zag er zo kaal, bergachtig en stoffig uit dat ik me eerlijk gezegd afvroeg of het geen vergissing was geweest hierheen te willen gaan. Maar na deze eerste, ietwat intimiderende indruk, begon ik van Afghanistan te houden – van het overweldigende landschap, de kale, stuivende woestijnen, de schitterend blauwe luchten, de met sneeuw bedekte bergen, de weelderig groene valleien en kleurrijke, krioelende markten, maar vooral van de fantastische, gastvrije bevolking.

Het eerste jaar reisde ik zoveel mogelijk door het land en ontmoette ik vele Afghanen, onder wie mijn toekomstige echtgenoot. Na een korte verloving trouwden we in 1972 in Engeland. Toen we teruggingen naar Afghanistan om ons daar te vestigen, kreeg ik een baan bij de Britse ambassade aangeboden. Wat wilde ik nog meer? Mijn banden met Engeland bleven bestaan, terwijl ik tegelijkertijd Afghaanse werd. Ik leerde de taal, het Dari, en bezocht in de acht jaar daarop het grootste deel van het land. Ik raakte zeer geïnteresseerd in de cultuur, de tradities en de voedingsgewoonten van de mensen.

We ontvingen thuis veel gasten en kookten, zelfs voor onze niet-Afghaanse vrienden, bijna altijd Afghaans eten. Ik heb heel wat dierbare herinneringen aan de vele uren die ik in de keuken doorbracht met mijn dienstmeisje, tevens vriendin, Gulbadan, en mijn schoonmoeder. We maakten *aasjak*, *boelani*, *pilau* en allerlei andere specialiteiten en delicatessen. Mijn kennis van de traditionele Afghaanse keuken groeide ook enorm doordat ik tijdens mijn reizen vaak bij families logeerde, die allemaal hun eigen achtergrond hadden en tot diverse stammen behoorden, zodat ik allerlei regionale specialiteiten te proeven kreeg.

Ik woonde in Afghanistan tot maart 1980. De gevechten en onlusten ten gevolge van de inval en bezetting door de Russen werden zo hevig dat we wel móésten besluiten om weg te gaan. We moesten het grootste deel van onze bezittingen en een deel van onze familieleden en dierbare vrienden achterlaten, maar toch ben ik blij met mijn herinneringen en met de grote liefde die ik voor Afghanistan en voor de Afghaanse mensen heb ontwikkeld.

Thuis, in Londen, maak ik dikwijls Afghaans voedsel klaar. Mijn echtgenoot houdt vooral van *aasjak*, *pilau*-gerechten en kebaabs. Mijn negenjarige zoon, Alexander, is dol op *naan* en kebaabs. Als hij ruikt dat ik *naan* aan het bakken ben, beginnen zijn ogen te schitteren en kan hij bijna niet wachten tot het brood uit de oven komt en hij het ovenvers, terwijl het nog warm is, kan eten.

Ik besloot dit kookboek te schrijven omdat ik denk dat de Afghaanse keuken veel mensen in het Westen zal aanspreken, maar vooral omdat ik denk dat het een bijdrage kan zijn – hoe klein ook, aan de Afghaanse zaak. Ik geloof dat het waardevol is een boek te maken over de Afghaanse keuken en haar rijke, gevarieerde tradities die, als de politieke situatie niet verandert, teloor dreigen te gaan. De oorlog heeft verschrikkelijke gevolgen voor de Afghaanse mensen en velen van hen vluchten naar andere landen. Dit betekent tevens een verstrooiing en vernietiging van hun cultuur.

Veel mannen, vrouwen en kinderen leven zonder voedsel, zonder medicijnen, zonder onderdak. Een Afghaans kookboek lijkt wel heel schrijnend in deze dagen, nu in Afghanistan de dreiging van hongersnood zeer reëel is. De royalty's van de verkoop van dit boek gaan naar hulporganisaties die in Afghanistan werken om de in nood verkerende mensen van voedsel en medicijnen te voorzien.

## Bij de Nederlandse uitgave

Ik vind het fantastisch dat Uitgeverij Pereboom deze vertaling van *Noesje Djaan* publiceert en dat Nederlanders en Belgen nu in hun eigen taal kunnen lezen over de keuken en de cultuur van Afghanistan. Ik ben Dolf Pereboom zeer dankbaar dat hij dit initiatief heeft genomen. Ik dank Henja Schneider en Joosje Noordhoek voor hun nauwgezette vertaling en verder iedereen die aan de totstandkoming van dit boek heeft bijgedragen.

Een van de belangrijkste redenen waarom ik dit boek heb geschreven was dat ik de Afghaanse culinaire tradities en recepten wilde vastleggen, omdat ik vreesde dat ze tijdens de oorlog daar verloren zouden kunnen gaan. Ik wilde ook, zij het op bescheiden wijze, een bijdrage leveren aan de Afghaanse zaak en meehelpen te voorkomen dat Afghanistan in het vergeetboek zou raken. Veel mannen, vrouwen en kinderen waren verstoken van voedsel, medicijnen en/of onderdak en de oorlog leidde tot een massale uittocht van vluchtelingen naar andere landen in de wereld (inclusief Nederland en België), met de daaruit voortvloeiende versnippering en uitholling van hun cultuur. Helaas heeft deze tragische situatie vele jaren geduurd. Afghanen vochten met Afghanen tijdens een bittere burgeroorlog; veel mannen, vrouwen en kinderen werden gedood; duizenden kinderen werden wees, miljoenen kampten met hongersnood; de rechten van de vrouw werden onder de Taliban met voeten getreden; een hele generatie had alleen maar weet van ontberingen en oorlog.

De gebeurtenissen op 11 september 2001 in New York betekenden voor Afghanistan het begin van een nieuw en hoopvoller tijdperk. De Taliban en hun bondgenoten van Al-Qaeda werden verdreven en er is brede steun voor de overgangsregering die nu voor de enorme taak staat de vrede te handhaven en het land opnieuw op te bouwen. Ik ben in de gelegenheid geweest om zelf, ter plekke, de omvang van die taak te constateren. Ik ben net teruggekeerd van een bezoek aan Afghanistan, het eerste sinds tweeëntwintig jaar. Mijn echtgenoot, een ingenieur, was al een paar maanden daarvoor vertrokken om te helpen met de wederopbouw en had stapels plannen en projecten op zijn bureau liggen. Het was een emotioneel bezoek en de verwoestingen en armoe waren diep treurig om te zien, maar ondanks alle problemen en moeilijkheden voelde ik ook optimisme ten aanzien van de toekomst. Kaboel maakte de indruk van een levendige, bedrijvige stad, waar de bewoners terugkeren en druk in de weer zijn hun huizen, winkels en kantoren te herbouwen of te herstellen. Het kabaal op de bouwplaatsen en de herrie van het chaotische verkeer overstemmen elkaar. In de winkels en op de markten bloeit de handel, al zijn westerse goederen alleen te koop tegen prijzen die voor vijfennegentig procent van de bevolking veel te hoog liggen. Lokale producten zijn er in overvloed, met name de kleurrijke groenten en vruchten die ik me zo goed herinnerde van toen ik in Afghanistan woonde. Op de markt prezen jongemannen zingend de waar op hun karren aan: rode granaatappels barstensvol glinsterende zaadjes, blozende appels, kleine, zoete, gele bananen, meloenen, watermeloenen (waarvan er een paar gehalveerd zijn om hun rode, sappige binnenkant te laten zien), zoete, witte druifjes, tomaten, aardappelen, uien, worteltjes en een heleboel groene *gandana* (de prei-achtige groente waar Afghanen zo dol op zijn). De straatverkopers (*tabang wala*'s) zijn net zo populair als vroeger. Je kunt er op houtskool geroosterde maïskolven kopen; *boelani*, met *gandana* gevulde, gefrituurde pasteitjes eten; of smullen van met munt-azijn besprenkelde plakken gekookte aardappel. Je kunt er kiezen uit de rijen potten met fel gekleurde chutneys, zoals de knalgroene korianderchutney, een van mijn favorieten.

De *tsjaykana*'s (theehuizen) doen goede zaken. Het zijn de plekken waar mannen bij elkaar komen om bij een glas thee en een hapje het laatste nieuws te bespreken en over politiek te discussiëren. Restaurants zoals we die in het Westen kennen, zijn er nooit veel geweest, maar dat is aan het veranderen. Er komen er steeds meer, de kaart wordt gevarieerder en ze leveren nu ook afhaalmaaltijden. Tijdens mijn bezoek kon ik er pizza's, pasta's en Chinese en Indiase gerechten eten. Verder zijn er plannen om een paar van de grote hotels van Kaboel te restaureren en te renoveren.

Kortom, er is veel wat erop wijst dat de normale gang van zaken terugkeert en dat de Afghaanse bevolking de traditionele manier van leven weer oppakt. Maar ik denk dat het nu net zo belangrijk is als halverwege de jaren tachtig om door te gaan met het vastleggen van de eetgewoonten en de tradities en recepten in de Afghaanse keuken. De Afghanen denken er in elk geval zo over.

De reacties op mijn boek van Afghanen, die nu in alle uithoeken van de wereld wonen, hebben mij zeer gestimuleerd. Ze hielpen me met constructieve adviezen en informatie over de Afghaanse keuken die, zoals dat gaat wanneer er veel etnische groepen in één land leven, veel variëteiten kent. Ik was werkelijk verrukt toen ik van Afghanen hoorde dat ze mijn boek hadden gekocht om aan hun kinderen te geven, van wie velen al op heel jonge leeftijd uit Afghanistan waren vertrokken en zich niet veel meer van de traditites en gewoonten daar herinnerden.

Mijn echtgenoot groef in zijn geheugen en diepte veel voor mij nieuwe recepten op, zoals de jams, *qorma*'s en *pilau*'s zoals zijn moeder en grootmoeder die maakten. Hij vertaalde ook een deel van Abdullah Afghanzada's prachtige boek, 'Lokale gerechten van Afghanistan', een praktisch volledige verzameling van Afghaanse voedingsmiddelen en recepten in het Dari. We hebben thuis een aantal van zijn uitstekende recepten zodanig aangepast dat ze voldoen aan de eisen die tegenwoordig gesteld worden, maar met behoud van hun authenticiteit. Daarom staan er in deze uitgave behoorlijk wat nieuwe recepten: bij elkaar zo'n zeventig. Ook heb ik een paar recepten vervangen als ik inmiddels betere versies was tegengekomen. En ik heb rekening gehouden met de vindingrijkheid waarmee Afghaanse vluchtelingen in het Westen ingrediënten hebben vervangen en aangepast, bijvoorbeeld door wontonvelletjes te gebruiken in plaats van het zeer bewerkelijke deeg waarvan *mantoe* en *aasjak* gemaakt worden.

Ook heb ik, voor zover mogelijk, geprobeerd nieuwe informatie die ik door de jaren heen over het leven, het eten en de traditites in Afghanistan gelezen of gehoord heb, in dit boek op te nemen.

Ik vind het een verheugende gedachte dat Nederlandse en Belgische lezers van mijn boek met mij hopen dat in Afghanistan vrede en stabiliteit zullen heersen, dat de wonden zullen helen en dat de volkeren daar met begrip en tolerantie voor elkaar zullen samenwerken bij de wederopbouw van hun prachtige land.

Londen, december 2002

### EEN OPMERKING OVER TALEN

In Afghanistan worden diverse talen gesproken. De drie belangrijkste talen zijn: Dari, dat nauw verwant is aan het Farsi (Perzisch) dat in Iran gesproken wordt; Pasjto, de taal van de Pasjtoens; en Turks, waarvan verschillende dialecten bestaan. Mijn Afghaanse familie en de meeste van mijn Afghaanse vrienden spreken Dari. Dat is ook de taal die in Kaboel het meest gesproken wordt en daarom de taal die ik leerde. Voor de gerechten gebruik ik de fonetische spelling van de namen in het Dari, met verontschuldigingen aan taalgeleerden voor onvolkomenheden.

# Inleiding

Afghanistan ligt op een knooppunt van vier belangrijke cultuurgebieden: het Midden-Oosten, Centraal-Azië, het Indiase subcontinent en het Verre Oosten. Deze geografische positie leidde ertoe dat de wegen van legers van diverse landen, die alle hun eigen cultuur hadden, elkaar in Afghanistan kruisten. Deze plunderende legers op doorreis beseften hoeveel voordelen het had om hier pleisterplaatsen te hebben en bouwden hun bolwerken.

In de vierde eeuw voor Christus veroverde Alexander de Grote Afghanistan, terwijl hij op weg was naar India. In de dertiende en veertiende eeuw na Christus werd Afghanistan geplunderd door Dzjenghis Khan, toen hij met zijn Mongolen op weg was naar het Midden-Oosten. Baboer, stichter van het rijk van de Mogol in India en rechtstreeks afstammeling van Dzjenghis Khan, zette zijn eerste schreden op weg naar de macht in Kaboel en is begraven in zijn favoriete tuin op een heuvel in Kaboel, de Bagh-e Baboer Sjah. In de achttiende eeuw viel de veroveraar Nadir Sjah Afsjar, die op weg was naar India, Afghanistan binnen. Hij veroverde het land en rekruteerde Afghaanse krijgers voor zijn leger. De Britten vielen het land in de negentiende eeuw tweemaal binnen vanuit India.

Maar ook Afghaanse dynastieën bloeiden en breidden diverse malen hun invloed uit tot delen van Centraal-Azië, India, Iran en zelfs China. Deze invloedssferen, variërend van de Koesjana's tot de Ghaznavidische sultans en de Doerranivorsten, hebben veel bijgedragen aan de rijke patronen van de beschaving.

Door zijn speciale ligging in Centraal-Azië was Afghanistan ook een kruispunt op de oude Zijderoutes tussen Europa en het Verre Oosten. Hier reisden kooplieden uit vele landen – onder wie de beroemde, uit Venetië afkomstige Marco Polo – die thee uit China en specerijen uit India meebrachten, ingrediënten die een grote invloed op de Afghaanse keuken hebben gehad.

Ook de talloze etnische groepen die in Afghanistan wonen – bijvoorbeeld de Tadjieken, Turkmenen, Oezbeken, Baloetsji's, Pasjtoen en Hazara's – hebben hun stempel op de Afghaanse tradities en het Afghaanse eten gedrukt.

Kortom, Afghanistan is eeuwenlang een smeltkroes geweest van een groot aantal culturen en tradities, en die verschillende invloeden zijn terug te vinden in het Afghaanse voedsel en in de regionale specialiteiten. Lezers van dit boek zullen overeenkomsten aantreffen met Griekse, Turkse, Levantijnse, Perzische, Centraal-Aziatische, Indiase en zelfs oosterse gerechten.

## Klimaat

Afghanistan is een land van contrasten: uitgestrekte, brandend hete, dorre woestijnen, grote gebieden met hoge, koude, ontoegankelijke bergen en enorme groene vlakten en valleien, waarvan sommige een subtropisch klimaat hebben. De zomers zijn in het algemeen droog en erg warm, de winters zeer koud met zware sneeuwval, met name in de bergen. Deze sneeuw zorgt voor het broodnodige water om in de late lente en zomer het land te irrigeren. De vlakten en valleien zijn heel vruchtbaar zolang er maar water is en er kunnen allerlei gewassen geteeld worden. Deze gewassen bepalen het dagelijkse menu van de Afghanen.

Granen als tarwe, maïs, gerst en zelfs rijst zijn het belangrijkst. Rijst wordt geteeld op de terrassen van de Hindoe Koesj in het noorden en in het gebied rond Djalalabad. Katoen wordt in het noorden en het zuidwesten van het land verbouwd en de katoenfabrieken in Koendoez en Lasjkargah produceren consumptie-olie uit katoenzaad. Suikerbieten worden voornamelijk in het gebied Poel-e Khoemri/Koendoez verbouwd en in de fabriek in Poel-e Khoemri verwerkt. In het gebied Djalalabad/Nangarhar wordt suikerriet gekweekt.

Omdat de klimatologische omstandigheden in Afghanistan zo divers zijn, is de variatie in groenten en vruchten, die er in overvloed groeien, ook groot. Afghanistan is vooral beroemd om zijn druiven, waarvan groene en rode rozijnen worden gemaakt, en om zijn meloenen.

## Sociale gewoonten en tradities

Afghanistan is een arm land, maar het is rijk aan sociale gewoonten en tradities. Het is helaas in het bestek van dit boek niet mogelijk om het Afghaanse leven gedetailleerd te beschrijven, maar ik heb een poging gedaan de interessantste en belangrijkste aspecten die met eten en koken te maken hebben eruit te pikken.

Gastvrijheid is in Afghanistan een erezaak. Voor gasten wordt zo lekker mogelijk gekookt, zelfs als dat betekent dat de rest van het gezin op een houtje moet bijten. Een gast krijgt altijd een ereplaats in de kamer. De gast krijgt eerst thee geserveerd om zijn dorst te lessen. Terwijl hij drinkt en praat met zijn gastheer zijn de vrouwen en meisjes die tot het huishouden behoren bezig met het klaarmaken van eten.

In Afghanistan is het traditie dat men tijdens het eten op de grond zit. Iedereen zit in een kring op grote, kleurrijke kussens, die *toesjak* heten. Deze kussens liggen gewoonlijk op de prachtige tapijten waarom Afghanistan beroemd is. Op de grond of op het tapijt wordt een grote doek of dunne mat (een *disterkhan*) uitgespreid voordat de schalen met eten worden gebracht. In de zomer wordt de maaltijd ook vaak buiten geserveerd, in de koele avondlucht of overdag onder een schaduwrijke boom. In de koude winter wordt er rond de *sandali* gegeten, de traditionele manier van verwarming in Afghanistan. Een *sandali* bestaat uit een lage tafel waarover een soort dekbed *(liaf)* wordt gespreid, dat zo groot is dat het ook de benen bedekt van de disgenoten, die op platte kussens of matrassen zitten, in de rug gesteund door grote kussens die *balesjt* of *posjti* heten. Onder de tafel staat een houtskoolkomfoor, een *manqal*. De houtskool mag, net als bij een barbecue, niet meer vlammen en moet met een laagje witte as bedekt zijn.

Eten is meestal een gemeenschappelijke zaak: drie of vier mensen delen een grote schaal rijst en kleine schaaltjes met bijgerechten als gestoofd vlees *(qorma)* of groenten. Er worden gewoonlijk zelf gemaakte chutneys en pickles, en versgebakken *naan* bij gegeven.

Men eet traditioneel met de rechterhand, zonder bestek. Lepels worden soms gebruikt voor puddingen en theelepels voor thee. Omdat met de handen wordt gegeten, is er vóór de maaltijd een handenwasceremonie. Hiervoor worden een speciale kom en kan gebruikt, die de *aftaba-lagan* genoemd worden. Een jong lid van de familie, een jongetje of een meisje, brengt deze naar de gast en giet water over diens handen, dat in de kom wordt opgevangen.

*Sandali*
Traditionele manier van verwarming in Afghanistan

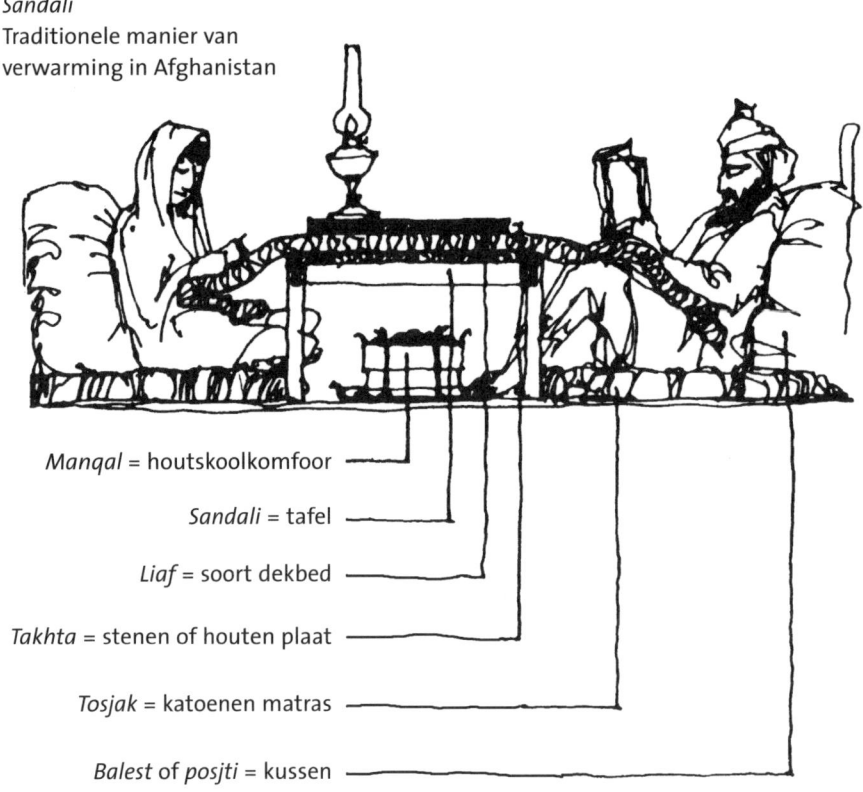

*Manqal* = houtskoolkomfoor
*Sandali* = tafel
*Liaf* = soort dekbed
*Takhta* = stenen of houten plaat
*Tosjak* = katoenen matras
*Balest* of *posjti* = kussen

## Speciale gelegenheden en religieuze feesten

Afghanistan is een islamitisch land en religie speelt een zeer belangrijke rol in het dagelijks leven. Afghanen nemen alle religieuze dagen en feesten, die op de maankalender gebaseerd zijn, in acht.

De twee belangrijkste feesten zijn *Eyd-al-Fitr* (ook wel *Eyd-e Ramazan* genoemd) en *Eyd-e Qorbaan* (soms *Eyd-al-Adha* genoemd).

*Eyd-al-Fitr*, dat drie dagen duurt, markeert het einde van *Ramazan*, de vastenmaand, en wordt gevierd ongeveer zoals wij Kerstmis vieren. Kinderen krijgen nieuwe kleren en men gaat bij familie en vrienden op bezoek. Er worden geen cadeautjes uitgewisseld, maar de laatste jaren is het sturen van *Eyd*-kaarten in zwang geraakt.

*Eyd-e Qorbaan* is het grote feest dat aan het eind van de *hadj*, de pelgrimage naar Mekka, gevierd wordt en dat vier dagen duurt. Ook voor dit feest krijgen kinderen nieuwe kleren en gaan familieleden en vrienden bij elkaar op bezoek.

Tijdens de feesten krijgen bezoekers en gasten thee, noten, snoeperijen en gesuikerde amandelen, *noql*, geserveerd. Dikwijls worden ook speciale snoeperijen en gebakjes gemaakt, zoals *halwa-ye swanak*, *sjier payra* en *goesj-e fiel*. Veel Afghanen offeren voor *Eyd-e Qorbaan* een lam of een kalf. Het feest ontleent zijn naam aan het Afghaanse woord voor offer, *qorbaan*. Het vlees wordt verdeeld onder de armen en onder familieleden en buren.

Ook *Nauroez*, nieuwjaarsdag, is een belangrijke feestdag. Het Afghaanse nieuwjaar valt op 21 maart, bij ons de eerste dag van de lente. Deze speciale dag, waarop het nieuwe leven wordt gevierd, bestond al in de tijd van Zoroaster en zijn volgelingen, lang voor het ontstaan van de islam. Voor nieuwjaar worden speciale gerechten gemaakt: *koeltsja-ye nauroezi*, koekjes van rijstebloem, die ook wel *koeltsja-ye berendji* worden genoemd, en *miwa nauroezi*, een compote van vruchten en noten, die door sommigen ook *haft miwa* of *haft sien* wordt genoemd, omdat er zeven (*haft*) vruchten in gaan en in de naam van al die vruchten de Perzische letter *sien* voorkomt. Ook *sjola-ye sjirien* of *sjola-ye zard*, twee zoete rijstgerechten, worden op deze dag gemaakt voor *Nazer*, een soort Thanksgiving. Een ander traditioneel gerecht in deze tijd is *sabzi tsjalau* met kip. De recepten voor deze gerechten zijn in dit boek opgenomen.

Ook *samanak* is een oud gerecht, dat speciaal voor nieuwjaar wordt bereid. Vijftien tot twintig dagen voor nieuwjaarsdag wordt er tarwe gezaaid in bloempotten en van deze tarwe wordt een zoete pudding gemaakt. Voor dit gerecht is heel wat voorbereiding nodig.

Op nieuwjaar, wanneer alles nieuw en fris is en de koude winter eindelijk voorbij is, gaan Afghanen graag picknicken en bezoeken veel mensen heilige plaatsen, *ziyarat*. Er wordt ook *boezkasji* gespeeld, de nationale sport, die iets weg heeft van polo. *Boezkasji* betekent letterlijk 'geit-graaien'. In plaats van een bal wordt het onthoofde lijf van een geit, of soms een kalf, gebruikt. Het spel is ontstaan op de

*Aftaba-lagan*

De ceremonie van het handenwassen en de *aftaba-lagan*

vlakten van Koendoez en Mazar-e Sjarief in de tijd van de Mongoolse invasies in Afghanistan. Men zegt dat de Mongoolse cavalerie (onthoofde) krijgsgevangenen in plaats van geiten gebruikte.

Kinderen gaan vliegeren. De vliegers worden vervaardigd van kleurig vloeipapier op een licht, houten frame en het draad, dat speciaal voorzien wordt van gemalen glas, is bijzonder scherp. De kinderen laten de vliegers in de lucht met elkaar vechten en daarbij gaat het erom het draad van de andere vliegers door te snijden.

Afghanen grijpen elke gelegenheid voor een feest aan. Geboorte, besnijdenis, verloving, huwelijk, alles wordt in grootse stijl gevierd, hoewel veel van de bijbehorende gewoonten aan het verdwijnen zijn.

De geboorte van een kind, vooral van de eerste zoon, is een belangrijke gebeurtenis, waarvoor veel gasten verwacht worden. Er worden vele gerechten en specialiteiten klaargemaakt: *aasj, aasjak, boelani,* kebaabs, *pilau* en massa's toetjes. Zo'n feest duurt tien dagen. Op de derde, of soms de zesde dag, die *Sjab-e sjesj* wordt genoemd, komt de plaatselijke priester, *mullah,* het kind zegenen en vindt de ceremonie plaats waarbij het kind een naam krijgt. De familieleden zitten in een kring in een kamer en kiezen een naam en die naam wordt in het oor van de baby gefluisterd. Op de tiende dag (*dah*) na de geboorte staat de moeder voor het eerst op (tot dat moment zorgen vrouwelijke familieleden voor haar en de baby) en gaat ze naar het badhuis (*hammaam*). Daarom wordt deze dag *Hammaam-e dah* genoemd. Op deze dag wordt *hoemartsj* geserveerd, een op bloem gebaseerde soep, die als 'warm' ofwel versterkend voedsel wordt beschouwd, en natuurlijk is die soep met name voor de jonge moeder bedoeld. Er worden vaak ook andere traditionele gerechten gemaakt voor deze gelegenheid, die de reputatie hebben dat ze versterkend en voedzaam zijn, zoals *liti, kachee, aasj* en *sjola-ye holba,* een zoet rijstgerecht met fenegriek. Op de veertiende dag na de geboorte wordt voor de naaste familie *rot,* een zoet brood, gebakken. Ook op de dag dat het kind zijn eerste stappen zet wordt *rot* gebakken.

Besnijdenis is een andere gebeurtenis die nog altijd gevierd wordt. Familieleden en vrienden komen hiervoor bij elkaar. Traditioneel is het de taak van de plaatselijke barbier om de besnijdenis van het jongetje uit te voeren. Op zo'n dag worden er kebaabs gemaakt van het vlees van een lam dat speciaal voor deze gelegenheid geofferd wordt. De kebaabs worden in combinatie met allerlei andere gerechten geserveerd.

Verlovingen en huwelijken worden uitvoerig gevierd en de traditites daarbij zijn in de diverse etnische groepen verschillend. Ze verschillen zelfs van dorp tot dorp en van stad tot stad. In elk geval zijn verlovingen en huwelijken aanleiding tot een groot feest.

Verlovingen worden *sjirini khori* genoemd, wat letterlijk 'zoet eten' betekent. Het is traditie dat de familie van de bruidegom zoetigheden, *goesj-e fiel,* cadeautjes, kleren, juwelen en andere geschenken voor de familie van de bruid meebrengt. De familie van de bruid zorgt op haar beurt voor het voedsel en de organisatie van het feest. Er worden zoveel mogelijk gasten uitgenodigd, hoeveel is afhankelijk van de sociale status en de financiële situatie van de familie van de bruid. Vaak worden er speciale keukens ingericht om de enorme hoeveelheden voedsel – *pilau, qorma, aasjak, boelani* en veel soorten desserts, *ferni, sjola*, geleien, gebak en natuurlijk veel vruchten – te kunnen bereiden. Gewoonlijk wordt de thee *qeymaaq tsjay* geserveerd.

Trouwpartijen kennen twee stadia: eerst *nekaah*, de religieuze ceremonie waarbij het huwelijkscontract feitelijk wordt ondertekend, daarna *aroesi*, een combinatie van een trouwfeest en verdere ceremoniën.

Voor het tweede deel van het huwelijk krijgen de gasten eerst voedsel geserveerd, terwijl de bruid zichzelf in een aparte kamer voorbereidt. Het gaat om een groot assortiment gerechten, net als bij de verloving. De *aroesi*-ceremonie vindt tamelijk laat in de avond plaats, na de onvermijdelijke thee.

De bruid en de bruidegom worden voor het eerst samengebracht (de bruid was bij de religieuze ceremonie niet aanwezig – het contract wordt namens haar getekend). De bruidegom zit op een verheven platform dat *takht* (troon) genoemd wordt en de bruid komt, zwaar gesluierd en in gezelschap van vrouwelijke familieleden die de *Qor'an* (koran) boven haar hoofd houden, naar hem toe. De bruid gaat naast de bruidegom zitten en er wordt een spiegel voor hen neergezet. Daarna volgen diverse plechtigheden, waaronder het proeven van *sjarbat* (sorbet) en *molida*, een van bloem gemaakte, poederachtige snoeperij. De handen of vingers van het bruidspaar worden met henna beschilderd. Vervolgens worden er gesuikerde amandelen *(noql)* – symbool voor vruchtbaarheid en voorspoed – en andere zoetigheden – symbool voor geluk – over het pas getrouwde paar uitgestrooid, ongeveer zoals in het Westen confetti of rijst naar het bruidspaar wordt gegooid.

Een andere, minder vrolijke gebeurtenis waarbij veel vrienden en familieleden samenkomen is een sterfgeval. Er wordt voedsel gemaakt voor de rouwende familie en de gasten, van wie er velen een aantal dagen bij het getroffen gezin blijven. Op de eerste vrijdag en veertien dagen na het overlijden luisteren familieleden en vrienden samen naar het lezen uit de *Qor'an*, wat meestal door de plaatselijke priester *(mullah)* gedaan wordt. Daarna wordt er gegeten.

De *Sjab-e mordeha*, dat letterlijk 'avond van de dood' betekent, is ook een gewoonte die ik hier misschien moet noemen. Deze speciale avonden worden gehouden op de vooravond van een *Eyd* en van nieuwjaar. De doden in de familie worden herdacht en er wordt *halwa* gemaakt en uitgedeeld onder de armen.

Ook *nazer* is een belangrijk religieus gebruik. Iedereen doet eraan, rijk en arm, en het lijkt op Thanksgiving in Amerika, maar kan op elke willekeurige dag plaatsvinden. *Nazer* wordt om allerlei redenen aangeboden, zoals de veilige terugkeer van een familielid na een reis of het herstel van een ernstige ziekte. Een andere belangrijke reden voor *nazer* is een bezoek aan een heilige plaats en de vervulling van een gebed dat tijdens die pelgrimage is gedaan. Voor dit soort gelegenheden worden speciale gerechten als *halwa* of *sjola* gemaakt en onder de armen uitgedeeld. De eenvoudigste vorm van *nazer* is het kopen van twaalf verse *naan* en het overhandigen van stukjes daarvan aan voorbijgangers op straat. Mensen met meer geld offeren een lam of een kalf. *Nazer* wordt altijd dankbaar geaccepteerd, omdat het een belangrijke religieuze betekenis heeft.

Mijn schoonmoeder maakte altijd een grote pot *halwa*. Hiervan werden porties op een groot stuk verse *naan* geschept, die op een enorme schaal werden gelegd. Dan ging een bediende of een familielid de straat op om de voorbijgangers een stuk *naan* met *halwa* aan te bieden. We brachten het ook altijd naar onze buren.

*Nazer* is ook de gewoonte op andere belangrijke religieuze dagen, zoals de geboortedag van de profeet Mohammed of op de tiende dag van *Muharram* (de maanmaand van de rouw), de herdenking van de massamoord op Hazrat-e Hosseyn, kleinzoon van Mohammed, en tweeënzeventig leden van zijn familie. Er is ook *Nazer Bibi* – Bibi is Fatima El-Zahra, de dochter van de profeet Mohammed. Bij deze gelegenheid wordt *halwa* van rijst of tarwe geserveerd op rond, dun, in olie gebakken brood.

Natuurlijk zijn, vooral in de steden, sommige tradities en gebruiken verdwenen. De steden ademen steeds sterker een westerse sfeer, met name de hoofdstad Kaboel. Tafels en stoelen ziet men steeds meer tegenwoordig, net als bestek, hoewel messen nog altijd niet veel worden gebruikt. Buffetten worden dikwijls voor grote feesten aangericht.

Er is geen speciale volgorde voor het serveren van Afghaans eten en meestal staat op een groot feest de tafel vol met allerlei gerechten: *pilau, qorma*, groenten en salades worden tegelijk met de desserts en het fruit neergezet. Iedereen kiest zelf of hij of zij een gerecht apart wil eten of juist van alles op een bord wil scheppen. Alleen de desserts worden het laatst gegeten, alleen nog gevolgd door fruit. Na iedere maaltijd wordt thee geserveerd. Voor speciale gelegenheden worden enorme hoeveelheden voedsel klaargemaakt. Een tweede keer opscheppen is verplicht, als je je gastgever niet wilt beledigen. Vaak komt de gastheer of gastvrouw je persoonlijk een grote extra portie brengen en dringen ze erop aan dat je toch vooral meer van die of die delicatesse moet eten.

Restanten van dit soort feestmaaltijden worden nooit weggegooid. Er zijn altijd bereidwillige eters in de keuken die bij het klaarmaken van het voedsel betrokken zijn geweest en wachten tot de gasten klaar zijn. Wat zij niet weg kunnen werken kan altijd de volgende dag nog gegeten worden.

Afghanen eten zelden in restaurants. Er waren een paar restaurants in Kaboel en in andere grote steden, maar die bedienden voornamelijk buitenlanders en reizigers. *Tsjaikana*'s, theehuizen, zijn echter zeer populair. Afghanen gaan erheen om hun vrienden te ontmoeten, de laatste nieuwtjes uit te wisselen en thee te drinken. Er kan ook etenswaar worden verkocht, maar dat is vooral bedoeld voor reizigers. Afghanen eten graag kebaabs die in kebaabkramen zijn klaargemaakt en kopen ook graag snacks bij straatverkopers die *tawaf* of *tabang wala* genoemd worden. Een *tabang wala* draagt zijn handelswaar en andere benodigdheden op zijn hoofd op een groot, plat, rond houten blad, een *tabang*. Hij zet zijn spullen neer waar en wanneer hij dat geschikt acht en claimt soms een bepaalde straathoek.

Zijn assortiment bestaat uit etenswaar als *djelabi, pakaura*, plakken gekookte aardappel met azijn, gekookte kikkererwten of bruine bonen met azijn en gekookte eieren. Soms verkoopt een *tabang wala* gedroogde vruchten en noten, compotes van fruit en noten zoals *kesjmesj aab* (rozijnen in water) en snoep.

Een populair spel dat door kinderen gespeeld wordt op *Eyd* of *Nauroez* lijkt op de westerse traditie van gekleurde eieren met Pasen. De eieren worden in felle kleuren beschilderd en het spelletje is dat je met een vriend of vriendin twee eieren tegen elkaar moet stoten. De eigenaar van het ei waarvan de schil het eerst barst, is de verliezer.

Een ander spelletje, dat zowel kinderen als volwassenen spelen, is het trekken aan het 'wensbotje' van een kip. Heel vaak wordt op een feest speciaal een *pilau* met kip gemaakt om dit spelletje te kunnen spelen. In tegenstelling tot de westerse regels doet het er niet toe wie het grootste stuk krijgt. Het trekken aan en breken van het wensbotje betekent alleen maar het begin van een spel tussen twee spelers waarbij er gewed wordt, meestal om een ander feest of om geld of kleren. Na het trekken van het wensbotje kan een van de spelers op elk gewenst moment proberen te winnen door een object, wat dan ook, aan de ander te geven. Degene die het object ontvangt moet onthouden dat het spel is begonnen en zeggen: '*Mara yaad ast*' (Ik onthoud). Het spel gaat nu door tot een van de spelers het vergeet en zo de verliezer wordt. De winnaar claimt zijn overwinning door te zeggen: '*Mara yaad ast, tora faramoesj*' (Ik onthoud, jij vergeet).

Als het begint te sneeuwen spelen de volwassenen een spelletje dat *barfi* heet en waarbij het ook gaat om het geven van een feest. Een vriend of familielid stuurt een briefje in een envelop waarin wat van de eerste sneeuw zit. De envelop wordt meestal bezorgd door een bediende of een kind. Als je nietsvermoedend de envelop aanneemt, moet je betalen door een feest te geven voor de afzender en zijn gezin. Er zijn Afghanen die gewoon niet open doen als er gebeld wordt tijdens de eerste sneeuwbui, maar er zijn er ook veel die de koerier afwachten, want als je degene die de envelop aflevert kunt pakken, worden de rollen omgedraaid en is het de afzender die het feest moet geven. Als dit gebeurt krijgt de koerier met houtskool een zwart teken op zijn voorhoofd of worden zijn handen op zijn rug vastgebonden, en wordt hij met schande overladen teruggestuurd naar het huis van de afzender. Ik ben ooit betrapt door een van de jonge neven van mijn echtgenoot. Ik vind dat zijn familie op een oneerlijke manier geprofiteerd heeft van een vreemdelinge die niet op de hoogte was van Afghaanse tradities!

In de lente en de zomer is een picknick, *mila*, een populaire vrijetijdsbesteding, hoewel de bewoners van Kaboel in vredestijd zelfs in de winter gingen picknicken. In warme streken, in Djalalabad, duurt een uitgebreide picknick wel eens een heel weekend. 's Zomers gaan picknickers naar de koele bergen van Paghman of de Salang in de Hindoe Koesj. In de lente zijn het dorp Istalif en het meer bij Sarobi favoriete plekken.

Helemaal op z'n Afghaans worden er voor deze picknicks bergen voedsel meegenomen die ter plekke worden klaargemaakt. Er wordt een vuur aangelegd en kebaabs en vis worden op houtskool geroosterd en geserveerd met salades en warme, verse *naan*. De avontuurlijk aangelegde picknickgangers maken *pilau* klaar. Na het eten wordt er thee gemaakt en ontspant iedereen zich, genietend van de frisse lucht. Bij sommige picknicks gaat het heel levendig toe en wordt er muziek gemaakt, en gedanst door degenen die daar de energie voor hebben. De mensen brengen hun eigen muziekinstrumenten mee, of bandjes met populaire Indiase dansmuziek.

Sommige gerechten en desserts worden alleen in een bepaald seizoen gemaakt. *Faloeda* bijvoorbeeld is een gerecht voor in de lente of de vroege zomer. Het is een soort noedeldessert of noedeldrank – soms gemengd met sneeuw die in grote blokken uit de bergen is gehaald – dat geserveerd wordt met van alles en nog wat erbij, variërend van een melkcustard die met salep gebonden is, tot rozenwater dat erover gesprenkeld wordt. Plaatselijk gemaakt roomijs, *sjier-yakh*, hoort in hetzelfde seizoen thuis. Ook *kesjmesj panier* is een traditioneel voorjaarsgerecht: een verse, witte kaas met rode rozijnen. De winter is het seizoen voor een specialiteit die *haliem* heet, een gerecht van tarwe, gemengd met gehakt en geserveerd met olie en suiker. Het wordt meestal bij een kraam gekocht. De winter is ook de tijd voor vis en *djelabi*.

In de viskraam

Een Afghaanse keuken

# De Afghaanse keuken

De traditionele Afghaanse keuken is zeer eenvoudig. Zelfs in de steden hebben maar weinig mensen een oven. Er wordt meestal gekookt op hout- of houtskoolvuren en velen vinden dat Afghaans eten veel lekkerder smaakt als het op dit soort vuren wordt klaargemaakt. Sommige mensen hebben wel een klei-oven (*tandoer*), waarin ze hun eigen brood bakken.

Koelkasten zijn er niet veel. Om in de hete zomers voedsel koel en fris te houden, gebruiken Afghanen kleipotten en -vaten, zoals die op bladzijde 24 zijn afgebeeld.

In de meeste huizen is geen stromend water. Wassen wordt buiten gedaan, bij een put of bron.

## Maten en gewichten

Afghanen wegen of meten hun ingrediënten maar zelden af zoals men in westerse landen doet. Recepten worden van moeder op dochter doorgegeven en in de praktijk en door ervaring geleerd. In de meeste keukens staat wel een serie potten met handvatten, *malaqa*, die als maatbeker kunnen dienen, en ook gewone koppen en glazen worden als zodanig gebruikt.

Bij het kopen van voedsel wordt natuurlijk wel met gewichten gewerkt: de *sier*, *tsjarak*, *pau*, *khord* en *mesqal*. De *mesqal* is de kleinste en wordt voor het wegen van goud en specerijen gebruikt. De metrieke equivalenten zijn als volgt:

| | | | | |
|---|---|---|---|---|
| 1 *sier* | = | 7 kg | | |
| 1 *tsjarak* | = | 1/4 *sier* | = | 1,75 kg |
| 1 *pau* | = | 1/4 *tsjarak* | = | 438 g |
| 1 *khord* | = | 1/4 *pau* | = | 109 g |
| 1 *mesqal* | = | 1/24 *khord* | = | 4,5 g |

Ik herinner me hoe verbaasd ik was toen ik de eerste keer wat vruchten kocht bij een 'ezelverkoper' (een koopman met een ezel, niet iemand die ezels verkoopt) op de fruitmarkt. Hij pakte zijn weegschaal en legde op de ene schaal het fruit en op de andere een steen! Deze 'weegsteen' was 1 *pau*.

Er waren vreemdelingen die niet konden geloven dat ze het juiste gewicht kregen. Ze renden dan naar de dichtstbijzijnde winkel en vroegen daar hun aankopen op een 'echte' weegschaal en met 'echte' gewichten te wegen. Die balansen die de verkopers met hun hand omhooghielden waren eigenlijk altijd accuraat, maar ik heb nooit meegemaakt dat zo'n arme ezelverkoper zich opwond of zich boos maakte over deze beledigende twijfel aan zijn eerlijkheid. Ze lachten gewoon en haalden hun schouders op.

## Koks en keukenuitrusting

Koken wordt gewoonlijk gedaan door de vrouwelijke familieleden, hoewel bij belangrijke gelegenheden en grote feesten soms professionele, mannelijke koks worden ingehuurd. Het mannelijk deel van de familie is meestal verantwoordelijk voor het in huis halen van de boodschappen. Familie slaat in het Oosten niet alleen op de naaste familieleden, de omvang van de Aziatische 'uitgebreide familie' is veel groter en betekent dat er dagelijks enorme hoeveelheden eten gekookt moeten worden, en dat is iets dat behoorlijk wat tijd kost.

Het voedsel wordt vaak bij lage hitte langdurig gekookt, zodat de aroma's van de ingrediënten zich goed kunnen ontwikkelen. Vaak smaakt een *pilau* die de volgende dag wordt opgewarmd lekkerder dan een *pilau* die net gekookt is.

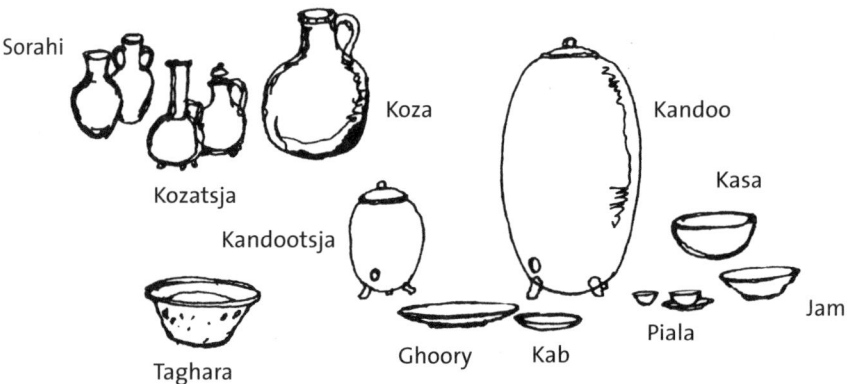

De bereidingswijzen zijn uitgebreid en arbeidsintensief, terwijl er praktisch geen moderne keukenapparaten zoals foodprocessors of mixers zijn. In de volgende lijst geef ik aan wanneer het mogelijk is moderne hulpmiddelen te gebruiken.

*Dieg:* pannen
Afghaanse koks gebruiken koperen pannen van diverse maten. De pannen zijn bekleed met een legering waarin, meen ik, zink zit. Pannen worden genoemd naar het gewicht aan rijst dat er in gekookt kan worden, bijvoorbeeld *dieg-e yak siera* is een pan waarin 1 *sier* (7 kg) rijst gekookt kan worden. De pannen variëren in grootte van ruim 400 g, *dieg-e yak pou*, tot 10 *sier* (70 kg), *dieg-e dah siera*. Er worden ook wel gietijzeren pannen gebruikt en nog niet zolang geleden zijn er aluminium pannen op de markt gekomen, maar koperen pannen blijven het populairst.

Voor het koken van Afghaanse gerechten, en met name *pilau*, zou ik het gebruik aanbevelen van zware gietijzeren pannen, die niet gauw aanzetten of aanbranden. Een pan met dikke bodem maar zonder handvat is handig, omdat die ook in de oven gezet kan worden. Pannen in Afghanistan hebben geen handvatten en kunnen dus zowel op het vuur als in de oven gebruikt worden.

*Hawang:* vijzel en stamper
In alle Afghaanse huizen zijn een vijzel en een stamper te vinden, meestal van koper. Ze zijn van essentieel belang voor het fijnmaken van knoflook en uien en het malen van kruiden en specerijen. Een elektrische molen is een veel snellere manier om specerijen te malen, maar denk er wel aan hem na gebruik goed schoon te maken. Ik gebruik soms een knoflookpers om knoflook fijn te maken.

*Masjin-e goesjt:* vleesmolen
De meeste Afghanen hebben zelf een vleesmolen, omdat ze het vlees voor hun *qima* (gehakt), *kofta* (gehaktballetjes) en sommige kebaabs zelf malen. Ze gebruiken de molen ook voor het fijnmaken van uien. Als je tijd wilt besparen kun je een foodprocessor gebruiken. Vroeger in Afghanistan, voordat de gehaktmolen was uitgevonden, werd het vlees door de slager in de winkel met een hakmes op een groot houten hakblok fijngemaakt.

*Kafgier:* grote lepel met gaatjes
Een lepel met een lange steel voor het roeren van gerechten en het serveren van rijst. De *kafgier* is rond, vrijwel plat en heeft gaatjes. Een gewone grote schuimspaan is een goede vervanging.

*Malaqa:* maatpot
Een serie pannen met handvatten (*malaqa*) wordt gebruikt voor het afmeten van zaken als bloem, rijst en vloeistoffen. Voor de recepten in dit boek kunnen een gewone weegschaal, maatbeker en maatschepjes (eetlepel 15 ml, theelepel 5 ml) worden gebruikt.

*Aasj gaaz:* deegroller
Om deeg uit te rollen voor pastagerechten en sommige zoete baksels gebruiken Afghanen een *aasj gaaz*. Dit is een lange, dunne, houten stok, die er net zo uitziet als een deegroller.

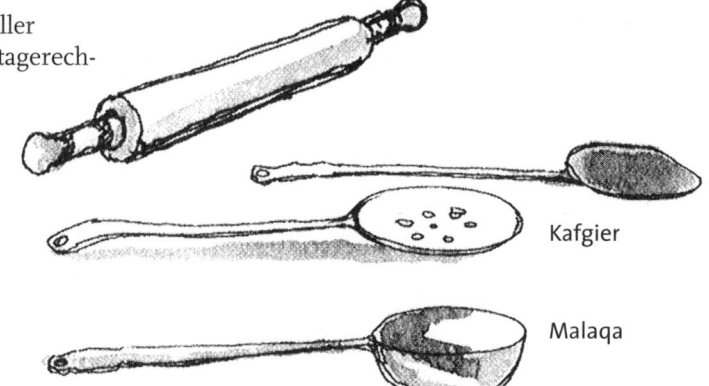

*Tsjalau sof:* vergiet
Een vergiet wordt niet alleen gebruikt voor het wassen en laten uitlekken van groenten, maar ook voor het uitlekken van rijst. *Tsjalau sof* betekent letterlijk: uitgelekte witte rijst.

*Dieg-e bokhaar:* stomer
Dit is de naam voor de stoompan die gebruikt werd om het Oezbeekse gerecht *mantoe* te maken, maar tegenwoordig hebben veel Afghanen een hogedrukpan en ook die worden *dieg-e bokhaar* genoemd. In het Dari betekent *bokhaar* stoom.

*Manqal:* barbecue (houtskoolkomfoor)
Voor het koken van kleine hoeveelheden soep, voor het bakken van eieren of voor het koken van water gebruiken veel Afghanen een *manqal*. Dit is een klein, rond, ijzeren toestel om boven houtskool te kunnen koken, zoiets als een barbecue.

*Siekh:* spiezen
Voor het maken van sommige kebaabs uit dit boek zijn spiezen nodig. Als je een houtskoolbarbecue hebt, des te beter.

*Taghara-ye khamiri:* mengkom
Een grote, aardewerken kom die voor het kneden van deeg wordt gebruikt. Een gewone mengkom is ook uitstekend. In de meeste Afghaanse keukens is ook een *taghara-ye qoroeti* te vinden, de speciale kom die gebruikt wordt voor het laten wellen van *qoroet*, uitgelekte, gedroogde yoghurt.

## Ingrediënten en technieken

De meeste ingrediënten die in dit boek gebruikt worden zijn in supermarkten of delicatessenwinkels te koop. Er zijn wel wat seizoensartikelen en speciale ingrediënten, maar die zijn meestal te vinden in toko's of in Turkse, Marokkaanse of Perzische winkels.

In de Afghaanse keuken wordt een grote verscheidenheid aan kruiden en specerijen gebruikt om de gerechten geurig en aromatisch te maken, zonder dat het resultaat te heet en te kruidig of te vlak van smaak wordt. Afghanen waarderen specerijen en kruiden ook vanwege hun medicinale eigenschappen en gebruiken ze om de spijsvertering te bevorderen en om andere kwalen te verlichten.

### Specerijen

In het ideale geval worden specerijen in hun geheel gekocht, omdat ze dan lang goed blijven, als ze tenminste op een koele, droge, donkere plek en in hermetisch gesloten potten worden bewaard. Specerijen kunnen met een vijzel en stamper of in een molen (bijvoorbeeld een elektrische koffiemolen) worden gemalen. Zorg dat de molen goed schoon is als je hem gaat gebruiken en dat je hem na gebruik ook weer grondig schoonmaakt, zodat er geen menging van smaken ontstaat. Je kunt de molen met een prop keukenpapier schoonvegen en er dan een paar sneden oud brood in malen. Als je bepaalde specerijen vaak gebruikt, is het handig om pepermolens voor het malen te gebruiken, voor elke soort specerij één. Ik heb een speciale molen voor het malen van kardemom, een specerij die ik veel gebruik bij het koken, maar ook om, net als de Afghanen doen, kardemom in mijn thee te malen.

Hieronder heb ik een alfabetische lijst gemaakt van de specerijen die in Afghanistan en in de recepten in dit boek het meest gebruikt worden. De Afghaanse naam staat achter de Nederlandse.

### Anijs, anijszaad: *baadyaan*

Anijszaad, *Pimpinella anisum*, een belangrijke specerij in Afghanistan, is familie van karwij, komijn, dille en venkel. De zaden geven een heerlijk aromatische smaak aan bepaald gebak, zoals hartige koekjes en een soort brood dat *rot* genoemd wordt. Anijszaad kan ook gebruikt worden als smaakmaker voor *qorma-ye kasjmiri*. Van de zaden wordt soms een soort snoepje gemaakt, *noql*, door ze met een laagje suiker te bedekken. Anijszaad wordt in Afghanistan nog altijd gebruikt als middel om de spijsvertering te bevorderen; er wordt een soort thee van getrokken die men aan baby's geeft tegen winderigheid en kolieken.

### Chilipepers: *mortsj-e sabz, mortsj-e sorkh*

Chilipepers maken deel uit van de capsicumfamilie, ze zijn 'heet' en je moet er voorzichtig mee omspringen – ze bevatten een irriterende stof, capsaïcine, die de huid branderig maakt, dus was altijd je handen als je ze gebruikt hebt. Tegenwoordig kunnen we in het Westen veel soorten pepers kopen en is het soms moeilijk te weten welke echt 'heet' zijn, maar in de Afghaanse keuken worden maar twee hoofdsoorten gebruikt:

*Mortsj-e sabz* zijn de lange, verse, groene pepers. Afghanen vinden het lekker om die weg te knabbelen tijdens het eten, maar deze pepers worden ook in hun geheel aan soepen en stoofschotels toegevoegd of fijngehakt en door kebaabs, salades, chutneys en pickles gemengd.

*Mortsj-e sorkh* zijn gedroogde rode pepers, die spaarzaam gebruikt moeten worden. Ze worden soms in hun geheel aan soepen en stoofschotels toegevoegd als een 'hetere' smaak gewenst is, maar worden vaker in gemalen vorm als hete, rode peper gebruikt. Ze zijn rijk aan vitamine A en C.

### Dille: *tokhm-e sjebet*

De zaden van dit kruid met de veerachtige blaadjes, dille, worden soms gebruikt als vervanging voor anijszaad (*baadyaan*).

### Duivelsdrek of asafetida: *hing*

Deze specerij wordt weliswaar zelden gebruikt in de Afghaanse keuken, maar wel in grote hoeveelheden geproduceerd, voornamelijk voor de export naar India, waar het een belangrijke rol speelt in de keuken.

Asafetida is gedroogde hars die verkregen wordt uit de penwortels van bepaalde soorten van de reusachtige venkel, planten van het geslacht *Ferula*, met name *Ferula assafoetida*, die voornamelijk in Afghanistan en Iran groeit. De naam asafetida komt van het Perzische woord *aza* dat 'mastiekhars', en het Latijnse woord *foetida*, dat 'stinkend' betekent. De specerij heeft deze naam ongetwijfeld gekregen vanwege de scherpe, sterke geur. Zowel in het Engels als in het Nederlands heeft asafetida een bijnaam: *devil's dung* ofwel duivelsdrek. De specerij is in verschillende vormen te koop: als druppels, klontjes, pasta of poeder. In het Westen wordt asafetida meestal in poedervorm of in klontjes verkocht.

In zijn *Account of the Kingdom of Caubul* uit 1839 had Mountstuart Elphinstone het volgende over asafetida te zeggen: 'De asafetida wordt in het wild gevonden in grote delen van het westen. De plant vergt geen aandacht. Het is een lage struik met lange bladeren, die meestal bij de aanhechting van de steel worden afgesneden; uit de snijwond loopt een melkachtig vocht dat geleidelijk hard wordt als opium.'

Hoewel asafetida in Afghanistan voornamelijk medicinale doelen dient, wordt het ook nog gebruikt bij de bereiding van *goesjt-e qaq*, gedroogd vlees. Vers vlees wordt eerst met zout bestrooid, dan met verpulverde asafetida en vervolgens in de zon te drogen gehangen. Hiermee voorkomt men dat het vlees bederft. Voor het koken wordt het gedroogde vlees eerst in water geweekt en gespoeld om het zout en de asafetida kwijt te raken.

### Fenegriek: *holba*

Fenegriek, *Trigonella foenum-graecum*, wordt in Afghanistan gewaardeerd vanwege zijn 'hete' eigenschappen. Het wordt veel gebruikt om spinazie (een 'koude' groente) en het zoete rijstgerecht *sjola-ye holba* te aromatiseren. De harde, geelbruine zaadjes, die een beetje op heel kleine kiezelsteentjes lijken, zijn rijk aan vitaminen en hebben een sterke, iets bittere smaak. Ze worden ook gebruikt bij het inleggen, bijvoorbeeld van citroen, *torsji limo*.

### Gember: *zandjafiel*

*Zandjafiel* betekent 'gele olifant' en wordt in Afghanistan zowel vers als in poedervorm gebruikt. Gember, *Zingiber officinale*, heeft een hete, citroenachtige smaak en wordt beschouwd als een goed middel bij kouvatten, reumatische aandoeningen, maagklachten en indigestie. Het wordt ook vaak gebruikt in gerechten met winderigheid veroorzakende groenten en peulvruchten zoals bloemkool en daal. Er wordt thee gemaakt met gember en ook gekonfijt is gember populair.

### Kaneel: *daaltsjini*
In Afghanistan worden kaneel en kassie dikwijls door elkaar gehaald en ze hebben dan ook dezelfde naam. Kaneel, *Cinnamomum zeylanicum*, kan in Afghaanse gerechten in plaats van kassie worden gebruikt.

### Kardemom: *hiel*
In Afghanistan worden drie soorten kardemom gebruikt: groene, witte en bruinzwarte, de kleur van de peulen waar de zaden – en daar gaat het om – in zitten. Witte kardemom is eenvoudig gebleekte groene kardemom. Groene kardemom, *Elettaria cardamomum*, wordt als de beste soort beschouwd en wordt daarom ook wel 'echte' kardemom genoemd. De kleine, ovale peulen bevatten zwarte zaden die zeer aromatisch zijn. Bruine kardemom van het geslacht *Amomum* is veel groter, heeft vaak een geribbelde of harige schil en een veel sterkere, kamferachtige smaak. Groene kardemom wordt, soms als hele peul, in Afghanistan veel gebruikt om rijstgerechten, sommige *qorma*'s, toetjes en zwarte of groene thee te aromatiseren. Bruine kardemom wordt vanwege de veel sterkere smaak alleen in kleine hoeveelheden gebruikt in *tsjar masala* (zie vierkruidenpoeder) en in *pilau*'s.

### Kassie: *daaltsjini*
De naam *daaltsjini* wordt in Afghanistan zowel gebruikt voor kassie (*Cinnamomum cassia*) als voor kaneel (*C. zeylanicum*). Beide specerijen komen van de gedroogde bast van bomen uit de laurierfamilie. Ze hebben dezelfde eigenschappen en kunnen elkaar vervangen. Kassie wordt soms in stukken in stoofschotels en hartige rijstgerechten gebruikt, maar veruit het meest in poedervorm in het specerijenmengsel *tsjar masala* (zie vierkruidenpoeder).

Kassie wordt ook wel Chinese kaneel genoemd, vandaar de Afghaanse naam *tsjini*. De eerste keer dat ik kassie zag, was toen mijn kokkin in Kaboel in de keuken met wat grove stukken bast bezig was. Ik merkte wel dat ze naar kaneel roken, maar ze zagen er heel anders uit dan de nette 'kaneelstokjes' waaraan ik gewend was. Maar zij was even verbaasd toen ik haar een kaneelstokje toonde – dat had ze nog nooit gezien! Ik ben al gauw, net als de Afghanen, kassie gaan gebruiken. Kassie heeft een minder intens aroma en een zachtere smaak, maar je kunt de hoeveelheid natuurlijk aanpassen.

### Komijn: *ziera*
Komijnzaadjes hebben een sterke, iets bittere smaak. In de Afghaanse keuken worden ze in hun geheel of gemalen gebruikt om *pilau*'s of *tsjalau* te aromatiseren. Komijn is ook een van de specerijen die in *tsjar masala* (zie vierkruidenpoeder) zitten. De zaden komen uit de gedroogde vruchten van *Cuminum cyminum*. *Zierayi* betekent 'donkerbruin' in het Dari en de zaadjes zijn ook bruin. Er is echter een komijnsoort die zwarte zaadjes heeft en dan ook *siyah ziera* heet (*siyah* betekent 'zwart'). Ook die specerij wordt in Afghanistan zeer gewaardeerd. De zaadjes zijn

kleiner en hebben een zoeter aroma. Ze moeten natuurlijk niet verward worden met nigella (*siyah dana*, zie hieronder), dat ook wel 'zwarte komijn' genoemd wordt.

### Korianderzaad: *tokhm-e gasjniez*

De zaden van de korianderplant, *Coriandrum sativum*, zijn een specerij, de blaadjes van de plant zijn een tuinkruid. De zaden zijn in hun geheel en gemalen te koop en worden voornamelijk gebruikt voor het aromatiseren van gehaktballetjes en stoofschotels. Hun aroma is kruidig en zoet, maar mild.

### Kruidnagel: *mikhak*

Kruidnagels zijn de gedroogde bloemknoppen van de struik *Syzygium aromaticum*. De Engelse naam 'cloves' komt van het Latijnse *clovus*, dat 'nagel' betekent. *Mikhak* betekent in het Dari 'kleine nagel'. Gemalen kruidnagel is meestal een bestanddeel van *tsjar masala* (zie vierkruidenpoeder) en heeft een rijk, warm, 'heet' aroma.

### Kurkuma: *zard tsjoeba*

Kurkuma is nauw verwant aan gember en is de penwortel van *Curcuma longa*. Kurkuma wordt meestal gemalen verkocht. Het heeft een milde, aardse smaak en wordt gebruikt om *pilau*'s, soepen en stoofschotels te aromatiseren en een gele kleur te geven. (*Zard* betekent 'geel' en *tsjoeba* betekent 'hout'.) Het wordt nooit gebruikt om desserts te kleuren. Kurkuma wordt beschouwd als een goed middel bij indigestie en leverkwalen.

### Maanzaad: *khaasjkhaasj*

De papaver, *Papaver somniferum*, doet het uitbundig in Afghanistan. De witte of zwarte zaden zijn vrij van opium (net als de rijpe zaden van alle papaversoorten). Ze hebben een nootachtig aroma en worden soms op broden of hartige koekjes gestrooid.

### Nigellazaad of 'zwarte komijn' (zie ook komijn): *siyah dana*

Over deze kleine, zwarte zaadjes, die in toko's onder de naam *kalondji* gekocht kunnen worden, bestaat nogal wat verwarring, omdat sommige mensen ze 'zwarte uienzaadjes' noemen, terwijl ze niets met uien te maken hebben. Ze worden soms ook verward met karwijzaad. Verder worden ze ten onrechte ook wel zwart komijnzaad genoemd, want echte komijnzaadjes komen van een heel andere plant.

Het fijnmaken van kruiden

Nigellazaad komt van de plant *Nigella sativa*. Ze hebben een aards aroma en worden voor het bakken vaak op *naan* en op hartige koekjes gestrooid. Ze worden ook gebruikt bij de inmaak. Ik heb in al mijn recepten de naam *siyah dana* (die 'zwart zaad' betekent) gebruikt.

### Peper, rode: *mortsj-e sorkh*
Rode peper wordt gemaakt van rode chilipepers en door Aziatische handelaars 'red chilli powder' genoemd. Het is zoiets als cayennepeper. In het algemeen is Afghaans eten niet erg 'heet', maar sommige gerechten gaan er door een bescheiden hoeveelheid rode peper op vooruit.

### Peper, zwarte: *mortsj-e siyah*
In veel Afghaanse gerechten wordt royaal zwarte peper gebruikt.

### Saffraan: *zafaraan*
Saffraan komt van de plant *Crocus sativus* en is een heel dure specerij. Het geeft een bijzonder en zeer krachtig aroma aan veel *pilau*'s en zoete gerechten en maakt ze ook prachtig goudgeel van kleur. Hoewel je er maar heel weinig van nodig hebt, gebruiken Afghanen vaak andere kleurstoffen voor hun gerechten. Voor het geel kleuren van de rijst in *pilau*'s nemen ze vaak kurkuma. In Afghanistan wordt ook een gele voedingskleurstof gebruikt die ze *rang-e sjirien*, letterlijk 'zoete kleur', noemen. In zoete gerechten wordt in plaats van saffraan vaak *rang-e sjirien* gebruikt, en geen kurkuma, dat uitsluitend aan hartige gerechten wordt toegevoegd.

### Sesamzaad: *dana-ye kondjied*
Sesamzaadjes hebben een heerlijk nootachtige smaak en worden vaak voor het bakken op brooddeeg gestrooid. Om sesamolie te verkrijgen moeten ze worden gemalen.

### Vierkruidenpoeder: *tsjar masala*
*Tsjar masala* is te vergelijken met de Indiase *garam masala* en het Chinese vijfkruidenpoeder. De specerijen worden gemalen en het mengsel wordt voornamelijk gebruikt om *pilau*'s te aromatiseren. De samenstelling van het mengsel varieert van huis tot huis. De vier kruiden die in het algemeen worden gecombineerd zijn kassie (of kaneel), kruidnagel, komijn en zwarte kardemomzaden, maar ook zwarte peper, groene kardemomzaden en korianderzaden kunnen deel van het mengsel uitmaken.

## KRUIDEN

### Dille: *sjebet*
Dit kruid met zijn veerachtige blaadjes en pikante aroma is lid van dezelfde familie als peterselie. Het anijsachtig smakende kruid wordt gebruikt in soepen, in sommige hartige rijstgerechten en in spinazie. De zaden zijn een specerij.

Knoflook: *sier*
Knoflook is heel populair, in de keuken en voor medicinale doeleinden. Men zegt dat knoflook de spijsvertering bevordert. Het wordt gebruikt in marinades voor kebaabs, vaak toegevoegd aan soepen, stoof- en groentegerechten en wordt ook gebruikt in sommige pickles en chutneys.

Koriander: *gasjniez*
Dit is mijn favoriete tuinkruid, al houdt niet iedereen ervan. Mijn oudste zoon Alex bijvoorbeeld is er geen liefhebber van. Je bent er dol op of je vindt het vreselijk! In Afghanistan wordt het heel veel gebruikt: in soepen, stoofgerechten, spinazieschotels, gehaktballetjes en salades. Je kunt het kruid goed in de koelkast bewaren als je het ongewassen in een luchtdichte verpakking doet. De zaden zijn een specerij.

Munt: *nana*
*Nana* is de gewone groene munt, die zowel vers als gedroogd wordt gebruikt.

Polei: *poedina*
Ook *poedina* (*Mentha pulegium*), is een populaire smaakmaker, die in Afghanistan veel in het wild groeit. De plant wordt meestal in gedroogde, fijngehakte vorm over pasta- en yoghurtgerechten, zoals *aasjak*, gestrooid.

## Andere smaakmakers

Rozenwater: *aab-e golaab*
Rozenwater is in Afghanistan heel lang gebruikt als luxueus aroma (afgezien van het gebruik in medicijnen en als parfum). Het geeft een heerlijke, delicate geurigheid aan speciale gerechten voor feestelijke of religieuze gelegenheden. Het wordt beschouwd als 'koud' volgens de principes van *sardi/garmi* en wordt daarom veel gebruikt om 'heet' voedsel en zoete, vette gerechten of desserts in balans te brengen. Rozenwater wordt ook wel eens toegevoegd aan een *pilau* en verfrissende vruchtendranken.

Rozenwater kan in sterkte en zoetheid aanzienlijk variëren. Je kunt het het best kopen in toko's of in winkels die gespecialiseerd zijn in artikelen uit het Midden-Oosten en Perzië. Het is aan te raden het rozenwater voor gebruik te proeven en de hoeveelheid aan te passen aan de sterkte van de smaak. Denk er trouwens aan dat gerechten waarin rozenwater zit altijd met een houten lepel geroerd moeten worden. Metalen lepels geven een metalige smaak aan het gerecht.

In Afghanistan wordt rozenwater nog altijd op de oude manier gedistilleerd. Ik geef daarvan hieronder een korte beschrijving.

Het maken van rozenwater

Rozenwater distilleren

Het distilleren van rozenwater in Afghanistan
Mijn man herinnert zich dat zijn grootmoeder, toen hij nog een klein jongetje was, rozenwater distilleerde in de tuin. De bloemen werden in de vroege ochtend geplukt, als het nog koel was. (Voor rozenwater wordt meestal *Rosa damascena* gebruikt. Deze roos wordt soms *golaab-e asel* genoemd, wat zoveel betekent als de 'originele' roos.) De bloemblaadjes worden los geplukt en op een doek gelegd. Dan wordt een grote koperen pan of ketel met water gevuld. De bloemblaadjes worden daarin gelegd (de hoeveelheid water is meestal ongeveer tweemaal het gewicht van de bloemblaadjes).

Het water wordt vervolgens aan de kook gebracht en op temperatuur gehouden: het mag niet te heftig koken. De pan wordt afgedekt met een soort koperen koepel waaraan een pijp of slang is bevestigd. Het apparaat wordt een *ambiq* genoemd. De *ambiq* wordt door een pijp verbonden met een glazen fles, een *mina* (een poëtische naam die 'doorzichtig' betekent – hetzelfde woord dat in poëzie vaak wordt gebruikt om de zee of glas te beschrijven). De pijp past in de *mina* en wordt vastgezet met deeg. De *ambiq* en de pan worden ook met deeg verzegeld. Dit voorkomt dat de geurige stoom ontsnapt. De stoom stijgt op in de koepel, waar hij wordt gekoeld door koud water, zodat de stoom in druppels neerslaat. De druppels lopen door de pijp en het rozenwater druppelt langzaam in de fles. Soms wordt het rozenwater uit een paar of uit alle flessen in een grotere pan gegoten en opnieuw iets verwarmd. Het blijft dan staan tot zich op het oppervlak van het water een filmpje olie heeft gevormd. Dit is *atr* van rozen. Het van oorsprong Perzische woord *attar* betekent 'geurige essence'. De *atr* wordt met watten van het wateroppervlak opgenomen en die watten worden in een ander, kleiner flesje uitgeknepen.

### Peulvruchten

In de Afghaanse keuken worden veel verschillende soorten peulvruchten gebruikt; ze dragen bij in de proteïnen- en vitamine-B-voorziening. Nog afgezien van hun voedingswaarde zijn peulvruchten gemakkelijk toepasbaar: ze worden in veel soepen en in rijst- en vleesgerechten gebruikt. Peulvruchten moeten altijd goed worden uitgezocht en gewassen. Hele bonen moeten voor het koken 24 uur in water geweekt worden. De kooktijd hangt af van de leeftijd van de peulvruchten: verse zijn sneller gaar. Je kunt het best pas halverwege of aan het eind van de kooktijd zout toevoegen, want zout vertraagt het zacht worden van gedroogde erwten en bonen.

Hieronder een lijstje van de peulvruchten die in Afghaanse gerechten regelmatig worden gebruikt en die gemakkelijk verkrijgbaar zijn.

### Kikkererwten: *nakhod*

Kikkererwten worden in tal van gerechten gebruikt, met name in soepen als *aasj* en *mausjawa*, en zijn ook het belangrijkste ingrediënt in *sjoer nakhod*, een hapje dat overal op straat wordt verkocht. Ze spelen ook een belangrijke rol in het winterse rijstgerecht *mastawa*.

### Mungbonen: *mausj*

Mungbonen zijn kleine, groene, ovaal gevormde boontjes waarvan de spruiten veel in de oosterse keuken worden gebruikt. In Afghanistan maken ze deel uit van kortkorrelige-rijstgerechten als *ketsjri-ye qoroet* en *sjola goesjti* en ook van de soep *mausjawa*. Als je ze niet kunt krijgen, gebruik dan groene linzen.

### Mung daal (gepelde, gespleten mungbonen): *daal*

Gepelde en gespleten mungboontjes worden gebruikt in gerechten als *mausjawa* en *sjola*. De boontjes zijn bleekgeel en iets langwerpig. Het woord *daal* betekent zowel de gespleten boontjes als het gerecht dat ermee gemaakt wordt.

### Rode kidneybonen: *loebiya*

Dit zijn grote, donkerrode, niervormige bonen. Ze worden gebruikt in soepen en vleesgerechten.

### Spliterwten: *daal nakhod*

Ook gele spliterwten zijn populair in Afghanistan. Ze worden aan soepen en stoofschotels toegevoegd en ook vaak gemalen gebruikt in vleeskoekjes als *sjami kebaab*. Ze zijn een essentieel ingrediënt van *do piyaza*. Leg tijdens het koken van deze erwten het deksel een beetje schuin op de pan, omdat zich bij het koken een dik schuim vormt en de erwten anders overkoken. Schep het schuim eraf.

## GROENTEN

Aubergines: *baandjaan-e siyaah*

Aubergines worden alom gebruikt en spelen een belangrijke rol in het Afghaanse dieet. Ze worden op verschillende manieren klaargemaakt. In de eerste druk van dit boek adviseerde ik ze met zout te bestrooien, ze een half uur te laten staan, dan af te spoelen onder koud water en ze voor gebruik droog te deppen. Dit was om eventuele bitterheid kwijt te raken. Maar ik heb gemerkt dat aubergines tegenwoordig bijna nooit meer bitter zijn, dus geef ik deze raad niet meer in de recepten.

Kleine 'baby'-aubergines worden vaak ingelegd op zuur.

*Gandana*

Ik noemde dit vroeger altijd Chinese bieslook en *gandana* heeft daar inderdaad veel van weg, maar de modernste, meest gezaghebbende bron die ik raadpleegde, *Cornucopia* van Stephen Facciola, beschrijft *gandana* als een gekweekte variëteit van *Allium ampeloprasum* en merkt op dat een andere variëteit, *tarreh Irani*, hieraan bijna gelijk is.

*Gandana* is een bijzonder populaire soort tuinkruid/groente in Afghanistan. De blaadjes zijn lang en plat en zien eruit als lang gras. Ze hebben een ietwat ui/knoflookachtig aroma en worden gebruikt in tal van gerechten, zoals *aasjak*, in de smakelijke snack *boelani*, en in spinazie. *Gandana* is moeilijk te krijgen, tenzij je het zelf kweekt. Je kunt er prei voor in de plaats nemen, die groente heeft ongeveer dezelfde smaak, maar er zijn mensen die de voorkeur geven aan lente-uitjes. Ook een combinatie van beide is mogelijk.

Pompoenen, kalebassen en courgettes

Deze behoren allemaal tot de *Cucurbita*-familie en worden in Afghanistan allemaal *kadoe* genoemd, de Perzische naam. Er zijn ook Afghanen die bepaalde soorten *toeraye* noemen. De lange, dunne Chinese oker of luffa *(Luffa acutangula)* wordt *toeri* of *tarra* genoemd.

Radijs: *moeli safied, moeli sorkh*

Er zijn twee hoofdsoorten radijs in Afghanistan. Ten eerste de bekende kleine, rode, *moeli sorkh*, met een peperige smaak. Ze worden in Afghanistan rauw en gemengd door salades gegeten, vaak gehakt en gemengd met andere ingrediënten. *Moeli safied*, de lange witte of zwarte rammenas, *Raphanus sativus*, wordt in China en Japan daikon genoemd. Deze heeft meestal een wat zachtere smaak en wordt ook rauw en gemengd door salades gegeten en soms in gestoofde visgerechten gebruikt.

Tomaten: *baandjaan-e roemi*
Tomaten worden gebruikt om vleesgerechten en soepen kleur en smaak te geven en worden natuurlijk rauw gegeten, apart of in salades. In de zomermaanden, wanneer er veel goedkope tomaten zijn, maken de Afghanen thuis tomatenpuree en tomatenchutneys die vooral in de wintermaanden worden gegeten.

Uien: *piyaaz*
Er zijn twee soorten uien die een belangrijke rol spelen in de Afghaanse keuken, een rode en een witte soort. Met de rode uien wordt het meest gekookt, omdat ze een dikkere saus en een rijker aroma geven. De witte uien worden in het algemeen in salades gebruikt.

Het is belangrijk dat de uien op de juiste manier worden gebakken. Gebruik royaal olie en begin met het bakken op een matig tot hoge vlam. Zet het vuur wat lager wanneer de uien beginnen te kleuren, vocht loslaten en zacht worden. Als de uien op een te hoog vuur worden gebakken, worden ze te snel bruin en 'smelten' ze niet. Ze zullen ook een beetje bitter smaken en de saus wordt niet mooi dik. Afghanen gebruiken veel uien in stoofschotels en sauzen – hoe meer uien, hoe dikker en rijker de saus.

Lente-uitjes, *noasj piyaaz*, worden niet alleen door salades gemengd, maar ook, bestrooid met zout, als smakelijk tussendoortje gegeten, met vers, plat brood (*naan*).

## Vruchten en noten

Sommige vruchten wil ik speciaal noemen omdat ze niet zo bekend zijn, andere omdat ze in de Afghaanse keuken veel gebruikt worden.

Abrikozen: *zard aloe*
*Zard aloe* betekent letterlijk 'geel, rond fruit'. Abrikozen worden soms aan *qorma* en *pilau* toegevoegd, niet alleen vanwege de kleur, maar ook vanwege de zoetzure smaak die Afghanen erg lekker vinden. De kleine, gedroogde, witte en heel zoete abrikozen die *shakar paura* heten, worden dikwijls gebruikt in de traditionele vruchtencompote, *haft miwa*. De Hunza-abrikozen, die we tegenwoordig in natuur- en gezondheidswinkels kunnen vinden, zien er bijna hetzelfde uit, maar zijn naar mijn ervaring minder zoet. Er is nog een soort abrikoos, de witte *qeysi*, die wat groter is en een roze blos heeft. Vooral de Pansjir-vallei is beroemd om zijn abrikozen. Abrikozenpitten heten *khasta* en worden veel gebruikt in plaats van amandelen.

Druiven: *angoer*
Er worden in Afghanistan in diverse streken veel soorten druiven gekweekt. Er zijn kleine, zoete, witte druiven die *kesjmesji* heten; dikke, ronde, groene druiven (*ghola don*); langwerpige, heel zoete, bleekgroene druiven (*hosseyni*); kleine, rode, sappige druiven en grote ronde of ovale, paarsrode druiven (*Kandahari*). Veel daarvan is

voor de export bestemd. In Afghanistan liggen ze in de zomer en de herfst vaak op de fruitschaal die gewoonlijk aan het eind van de maaltijd op tafel wordt gezet, maar ze worden ook, op elk moment van de dag, als verfrissend tussendoortje gegeten.

Een wrang-zurige smaakmaker, *ghora angoer*, wordt van kleine, zure groene druiven gemaakt. Die druiven worden in de zon gedroogd en dan gemalen. *Ghora angoer* wordt voornamelijk gebruikt om visgerechten als *kebaab-e digi-ye mahi* te aromatiseren. Druivenpitten worden gestampt en over kebaabs gestrooid.

Als er een overvloed aan druiven is, wordt er sap of siroop van gemaakt: *sjiera-ye angoer*. De siroop wordt, net als jam, op brood *(naan)* gegeten. Van druiven wordt ook azijn (*serka*) gemaakt. Natuurlijk worden druiven ook gedroogd: Afghanistan is beroemd om zijn groene en rode rozijnen (zie hieronder).

### Granaatappel: *anaar*

Met name de streken Kandahar en Konar zijn beroemd om hun granaatappels, een populaire fruitsoort in Afghanistan. De zaden, *anaar dana*, worden er vaak net zo gegeten als ik me van vroeger, in Engeland, herinner: als kind peuterde ik ze er met een speciale naald uit. In Afghanistan worden de zaden vaak geserveerd in een kommetje en met zwarte peper bestrooid. Het sap dat uit de zaden geperst wordt, levert een verfrissende drank. De zaden worden ook in medicijnen gebruikt.

### Kersen: *gilaas* en *aloe baloe*

Er zijn twee soorten kersen in Afghanistan: de zoete kers, *gilaas*, en de zure kers, *aloe baloe*. De zoete kers, die meestal rood is, wordt als dessert gegeten. De zure kers, die groter is en heel donker rood, bijna zwart van kleur en donkerrood vruchtvlees heeft, wordt vanwege het iets bittere aroma gebruikt in stoofschotels, rijstgerechten, chutneys, vruchtendranken en jams. Deze kersen worden ook vaak gedroogd.

### Kweepeer: *behi*

De kweepeer, *Cydonia oblonga*, familie van de appel en de peer, komt oorspronkelijk uit de Kaukasus en wordt daar, en ook in Afghanistan, nog altijd zeer gewaardeerd vanwege zijn geur en het zoetzure aroma dat hij aan sauzen en stoofschotels geeft. Als de kweepeer gekookt wordt, krijgt hij een mooie roze kleur. Juist deze kleur en de delicate geurigheid maken de kweepeer zeer aantrekkelijk. Ook in Afghanistan wordt hij veel gebruikt voor compotes, jams en vruchtendranken.

### Meloen/watermeloen: *kharboeza/tarboez*

Ook meloen is een bekend product van Afghanistan. Al in de negende eeuw werd in Arabische geschriften gewag gemaakt van de manier waarop meloenen in sneeuw en in leer verpakt naar de kalief van Bagdad werden verzonden om zijn tafel te sieren. Er bestaan talloze variëteiten. Op warme zomer- en herfstavonden staan er meloenenstalletjes langs de weg en kopen de mensen die uit hun werk komen een meloen om mee naar huis te nemen.

Na het verwijderen van de schil wordt het vruchtvlees van de meloen vers of gedroogd wel aan *pilau*'s toegevoegd. *Qandak-e Maimana* is een *qorma* van gedroogde meloen en een specialiteit uit de streek Maimana in het noorden van Afghanistan.

Ook watermeloenen zijn heel populair, vooral in de hete zomermaanden. De zaden worden gedroogd en als snack gegeten.

### Moerbeien, witte en zwarte: *toet, sjah toet*

De moerbeiboom is waarschijnlijk vanuit China via de Zijderoute naar Afghanistan gekomen en groeit daar nu overal. Beide soorten, *Morus alba* en *Morus nigra* (respectievelijk witte en zwarte moerbei), worden geteeld. In Afghanistan heten ze *toet* en *sjah toet*: *sjah* betekent 'koning' en *toet* 'moerbei'. Ze worden in de eerste plaats gekweekt voor hun gebladerte, dat als voedsel dient voor de zijderups, maar de vruchten spelen ook een substantiële rol in het Afghaanse dieet. Ze worden in het seizoen vers gegeten, maar nog veel grotere hoeveelheden worden gedroogd. Gedroogde moerbeien worden gemengd met gemalen walnoten en dit mengsel heet *tsjakida*. Het is zeer voedzaam, wordt als proviand meegenomen op lange reizen en in de winter als aanvullende voeding gegeten. Een ander moerbeiproduct is *talkhun*, een soort brood dat gemaakt wordt van gedroogde gemalen moerbeien en geroosterde bloem of maïsmeel. Eric Newby schrijft erover in zijn boek *A Short Walk in the Hindu Kush*. *Talkhun* wordt soms met water tot een brij gekookt, die als een berg met een kuiltje in het midden op een bord wordt schept. In het kuiltje gaat hete olie. Soms maakt men ook *sjier-e toet*, wat letterlijk 'moerbeimelk' betekent. Gedroogde moerbeien worden vierentwintig uur in water geweekt. Van het verse fruit wordt ook een vruchtendrank gemaakt.

### Noten: *khasta*

In de Afghaanse keuken worden amandelen (*badaam*), pistaches (*pesta*), pijnboompitten (*djalghoeza*), walnoten (*tsjarmaghz* – een woord dat, heel interessant, 'vier hersens' betekent, een naam die deze noot heeft gekregen omdat hij op hersens lijkt) allemaal veel gebruikt, in hun geheel, geschaafd, gehakt of gemalen, in *pilau*'s, in gebak en in toetjes. Ze worden ook zo, als snack gegeten, vaak gezouten en gemengd met gedroogde vruchten, zoals rozijnen, en met thee geserveerd. Vooral Herat staat bekend om zijn lekkere pistaches, zoals het noorden van Kaboel om zijn walnoten.

### Pruim (*Prunus bokhariensis*): *aloe bokhaara*

De *aloe bokhaara* ofwel *Prunus bokhariensis* wordt veel gebruikt in de Perzische en Centraal-Aziatische keukens. Vers zijn ze goudkleurig, maar voor gebruik in de keuken worden ze gedroogd gekocht. Ze geven een bijzonder, iets wrang aroma aan diverse gerechten en zijn in Nederland in Perzische winkels te koop. Pruimen zijn een acceptabele vervanging. In Afghanistan zijn verschillende soorten pruimen te vinden: een kleine groene, die *aloetsja* heet en in de lente op de markt is. Een andere soort is *gerdaloe*, een grote, paarse pruim.

Rozijnen: *kesjmesj*
De voornaamste soorten rozijnen in Afghanistan zijn: *kesjmesj sorkh* (rode), *kesjmesj sabz* (groene), *monaqa* of *kesjmesj siyah* (grote zwarte rozijnen met pitjes) en *zeresjke sjirien* (een krent). Ook berberis heet in Afghanistan *zeresjk*. Deze bessen worden in de streek Herat in de keuken gebruikt, maar zijn bekender in Iran, met name als ingrediënt in de beroemde *zeresjk pilau*.

Als je langs de wegen van Afghanistan rijdt zie je, vooral in de streek Koh Daman, ten noorden van Kaboel, overal huizen met uitbouwen van twee verdiepingen met spleten in de muren, waar rozijnen gedroogd worden. Nancy Dupree geeft in haar *An Historical Guide to Afghanistan* een mooie beschrijving.

'Koh Daman is waarschijnlijk het beroemdst om zijn druiven en wijngaarden, die zich op de hellingen van de vallei uitstrekken. Je zult zien dat veel huizen uitbouwen van twee verdiepingen hebben, met spleten in de muren. Deze ruimten, die *sayagi-khana* heten, staan vol lange stokken die van de vloer tot aan het plafond reiken en waaraan trossen druiven hangen. De spleten in de muren zorgen voor de luchtcirculatie, waardoor de druiven in groene rozijnen veranderen.'

'In de oogsttijd, van augustus tot en met oktober, kun je ook druiven zien die te drogen liggen in grote, met stenen omringde stukken grond naast de tenten van zwart geitenhaar en witte doeken van de nomaden, die naar de vallei zijn gekomen om bij de oogst te helpen. Deze in de zon gedroogde rozijnen worden donkerrood. De duurste soorten, zoals de olijfvormige *hosseyni*, worden zorgvuldig in watten in spanen doosjes verpakt of tussen twee verzegelde kleischaaltjes en tijdens de wintermaanden als delicatesse verkocht.'

## Andere ingrediënten

Hieronder beschrijf ik bijzonderheden van andere ingrediënten en de belangrijkste technieken van de Afghaanse keuken waarbij ze te pas komen.

Plantaardige olie: *roughan-e nabati*
Traditionele Afghanen kookten met wat *roughan-e domba* genoemd werd, vet uit de staart van het Awassi-schaap (een langharig Aziatisch ras met enorme dikke staarten) en *roughan-e zard*, een geklaarde boter die, net als in India, vaak *ghee* genoemd wordt. *Roughan-e domba* was goedkoper, maar *roughan-e zard* is makkelijker verkrijgbaar en populairder. Ook plantaardige vetten en oliën worden gebruikt. Twee fabrieken in Lasjkargah en Koendoez produceren consumptieolie uit katoenzaad.

Ik heb voor de recepten in dit boek plantaardige olie gebruikt. Zowel maïsolie als zonnebloemolie zijn geschikt.

Afghanen houden van veel vet of olie. Vet en olie zijn zelfs een soort statussymbolen. Als je rijk bent kun je je meer olie veroorloven. Ik heb bij het klaarmaken van de recepten rekening gehouden met de westerse smaak, maar de hoeveelheid olie of vet kan desgewenst verder worden aangepast. Bovendien kan alle ongewenste olie of vet altijd vlak voor het serveren van het gerecht worden geschept.

### Yoghurt: *maast*

In Afghanistan wordt veel natuurlijke, levende yoghurt (dat wil zeggen met bacteriecultures) gegeten en bij het koken gebruikt.

Men laat yoghurt vaak uitlekken om een dikke, romige substantie te verkrijgen die *tsjaka* genoemd wordt. Bij het koken wordt bij voorkeur *tsjaka* gebruikt, omdat je dan geen last hebt van de zurige smaak die de wei in gewone yoghurt aan een gerecht kan geven. Dikke Griekse yoghurt, die algemeen verkrijgbaar is, heeft ongeveer dezelfde eigenschappen.

Yoghurt laat men uitlekken om *tsjaka* te verkrijgen

### Gedroogde yoghurt: *qoroet*

*Tsjaka* wordt dikwijls gezouten en gedroogd en tot ronde balletjes gedraaid, die *qoroet* heten. Ze zien eruit als witte kiezels en zijn tamelijk hard. Voor gebruik in de keuken worden ze in een speciale kom, een *taghara-ye qoroeti*, geweld. Soms wordt er knoflook, zout en peper aan toegevoegd, worden de balletjes gekookt en vervolgens gegeten met *naan*. Voor nog meer smaak wordt er gedroogde munt op gestrooid. Mijn schoonmoeder was dol op dit gerecht, dat *qoroeti* heet. Ze scharrelde in de keuken rond om dit voor zichzelf te maken als ze er trek in had, en dat kwam nogal eens voor.

### Clotted cream: *qeymaaq*

*Qeymaaq* is een zuivelproduct dat lijkt op de Engelse *clotted cream* en duidelijk verwant is aan de *kaymak* uit het Midden-Oosten. Het is in Afghanistan in melkwinkels te koop, maar wordt ook veel thuis bereid. *Qeymaaq* kan worden gemaakt van de melk van waterbuffels, koeien of geiten. Melk van waterbuffels geeft een veel dikker, romiger resultaat dan de andere melk. Vaak bestaat het ontbijt uit een kom *qeymaaq* met *naan*. *Qeymaaq* wordt ook wel geserveerd met vruchtencompote, maar is het bekendst in *qeymaaq tsjay*, op een speciale manier bereide groene thee waar *qeymaaq* op drijft.

Salep: *sahlab*
*Sahlab* is de gedroogde, tot fijn, wit poeder gemalen wortel van bepaalde orchideeënsoorten, met name van *Orchis latifolia*. In de middeleeuwen was het ook in Engeland een gewoon ingrediënt. Het wordt in grote delen van het Midden-Oosten in roomijs gebruikt en om melkdranken dik te maken. In Afghanistan wordt het ook gebruikt om melk te binden tot een soort custard die dikwijls bij *faloeda* geserveerd wordt of aan roomijsmengsels wordt toegevoegd, waardoor het ijs een mooie structuur krijgt en bijna elastisch wordt. Het wordt als versterkend voedsel beschouwd.

## 'Heet' en 'koud' voedsel

In Afghanistan houden nog veel mensen in hun dagelijks leven het oude Perzische concept aan: *sardi/garmi*, letterlijk koude/hitte. Net als yin-yang in China is het een systeem om voedingsmiddelen in te delen met het oog op een gezond dieet. Men gelooft dat door het eten van 'heet' voedsel 'koude' ziekten, zoals een gewone verkoudheid of een depressie, verlicht kunnen worden. 'Koude' voedingsmiddelen worden voorgeschreven om koorts of heetgebakerde karakters af te remmen. 'Heet' of 'koud' heeft in dit geval betrekking op de eigenschappen van het voedsel en niet op de temperatuur.

De meesten van ons brengen iets dergelijks gewoon thuis in praktijk, zonder dat we er ons van bewust zijn, door een evenwichtige voeding, zoals we dat noemen, na te streven. In de winter eten we voedingsmiddelen die 'heter' zijn, zoals stoofpotten en dikke soepen. In de zomer eten we meer salades, fruit en lichte gerechten.

Hoewel niet iedereen het tot in alle details eens is over de indeling van voedsel in 'heet' en 'koud', is er een duidelijk patroon. 'Hete' voedingsmiddelen zijn in het algemeen rijk aan vet, warm van aroma, zoet en rijk aan calorieën en koolhydraten. 'Koude' voedingsmiddelen zijn daarentegen in het algemeen zuur of neutraal van smaak, bevatten veel water en weinig calorieën. Hieronder geef ik een paar voorbeelden van voedingsmiddelen die in Afghanistan als 'heet' en 'koud' beschouwd worden.

'Hete' voedingsmiddelen zijn onder meer: suiker en honing; vetten en oliën; tarwebloem en kikkererwtenmeel; gedroogde vruchten zoals rozijnen en moerbeien; noten zoals amandelen en pistaches; knoflook en ui; vis; vlees zoals rund- en lamsvlees en wild zoals eend, duif en patrijs; eieren; en de meeste specerijen, zoals chilipepers, fenegriek, gember, kurkuma en saffraan.

'Koude' voedingsmiddelen zijn onder meer: rozenwater; melk en yoghurt; rijst; verse vruchten zoals meloen, perziken, druiven, peren, appels en citroenen; groenten zoals spinazie, komkommer, sla, en sommige peulvruchten, zoals linzen en nierboontjes; kip; en de meeste tuinkruiden zoals koriander en dille.

## Over de recepten

De recepten zijn gebaseerd op eigen ervaringen in Afghanistan of ik heb ze gekregen van Afghaanse vrienden en familieleden. Elk recept heb ik bij mij thuis in Engeland geprobeerd.

Ik kon niet alle recepten voor alle Afghaanse recepten die me bekend zijn in dit boek opnemen. Bij het maken van een keuze heb ik voorrang gegeven aan de gerechten die het meest geliefd zijn, zowel bij Afghanen als bij westerlingen, en waarvoor de ingrediënten en andere benodigdheden makkelijk verkrijgbaar zijn.

Ik heb ernaar gestreefd recepten in hun authentieke vorm te geven, maar sommige arbeidsintensieve, tijdrovende procedures zijn veranderd en ik heb hier en daar tijdbesparende tips opgenomen. Veel van die wijzigingen komen van Afghanen die in het Westen wonen en de recepten wel moesten aanpassen, maar die er toch in geslaagd zijn in een geheel andere omgeving hun eigen traities in stand te houden. Waar dat te pas kwam heb ik vervangingsmogelijkheden voor ingrediënten gesuggereerd.

Aan het begin van dit hoofdstuk heb ik verklaard dat Afghaanse koks gewoonlijk geen exacte maten gebruiken. Ik geef wel maten op, omdat veel van de recepten voor niet-Afghanen anders te raadselachtig zouden zijn, maar je hoeft ze niet te letterlijk te nemen. Vooral bij ingrediënten als zout, peper en olie kunnen de ingrediënten aan de persoonlijke smaak worden aangepast.

Hoewel Afghanen graag vlees eten, kunnen veel hoofdgerechten ook zonder vlees worden bereid, waardoor ze geschikt zijn voor vegetariërs. Afghanen moesten hun dieet op die manier aanpassen in tijden van voedselschaarste en armoede.

Een Afghaanse bakkerij

# Brood

*Naan*, brood, en *tsjay*, thee, zijn het basisvoedsel van alle Afghanen. Het woord *naan* betekent in Afghanistan zelfs 'eten'. Het brood is even voedzaam als lekker. Het formaat en de vorm verschillen in de diverse delen van het land.

Gewone *naan* wordt gemaakt van volkorenbloem. Het deeg gaat gisten door het toevoegen van zuurdesem, gemaakt van een klontje deeg van de vorige dag, dat een nacht lang op een warme plek heeft gestaan. Dat heet *khamier torsj* (zuur deeg).

In de meeste gezinnen wordt elke dag vers brood gemaakt. Ze bakken het in hun eigen *tandoer* of brengen het naar de plaatselijke *tandoer*-bakker, die *naanwayi* wordt genoemd. Een *tandoer* is een ondergrondse kleioven, waar de temperatuur veel hoger wordt dan in een gewone keukenoven. Het brood wordt gaar door het deeg als een platte schijf tegen de hete binnenkant van de oven te drukken.

In ons huis hadden we geen eigen *tandoer*, dus begon mijn hulp 's morgens vroeg allereerst deeg te maken, dat daarna ongeveer een uur op een zonnige plek stond te rijzen. Dan maakte ze ronde ballen van gelijke grootte van het deeg en droeg die op een groot dienblad van geweven stro (*toeri naan*) dat op haar hoofd balanceerde naar de *naanwayi*. Daar liet ze het deeg achter en later haalde ze het brood op, meestal op tijd voor de lunch. Elke dag werd het aantal broden dat voor ons werd gebakken in een lange stok gekerfd, de *tsjoebkhat*. Aan het eind van de week werden de inkervingen geteld, zodat we onze rekening konden betalen. Natuurlijk kon je ook *naan* kopen die de *naanwayi* zowel gemaakt als gebakken had.

Brood wordt ook wel gebakken op een *tawah*. Dit is een ronde, gebogen gietijzeren plaat, die wordt verhit voor de lap brooddeeg erop wordt geklapt. Omdat je deze plaat overal mee naar toe kunt nemen, is deze methode vooral in zwang bij nomaden. Het brood dat op een *tawah* wordt gebakken is ongedesemd en wordt *chapati* of *naan-e tawagi* genoemd.

*Lawasja* is een andere populaire broodsoort, ongeveer even groot en met dezelfde vorm als *chapati*, maar wel met zuurdesem, en gebakken in een *tandoer*.

Oezbeeks brood, vaak gebakken in een speciale Oezbeekse oven, zie je vaker in het noorden van Afghanistan.

Een smakelijk brood dat *naan-e toemartsj* heet (soms *naan-e gigeqi*) en dat vooral in het noorden van Afghanistan populair is, wordt gemaakt met vet (*domba*) uit de staart van dikstaartschapen. Het staartvet wordt in kleine stukjes gesneden en uitgebakken tot krokante kaantjes. Die worden *gigeq* genoemd. De *gigeq* worden fijngemalen en door het brooddeeg gemengd. De broden worden voor het bakken met *siyah dana* (nigellazaadjes) bestrooid.

Ik moet nog twee andere soorten brood noemen, die vaak bij het ontbijt of bij de thee worden gegeten. *Naan-e roughani* bevat wat olie, maar verder lijkt het veel op de gewone *naan*. *Rot* is een zoet brood, gemaakt met suiker, melk en vet.

In Afghanistan wordt bij de meeste maaltijden brood gegeten, en wel met de rechterhand. Het wordt in soep gedoopt, gebruikt om ander voedsel mee naar de mond te brengen, en bij rijst en kebaabs gegeten.

Afghanen bakken bijna al hun brood van heel fijn gemalen volkorenbloem; de volkorenbloem die je in het Westen kunt krijgen is te grof. Ik gebruik in plaats daarvan *chapati*- of *ata*-meel, dat je in winkels met oosterse waren kunt kopen.

Het brooddeeg moet vrij zacht zijn en de hoeveelheid water die je moet gebruiken hangt af van de soort bloem en de luchtvochtigheid. Pas de hoeveelheid water die in het recept wordt opgegeven zo nodig aan. Omdat het deeg zacht is, moet je bij het platslaan of uitrollen flink wat extra bloem gebruiken.

## Naan

Brood

*voor 4 stuks*

*Naan* is gedesemd brood, gemaakt met *khamier torsj*, een zuurdesemzetsel. (Je kunt gedroogde gist gebruiken, zoals in het recept hieronder, maar de smaak is dan iets anders.) Het brood krijgt eveneens een speciaal aroma in een *tandoer*-oven bij een zeer hoge temperatuur, maar je kunt *naan* ook heel goed bakken in een gewone oven, als je hem op de hoogste stand voorverwarmt. Meteen uit de oven, als het nog warm is, is het brood het lekkerst, hoewel je het ook koud kunt serveren. Brood dat koud is geworden of uit de diepvriezer komt, kun je oppiepen door het aan beide kanten te besprenkelen met een beetje water en het snel onder een hete grill op te warmen.

Je kunt het brood in stukjes snijden of in zijn geheel opdienen. Traditioneel wordt *naan* bij elke maaltijd geserveerd en zonder boter gegeten, maar het is ook heerlijk als snack, met boter, of zelfs met kaas of jam.

> 700 g *chapati*-bloem
> 1 1/2 theelepel zout
> 1 zakje gedroogde gist
> 4 tot 5 theelepels plantaardige olie (naar keuze)
> 4,25 dl water
> *siyah dana* (nigellazaadjes), maanzaad, sesamzaad (naar keuze)

Zeef de bloem met het zout in een kom. Meng er de gist door. Giet er de plantaardige olie bij en wrijf die met je handen door de bloem. Voeg beetje bij beetje het warme water toe en meng alles met de hand tot een glad, zacht deeg. Kneed het deeg 7 tot 10 minuten, tot het elastisch en glad is, net zoals je gewoon brooddeeg zou maken. Vorm er een bal van, leg er een vochtige doek over en laat het deeg op een matig warme plaats ongeveer een uur rusten, tot het in volume verdubbeld is.

Verwarm intussen de oven op de hoogste temperatuur voor (250 °C). Bekleed een bakplaat met aluminiumfolie en schuif hem in de oven om hem heet te laten worden.

Verdeel het deeg na het rijzen in vier even grote ballen. Rol ze op een licht met bloem bestrooid oppervlak uit, of vorm ze met de hand tot een ovale vorm van ongeveer 1 cm dik. Daarna maak je met een natgemaakte vinger diepe gleuven in het midden van de broden. In Afghanistan maken ze die gleuven met de vingers of de duim, of met een speciaal mesje, en dat hangt ervan af of de bakker een man of een vrouw is. De mannen snijden, de vrouwen maken gleuven. Bestrooi de broden luchtig met *siyah dana*, of desgewenst met maanzaad of sesamzaad.

Haal de hete bakplaat uit de oven en leg er een *naan* op. Bak hem meteen 8 tot 10 minuten, tot de *naan* goudbruin is. Het brood moet vrij krokant en aan de buitenkant hard zijn. Herhaal de procedure met de resterende deegballen.

Als de *naan* uit de oven komt moet het brood in een schone theedoek of in aluminiumfolie worden gewikkeld om te voorkomen dat het uitdroogt.

## Lawasja

Voor *lawasja* maak je het deeg net als voor *naan*, maar rol je het dunner uit, tot een groter brood. Voor 700 g bloem moet je het deeg in een stuk of zes porties verdelen, zodat de broden op de bakplaat passen. In *lawasja* worden geen insnijdingen of gleuven gemaakt, en ze worden ook niet op een andere manier versierd. De baktijd is korter. In Arabische winkels of bakkerijen kun je uitstekend brood kopen dat veel op *lawasja* lijkt.

## Naan-e Oezbeki

Mijn ouders zijn een aantal keren in Afghanistan bij me op bezoek geweest en een van hun beste herinneringen is de reis die we naar het noorden van Afghanistan maakten. We reden over de indrukwekkend hoge bergen van de Salangpas over de kronkelende bergweggetjes en door de Salangtunnel, die op een hoogte van 4 kilometer ligt, om Koendoez, Tasjkoergan, Mazar-e Sjarief en Balkh te zien. In Tasjkoergan, de stad die beroemd is om zijn overdekte bazaar, proefden ze voor het eerst het heerlijke *naan-e Oezbeki* uit die streek.

*Naan-e Oezbeki* is een rond, plat brood dat je voornamelijk tegenkomt in het noorden van Afghanistan. Het lijkt op gewone *naan*, maar is rond en wat dikker, vooral aan de randen. En meestal is het met melk of ei bestreken om het glanzend te maken. Ook wordt dit brood voor het bakken met een speciaal houten stempel bewerkt, waardoor er een mooie versiering op komt. In de houten onderkant van het stempel zitten metalen draden of spijkers die een patroon vormen. Er zijn veel verschillende patronen. De bakker drukt met de hand het houten stempel voor het bakken in de broden. Daarna wordt het brood van een glanslaagje voorzien en vaak nog verder versierd door er sesamzaad, maanzaad of *siyah dana* over te strooien.

Voor *naan-e oezbeki* maak je het deeg als voor *naan*, maar rol je het uit en maak je het verder klaar zoals hierboven beschreven, waarbij je in plaats van het genoemde stempel een vork gebruikt om een patroon te maken.

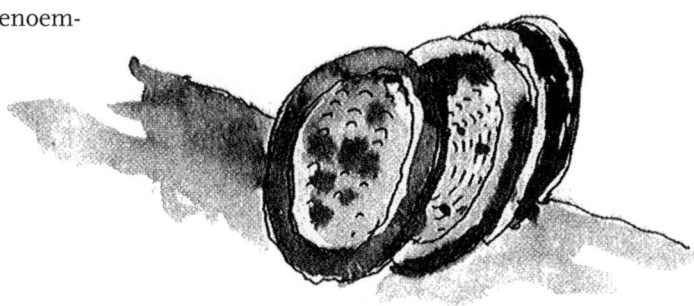

## Chapati
Plat brood
*voor 8 stuks*

*Chapati* is het lekkerst als het warm is en net gebakken. Meestal wordt het geserveerd bij kebaabs en vleesgerechten zoals *do piyaza*. De ingrediënten zijn eenvoudig.

**225 g *chapati*-bloem**
**1,5 dl water**
**1/2 theelepel zout**

Zeef de bloem met het zout in een kom en voeg langzaam water toe, terwijl je er met de hand een zacht deeg van mengt. Ongeveer 1,5 dl water moet genoeg zijn. Kneed het deeg 7 tot 10 minuten tot het glad is. Dek het af met een vochtige doek en zet het een uur weg.

Verhit een gietijzeren koekenpan (een goede vervanging van de traditionele *tawah* die op bladzijde 45 beschreven is) op halfhoog vuur. Verdeel het deeg in acht porties en vorm er ronde ballen van. Rol elke bal met een beetje extra bloem uit tot een tamelijk dunne lap met een doorsnede van 18 tot 20 centimeter. (Afghanen maken meestal grotere, ovale *chapati*, maar deze maat past beter in een koekenpan.) Pak de *chapati* een voor een met twee handen vast, schud er voorzichtig de overtollige bloem af en leg ze op de hete pan. Bak ze 1 minuut, draai ze om en bak de andere kant ook een minuut. Druk tijdens het bakken de randen met een spatel naar beneden zodat de *chapati* gelijkmatig gaar worden. Ze vormen daarbij blazen. Als de *chapati* gaar is leg je hem op een bord, met een servet erover om hem warm te houden.

# Naan-e roughani
*voor 4 broden*

*Naan-e roughani* is eigenlijk naan, maar er zit olie of vet in en dit brood wordt meestal met thee geserveerd, als ontbijt of in de middag. Dit brood wordt voor het bakken meestal met geklopt ei bestreken en bestrooid met *siyah dana*, sesamzaad of maanzaad.

700 g *chapati*-bloem
1 1/2 theelepel zout
1 zakje snelwerkende gistkorrels
4 eetlepels plantaardige olie
4,25 dl warm water
geklopt ei voor een glanslaagje
*siyah dana* (nigellazaadjes), maanzaad of sesamzaad

Zeef de bloem met het zout in een kom. Voeg de gistkorrels toe en meng ze door de droge ingrediënten. Meng de olie en het warme water en giet het mengsel beetje bij beetje bij de droge ingrediënten, terwijl je alles met de hand goed mengt. Kneed de massa tot een zacht deeg. Kneed het nog 7 tot 10 minuten tot het elastisch en glad is. Maak er een bal van, dek het af met een vochtige doek en laat het deeg op een matig warme plek een uur rusten, tot het in volume is verdubbeld.

Verwarm intussen de oven voor op de hoogste stand (250 °C). Kwast de bakplaat licht in met olie. Verdeel het deeg in vier porties en rol ze uit op dezelfde manier als voor *naan* (tot een ovale plak van ongeveer 25 x 15 cm). Prik het deeg dan overal in met een vork, of maak het klaar zoals *naan*, door je vingers nat te maken met water en er in het midden diepe gleuven in te trekken. Bestrijk het deeg met geklopt ei en strooi er zaadjes naar keuze op. Leg de *naan* op de bakplaat en zet ze in de hete oven. Bak het brood 5 minuten, zet dan de oven lager, op 220 °C, en bak het brood nog 5 tot 10 minuten tot het lichtbruin is. Keer de broden om en bak ze nog een paar minuten tot ook de onderkant bruin is. Als het brood uit de oven komt sprenkelen sommige mensen er wat water op voor ze het in een schone theedoek of aluminiumfolie wikkelen. Daardoor blijft het brood vochtig en zacht tot het wordt gegeten.

VARIATIE *Naan-e maghzi* is een soortgelijk brood, waar melk aan wordt toegevoegd. In plaats van 4,25 dl warm water gebruik je een mengsel van 2,75 dl warm water en 1,5 dl warme melk.

## Rot
Zoet, rond plat brood
*voor 2 broden*

*Rot* is een zoet en vochtig brood dat bij het ontbijt wordt gegeten en waarbij thee of hete melk wordt gedronken. Ook wordt het gebakken voor het traditionele feest dat wordt gegeven als een baby veertig dagen oud is. Dit recept kreeg ik van mijn vriendin Aziza Ashraf.

> 750 g patentbloem
> 2 afgestreken theelepels bakpoeder
> 1 zakje snelwerkende gistkorrels
> 350 g suiker
> kardemom, gemalen
> 1,7 dl plantaardige olie
> 1,7 dl warm water
> 1 ei, losgeklopt
> 1 afgestreken eetlepel biologische yoghurt
> *siyah dana* (nigellazaadjes)
> sesamzaad

Meng de bloem met het bakpoeder, de gist en de kardemom.
    Verwarm de olie in een pannetje, doe de bloem erbij en roer een paar minuten. Roer de suiker door het warme water en roer het suikerwater geleidelijk door de bloem. Doe er dan het losgeklopte ei (bewaar een klein beetje om het brood mee te bestrijken) en de yoghurt bij, meng goed en kneed de massa in ongeveer 5 minuten tot een tamelijk zacht deeg. Laat het op een warme plek ongeveer een uur rusten.
    Verwarm intussen de oven voor op 220 °C, gasovenstand 7.
    Verdeel het deeg in twee porties en rol die op een met bloem bestoven werkvlak uit tot twee ronde plakken van 1 à 2 cm dik. Prik het deeg her en der in met een vork, kwast het in met het restje van het losgeklopte ei en strooi er de *siyah dana-* en sesamzaadjes op, zoveel als je lekker vindt.
    Leg het deeg op een licht met olie of vet ingesmeerde bakplaat en bak het in de hete oven ongeveer 15 minuten, tot het gerezen en goudbruin is. (Als de bovenkant te snel bruin wordt, zet de oven dan wat lager en laat het baksel wat langer in de oven staan.)
    Haal het brood uit de oven en wikkel het in een warme theedoek of stop het in een plastic zak om te voorkomen dat het uitdroogt.

# Soepen

Soep, *sjorwa*, is basisvoedsel in Afghanistan. *Sjorwa* is afgeleid van het Perzische woord *sjorba*, *sjor* (wat 'gezouten' betekent) en *ba* (dat staat voor 'stoofschotel, gerecht dat met water is bereid'). De meeste Afghaanse soepen zijn vrij stevig en worden vaak als hoofdmaaltijd geserveerd. Ze bevatten in de regel vlees en/of een soort peulvruchten. Met *naan* erbij zijn ze een voedzame en vullende maaltijd. Meestal worden stukjes *naan* in de soep te weken gelegd en dan met de hand of met een lepel gegeten.

*Sjorwa-ye tarkari* is zo'n beetje de meest gegeten soep. Hij wordt gemaakt van vlees en groenten, maar wat er precies in gaat hangt af van wat er verkrijgbaar is. Vaak wordt er verse koriander in gedaan, omdat de soep er zo'n heerlijke smaak door krijgt. *Sjorwa-ye tsjaynaki* is waarschijnlijk de traditioneelste en ook de ongebruikelijkste soep van Afghanistan. De naam betekent 'theepot-soep' en hij wordt ook echt in een theepot gemaakt.

## Sjorwa-ye tarkari
### Soep met vlees en groenten
*voor 4 personen*

Deze soep wordt veel gegeten en er bestaan geen vaste regels voor de bereiding ervan. Er zijn vele versies en de ingrediënten die ervoor gebruikt worden variëren, al naar gelang het aanbod. Als vlees kun je lamsvlees, rundvlees of kip gebruiken.

- 0,75 dl plantaardige olie
- 2 middelgrote uien, gehakt
- 450 g vlees met been
- 1 klein blik gepelde tomaten (225 g)
- 1 liter water
- 225 g aardappelen, geschild en in blokjes gesneden
- 100 g wortels, geschrapt en in blokjes gesneden
- 50 g verse koriander
- zout en peper

Verhit de olie in een grote pan en bak de uien op halfhoog tot hoog vuur tot ze goudbruin en zacht zijn. Leg het vlees erbij en bak het mee tot het rondom bruin is. Doe de tomaten erbij en zout, peper en het water. Breng de soep aan de kook, zet het vuur dan lager en laat alles zachtjes koken tot het vlees bijna gaar is.

Voeg de blokjes aardappel en wortel toe en laat de soep nog 20 tot 30 minuten koken, tot de groenten gaar zijn. Was de koriander, snijd de stelen eraf en doe het blad bij de soep. Laat die nog 5 minuten doorkoken, en voeg zo nodig wat extra water toe.

Deze soep wordt altijd opgediend met verse *naan* of *chapati*.

## Sjorwa-ye tsjaynaki
Theepot-soep
*voor 1* tsjaynak *of persoon*

Dit is de traditionele soep van Afghanistan. Het is een eenvoudig, simpel gerecht, maar erg lekker. Zoals de naam al zegt, wordt hij letterlijk in *tsjaykana*'s (theepotten) gemaakt en opgediend! Het soort theepotten dat men hiervoor gebruikt zijn gebroken theepotten, die gerepareerd zijn door iemand die een *patragar* wordt genoemd, 'iemand die herstelt'. Hij zit in kleermakerszit en houdt de stukken van de theepot (die met een touwtje bij elkaar worden gehouden) met zijn voeten vast. Dan boort hij gaatjes in het aardewerk met een boor die een gewone grammofoonnaald als punt heeft. Met stukken metaaldraad rijgt hij de stukken aan elkaar, en daarna worden alle naden dichtgemaakt met een mengsel van eiwit en gips, dat als het droog is hard wordt.

Om de soep te maken gaan alle ingrediënten in de theepot en die wordt, met het deksel erop, in hete sintels gezet die weggeharkt zijn uit het houtskoolvuur dat voor het maken van kebaabs is gebruikt, of uit het vuur dat onder de kokende samovar brandt.

Deze soep wordt meestal 's morgens vroeg gemaakt en blijft tot lunchtijd zachtjes sudderen in de gloeiendhete as. Als een klant soep bestelt, krijgt hij een theepot met soep, een kom en een grote *naan*. Hij scheurt wat van de *naan* in stukjes en doet ze in de kom. De soep wordt over de stukjes *naan* gegoten die zich vol zuigen met vocht en dan met de hand of met een lepel uit de soep worden geschept.

Het recept hieronder is bewerkt, zodat je het in een keuken kunt maken.

Theepot-soep

1 kleine ui, fijngehakt of in plakjes gesneden
2 kleine porties lamsvlees met been en wat vet eraan
1 eetlepel spliterwten
1 eetlepel gehakte verse koriander
zout en peper
*naan* of brood om erbij te serveren

Doe alle ingrediënten, behalve de koriander, in een kleine pan. Voeg zoveel water toe dat alles onder staat, breng de soep aan de kook en zet dan het vuur laag. Leg het deksel op de pan en laat de soep 1 tot 2 uur zachtjes koken. Voeg vlak voor het serveren de koriander toe en maak de soep op smaak af.

Geef er *naan* of brood en misschien ook een kleine salade van plakken ui in wat witte wijnazijn of wat partjes tomaat bij.

## Sjorwa-ye sjamali-war
### 'Hete' soep met vlees en groenten
*voor 6 personen*

Deze soep komt uit het noorden van Kaboel; de naam kan vertaald worden als 'soep van de noorderlingen'. Hij staat bekend om zijn hete, pikante smaak.

1,5 dl plantaardige olie
275 g uien, in dunne plakken gesneden
2 tenen knoflook, gepeld en fijngestampt
700 g vlees aan het been, bij voorkeur lamsvlees
50 g spliterwten
1 blik (400 g) gehakte tomaten
1 of 2 rode of groene Spaanse pepers, of meer naar smaak
2 theelepels gemalen korianderzaad
1 tot 2 theelepels kurkuma
1 tot 2 theelepels zwarte peper uit de molen
2 liter water
450 g aardappelen, geschild, in stukken gesneden als ze groot zijn
100 g verse koriander
zout

Verhit de olie in een grote pan en bak de uien op halfhoog tot hoog vuur tot ze goudbruin en zacht zijn. Doe de knoflook en het vlees erbij en bak die mee tot het vlees rondom bruin is. Voeg de spliterwten toe, de tomaten, pepers, specerijen en het water. Breng alles aan de kook, zet het vuur laag en laat de soep zachtjes koken tot het vlees bijna gaar is. Doe dan de aardappelen erbij en de verse koriander, waarvan je eerst de stelen hebt afgesneden. Laat de soep nog 20 tot 30 minuten doorkoken tot de aardappelen zacht zijn. Voeg extra water toe als de soep te veel is ingekookt, en zout naar smaak.

Deze soep wordt opgediend met verse *naan* of *chapati*, en een kleine salade van in plakken gesneden uien die in azijn gemarineerd zijn, of met een gemengde salade.

## Sjorwa berendj
### Rijstsoep
*voor 4 personen*

Een voordelige en eenvoudige soep, met een flexibel recept. Het lamsvlees of de kip kan een restje zijn, en Afghanen gebruiken soms gehaktballetjes in plaats van vlees. De hoeveelheid groenten kun je naar eigen smaak aanpassen.

> 75 g kortkorrelige rijst
> 1,1 liter water
> 50 tot 75 g lamsvlees of kip, in kleine stukjes gesneden
> 0,5 dl plantaardige olie
> 1 eetlepel gemalen dillezaad
> 1 tomaat, gehakt
> 1 middelgrote aardappel, geschild en in blokjes gesneden
> 1 middelgrote wortel, geschrapt en in blokjes gesneden
> zout en peper naar smaak

Was de rijst. Zet de rijst op in een grote pan met ruim een liter water. Voeg de olie toe, het vlees, de dille, groenten, zout en peper. Breng alles aan de kook, leg een deksel een beetje schuin op de pan en draai het vuur lager. Laat de soep zachtjes koken tot de rijst, het vlees en de groenten gaar zijn. Roer af en toe in de pan.

## Kofta sjorwa
### Soep met gehaktballetjes en dille
*voor 4 personen*

Deze soep wordt soms *sjorwa-ye sjebet* genoemd: *sjebet* betekent dille. Voeg meer of minder rijst toe, afhankelijk van hoe dik je de soep wilt hebben.

> 225 g lamsgehakt
> 1 kleine ui, fijngehakt of gemalen

1/2 theelepel verse gember, geraspt (desgewenst)
1/4 tot 1/2 theelepel rode peper
0,5 dl plantaardige olie
1 grote ui, fijngehakt of in plakken gesneden
1 liter water
25 tot 50 g lang- of kortkorrelige rijst
2 preien, gewassen en fijngesneden
1 theelepel kurkuma
2 eetlepels verse dille
zout naar smaak

Meng het lamsgehakt met de kleine fijngehakte of fijngemalen ui en de geraspte gember. Voeg zout naar smaak toe en de helft van de rode peper. Meng alles, kneed het mengsel tot een gladde massa en draai er balletjes van met een doorsnede van ongeveer 1,5 cm.

Verhit de plantaardige olie in een pan, doe de in plakken gesneden grote ui erbij en bak die goudbruin. Voeg de helft van het water toe en brengt het aan de kook. Laat de gehaktballetjes een voor een in de pan vallen en laat ze een minuut of twee koken. Doe dan de rijst erbij, de prei, kurkuma, rode peper, dille en zout. Voeg de rest van het water toe en breng de soep weer aan de kook. Zet dan het vuur lager en laat de soep zachtjes koken tot de rijst en de gehaktballetjes gaar zijn.

Geef er brood of *naan* bij.

## Esjkana-ye miwa
Vruchtensoep
*voor 4 personen*

*Esjkana* en *pyawa* (zie het volgende recept) betekenen allebei 'zonder vlees'. Deze soep, die karakteristiek is voor de streek rond Herat, toont de invloed van Perzië en Centraal-Azië, en de voorliefde die men daar heeft voor zoetzure smaken.

225 g gedroogde abrikozen
225 g gedroogde pruimen
1,1 dl plantaardige olie
1 middelgrote ui, fijngehakt
2 tenen knoflook, gepeld en fijngehakt
1 eetlepel azijn
1 eetlepel suiker
4 kleine eieren
zout en zwarte peper naar smaak

Week de abrikozen en pruimen in zoveel water dat ze onder staan en laat ze een uur op laag vuur koken.

Verhit de olie en voeg de ui en knoflook toe. Bak ze op laag vuur tot ze zacht en goudbruin zijn. Doe de abrikozen en pruimen erbij, met het kookwater, en voeg zoveel water toe dat alles ongeveer 2,5 cm onder staat. Breng het aan de kook, draai het vuur laag en laat alles een paar minuten koken. Voeg de azijn en de suiker toe, en zout en zwarte peper naar smaak. Laat de soep een uur op laag vuur koken. Voeg meer water toe als de soep te dik is geworden.

Breek vijftien minuten voor het serveren de eieren stuk voor stuk in een kopje en roer ze voorzichtig, een voor een, door de soep. Je kunt de soep zo opdienen, of over stukjes *naan* in soepkommen gieten. Strooi er desgewenst meer zwarte peper over.

## Sjorwa-ye pyawa
Aardappelsoep
*voor 4 personen*

In Afghanistan is dit een soep voor arme mensen, die meestal in de winter wordt gemaakt. *Pyawa* betekent 'zonder vlees'.

> 0,75 dl plantaardige olie
> 2 middelgrote uien, gehakt
> 450 g aardappelen, geschild en in blokjes van 2,5 cm gesneden
> 1 liter water
> 1 theelepel kurkuma
> zout en rode peper naar smaak

Verhit de olie in een pan en bak de uien op halfhoog tot hoog vuur tot ze bijna bruin zijn. Doe de blokjes aardappel erbij. Roer en bak ze tot ze aan alle kanten met olie bedekt zijn. Voeg het water toe, de kurkuma, en zout en rode peper naar smaak. Laat de soep op laag vuur koken tot de aardappelblokjes gaar zijn.

Geef er verse *naan* bij.

## Sjorwa-ye lawang
Yoghurtsoep met tomaten
*voor 3 tot 4 personen*

Ik proefde dit gerecht voor het eerst in het huis van mijn vriendin Parwin Ali. Het komt uit het zuidoosten van Afghanistan. Zij was zo vriendelijk mij het recept op te sturen en ik vind het niet moeilijk te maken.

2 tenen knoflook, gepeld en fijngestampt
50 g margarine of *ghee*
3 middelgrote tomaten, ontveld en gehakt
4,25 dl uitgelekte yoghurt
2,75 dl water
2 eetlepels bloem
1/2 theelepel kurkuma
zout

Bak de knoflook in de margarine of *ghee* tot hij bruin is. Voeg de tomaten toe en roerbak ze tot je een roodbruine massa hebt.

Meng de yoghurt met het water, de bloem, kurkuma en zout, met de hand of met een mixer. Voeg dan langzaam het mengsel van knoflook en tomaten toe. Breng aan de kook en laat de soep op laag vuur koken tot hij gebonden is.

## Mausjawa
### Soep van peulvruchten en yoghurt
*voor 4 tot 6 personen*

In Afghanistan wordt deze soep als voorgerecht opgediend, of als hoofdgerecht. Dit is de originele versie van *mausjawa*, die wordt gemaakt met vlees-*qorma*; een andere populaire versie wordt met gehaktballetjes (*kofta*) gemaakt. De gehaktballetjes worden net zo gemaakt als voor de *kofta* in *kofta tsjalau* op bladzijde 125, maar dan kleiner (met een doorsnede van ongeveer 1 cm). De saus is ook hetzelfde, alleen moet de yoghurt worden weggelaten. Afghanen eten deze soep graag 'heet', maar je kunt de hoeveelheid peper naar eigen smaak aanpassen.

50 g kikkererwten
50 g rode kidneybonen
50 g mungbonen (of groene spliterwten)
50 g kortkorrelige rijst
1 liter water
4,25 dl uitgelekte yoghurt
2 theelepels gemalen dillezaad
zout

*voor het stoofvlees:*
225 g rund-, kalfs- of lamsvlees, in blokjes van 1 cm gesneden
100 g fijngehakte ui
3 eetlepels plantaardige olie

50 g tomaten, ontveld en gehakt
1,5 dl water
1/4 tot 1 theelepel rode peper
zout

Week de kikkererwten en de rode kidneybonen een nacht in water. Doe ze met de mungbonen (of groene spliterwten) en de rijst in een grote pan met 1 liter water (inclusief het weekwater van de kikkererwten en kidneybonen). Breng aan de kook, leg het deksel er een beetje schuin op en laat de soep op laag vuur koken tot de peulvruchten zacht zijn (hoe lang dat duurt hangt af van hoe vers ze zijn).

Maak intussen het vlees met de saus klaar. Verhit de olie in een pan, doe de fijngehakte ui erbij en bak die op halfhoog vuur zacht en bruin. Voeg het vlees toe en bak ook dat bruin. Doe de tomaten erbij, roer goed om en laat het mengsel een minuutje sudderen. Doe de 1,5 dl water erbij, het zout en de rode peper. Roer goed om en laat weer aan de kook komen. Zet het vuur lager en laat het vlees sudderen tot het zacht is en de saus is ingekookt.

Als alles klaar is meng je de ingrediënten: de rijst, de peulvruchten (ook het vocht waarin ze zijn gekookt), het gestoofde vlees, de uitgelekte yoghurt, het gemalen dillezaad en zout naar smaak. Roer goed om en voeg extra water toe als je een dunnere soep wilt. Blijf roeren en laat de soep nog 5 tot 10 minuten zachtjes koken om de smaken op elkaar te laten inwerken.

Dien de *mausjawa* heet op in soepkommen of op soepborden. Meestal wordt er *naan* bij geserveerd.

*Tabang wala*

# Eten op straat en snacks

Eten op straat is in Afghanistan heel populair en er zijn veel verschillende lekkere hapjes die je bij straatverkopers kunt kopen en ter plekke kunt eten of mee naar huis nemen. Iemand die op straat eten verkoopt heet *tabang wala*. Een *tabang* is een groot, plat, rond blad, waarop de *tabang wala* zijn waren draagt. Hij markeert zijn plek op een bepaalde straathoek of plek door zijn *tabang* neer te zetten. De zaken worden vaak snel afgehandeld. Hij heeft een assortiment aan etenswaren, bedoeld voor allerlei klanten met verschillende smaken en wensen. Het soort eten dat hij verkoopt hangt ook af van de streek en van de tijd van het jaar. Met zijn glimlachende, vrolijke gezicht roept de *tabang wala* naar de hongerige, vermoeide voorbijgangers dat ze naar hem toe moeten komen en zijn heerlijke *shour nakhod* proberen, zijn zoete *samboesa-ye sjirien*, of hun dorst lessen met een glas van zijn verfrissende en zoete *kesjmesj aab*.

In de winter of in het begin van de lente is een warm bord *pilau-ye toelaki* zeer welkom. *Toelaki* betekent 'gewogen'. De *tabang wala* weegt de *pilau* af op een weegschaal met diverse stenen die een gewicht van een kwart of een half pond vertegenwoordigen. Ook gekookte, in plakken gesneden aardappelen met azijn erover zijn populair, net als gekookte eieren. *Pakaura* is een ander voorbeeld van een populaire straatsnack. Ze kunnen van allerlei ingrediënten gemaakt worden en meestal krijg je er een soort kruidige chutney bij.

Straatverkopers zijn vooral actief op feestdagen zoals nieuwjaar of *Eyd*. Kinderen kopen dan bij de zoetwarenverkoper diverse soorten snoepjes, toffees, noten, geroosterde kikkererwten en dergelijke in papieren puntzakken. *Khasta-ye sjirien* is zo'n snoeperij. Dat is een soort krokant notenrotsje, van amandelen of abrikozenpitten waarover karamel gegoten is. Ze worden gemaakt in een grote ronde vorm, als een bord, en kinderen breken er stukken van af om op te knabbelen. Ook gekristalliseerde suiker, *nabaat*, is heel geliefd.

Meer permanente kramen met eten in de bazaar verkopen *faloeda* en ijs (*sjieryakh*), beide heel populair in de zomer. *Haliem*, een soort granenpap, is een voedzaam wintergerecht, dat ook aan de kraam op straat wordt gekocht. In Afghanistan is de winter de tijd voor vis, dus staan er in de wintermaanden veel kramen waar je de Afghaanse versie van 'fish and chips' kunt kopen. De vis wordt gebakken gekocht en je krijgt er *djelabi* bij.

*Kesjmesj panier* (kaas met rozijnen) is een specialiteit in de lente, als er ook maïskolven op houtskool geroosterd en aan passanten verkocht worden. Bij de snacks die thuis worden gemaakt horen de krokante, lekkere pasteitjes die *boelani* en *samboesa* heten.

## Barta
Auberginepuree

Deze 'dipsaus' is heerlijk met verse warme *naan*. Hij past ook goed bij kebaabs en *pakaura*.

- 2 middelgrote aubergines
- 1 blokje groentebouillon
- 4 tenen knoflook, gepeld en fijngestampt
- 2,25 dl water
- 1 tot 2 groene Spaanse pepers, van zaad ontdaan en fijngehakt
- 2,75 dl uitgelekte yoghurt
- zout naar smaak

Schil de aubergines en snijd ze in plakken van ongeveer 1 cm dik. Leg ze in een pan, verkruimel het blokje groentebouillon erop en voeg 2,25 dl water toe. Breng aan de kook en laat de aubergines op laag vuur koken tot ze gaar zijn (10 tot 15 minuten). Laat ze een beetje afkoelen en schep de aubergines dan met een schuimspaan uit de pan. Doe ze in een blender met ongeveer de helft van het kookwater. Voeg de knoflook toe, de pepers en een eetlepel van de uitgelekte yoghurt. Draai er een puree van. Roer er tot slot de rest van de yoghurt door en voeg zout naar smaak toe.

## Pakaura
Groentebeignets
*voor 4 personen*

*Pakaura* worden in Afghanistan veel op straat gegeten, maar je kunt ze ook als lekkere snack of als borrelhapje op een feestje serveren. Dit recept is voor aardappel-*pakaura*, maar je kunt ze ook maken van andere groenten, zoals bloemkool en dunne plakken ui en aubergine. De aardappelen moeten worden voorgekookt.

- 170 g erwtenmeel
- 1,7 tot 2,25 dl water
- 1 eetlepel zout
- 1/2 theelepel kurkuma
- 1 theelepel gemalen korianderzaad (of 1 eetlepel fijngehakte verse koriander)
- 1/2 tot 1 theelepel rode peper
- 4 middelgrote of grote aardappelen
- plantaardige olie om in te frituren

Maak een beslag van de bloem en het water en voeg het zout toe. Klop het goed door en laat het een half uur rusten. Voeg de kurkuma, de koriander en rode peper toe.

Borstel intussen de aardappelen schoon en kook ze 10 tot 12 minuten in de schil. Laat ze afkoelen, pel ze en snijd ze in dunne ronde plakken van iets minder dan 0,5 cm dik.

Verhit de plantaardige olie tot hij heet is en wentel de plakken aardappel door het beslag, zodat ze aan beide kanten bedekt zijn. Leg ze in de hete olie. Frituur een paar plakken tegelijk. Ze zullen naar boven komen drijven. Als ze goudbruin zijn schep je ze uit de olie en laat je ze op keukenpapier uitlekken.

Strooi er naar smaak extra zout en peper over en dien ze op met een chutney van munt, koriander of rode peper.

## Boelani
Pasteitjes met preivulling
*voor ongeveer 15 stuks*

Deze pasteitjes waren vroeger bij buitenlanders in Afghanistan heel populair en ze zijn vooral erg lekker als ze bij een drankje worden geserveerd. Ze moeten krokant en heet worden opgediend, direct uit de koekenpan. Maar Afghanen eten ze ook wel eens koud, vooral als er tegelijkertijd veel andere gerechten worden bereid. Men maakt ze bij speciale gelegenheden, zoals verjaardagen en verlovingen, maar soms ook als snack.

Er zijn in Afghanistan twee soorten *boelani*. De meest populaire versie wordt met *gandana* gemaakt, waarvoor prei een goede vervanger is. *Boelani* kunnen ook een vulling van aardappelpuree hebben. Het recept daarvoor staat op de volgende bladzijde. Bij feesten of speciale gelegenheden worden vaak beide soorten *boelani* gemaakt.

> 450 g gezeefde witte bloem (of half witte bloem, half *chapati*-bloem)
> 2,25 dl water
> 450 g *gandana* of prei (gewogen na het schoonmaken), gewassen, fijngehakt
> 3 theelepels zout
> 1/2 theelepel rode peper
> 1 eetlepel plantaardige olie, plus meer om te bakken

Doe de bloem en 1 theelepel zout in een mengkom. Voeg langzaam zoveel water toe als nodig is om er een stijf deeg van te maken. Leg het deeg op een schoon werkvlak en kneed het 5 tot 10 minuten tot het elastisch, glad en glanzend is. Vorm het tot een bal, leg er een vochtige doek over en laat het deeg minstens een half uur rusten.

Knijp zoveel mogelijk water uit de prei (of *gandana*) en doe de groente in een vergiet. Doe er 1 tot 2 theelepels zout bij en een halve theelepel rode peper. Meng goed en kneed de prei met de hand tot hij zacht wordt. Voeg dan 1 eetlepel olie toe en kneed het mengsel nog even door.

Verdeel het deeg in 3 of 4 ballen. Rol elke bal zo dun mogelijk uit op een met bloem bestoven werkvlak (het moet niet dikker zijn dan 1,5 mm – als het deeg te dik is worden de *boelani* taai. Neem een ronde uitsteker met een doorsnede van 13 tot 15 cm (je kunt het deksel van een pan of van een blik gebruiken) en snijd zoveel mogelijk rondjes uit het deeg. Het aantal *boelani* hangt af van hoe dun het deeg is uitgerold en van de maat van de cirkels. Op de helft van elke deegcirkel leg je 2 tot 3 eetlepels van de uitgelekte prei. Bevochtig de randen van de deeglapjes, vouw ze dubbel en druk de randen stevig aan. De *boelani* moeten op een met bloem bestoven aanrecht worden gelegd tot je ze gaat bakken. Leg de *boelani* niet op elkaar, want dan plakken ze aan elkaar.

Als alle *boelani* klaar zijn en je ze wilt gaan serveren, verhit je een flinke laag plantaardige olie in een koekenpan en bak je ze met een of twee tegelijk aan beide kanten bruin. Houd ze warm tot ze allemaal gebakken zijn en serveer ze direct.

## Boelani katsjaloe
### Boelani met aardappelvulling
*voor ongeveer 15 stuks*

450 g gezeefde witte bloem (of half witte bloem, half *chapati*-bloem)
2,25 dl water
3 theelepels zout
900 g aardappelen
50 g lente-ui, fijngehakt
1 theelepel zwarte peper
plantaardige olie om in te bakken

Maak het deeg zoals voor de *boelani* met preivulling die hierboven beschreven is. Schil de aardappelen, was ze en kook ze in gezouten water tot ze zacht zijn. Giet het water af en maak er een fijne puree van. Voeg de lente-ui, het zout en de zwarte peper toe.

Rol het deeg uit zoals voor de *boelani* met preivulling en snijd er zoveel mogelijk cirkels uit. Op de helft van elk deeglapje schep je 1 tot 2 eetlepels aardappelpuree. Bevochtig de randen van de deeglapjes, vouw ze dubbel en druk de randen goed vast.

Bak ze op dezelfde manier als *boelani* met preivulling.

## Samboesa goesjti
### Gebakken pasteitjes met gehakt
*voor 24 stuks*

*Samboesa* zijn een andere populaire snack en ideaal om bij een drankje te serveren. Ze lijken op de Indiase *samosa*, maar ze zijn minder heet en kruidig van smaak. Sommige Afghanen gebruiken er hetzelfde deeg voor als voor *aasjak*. Je kunt ook kant-en-klaar filodeeg gebruiken.

450 g witte bloem
2,25 dl water
zout

*voor de vulling:*
450 g gehakt
100 g ui, fijngehakt
2 eetlepels plantaardige olie
1 theelepel gemalen komijn
1 theelepel gemalen korianderzaad
1 theelepel zwarte peper
1 tot 2 groene Spaanse pepers, van zaad ontdaan, fijngehakt (desgewenst)
1 tot 2 eetlepels doperwtjes (desgewenst)
zout
citroensap
plantaardige olie om in te bakken

Zeef de bloem en een halve theelepel zout in een kom. Voeg geleidelijk zoveel water toe als nodig is om een stijf deeg te maken. Kneed het een paar minuten tot het glad is. Maak er 7 even grote ballen van. Leg er een vochtige doek over en laat het deeg 15 tot 30 minuten rusten.

Voor de vulling doe je het vlees en de gehakte ui in een pan met de 2 eetlepels plantaardige olie, en je bakt dit mengsel 15 minuten op laag vuur. Voeg de doperwten toe (als je die gebruikt) en laat die 15 minuten op laag vuur meebakken. Doe er de komijn, koriander, zwarte peper, Spaanse pepers, wat citroensap en het zout bij. Laat alles nog een paar minuten bakken, terwijl je goed roert. Giet overtollige olie en vocht af.

Rol de deegballen flinterdun uit op een met bloem bestoven werkvlak. Kwast zes lagen deeg in met een eetlepel olie voor elke laag. Leg ze op elkaar en leg er de zevende lap deeg bovenop. Rol de stapel weer dun uit, waarbij je probeert het deeg niet te veel uit te rekken. Snijd de deeglap in vierkante stukken van 10 x 10 cm. Net als bij *boelani* hangt het aantal *samboesa* af van hoe dun je het deeg hebt uitgerold.

Leg in het midden van elk deeglapje 1 eetlepel van het gehaktmengsel. Vouw het deeg dubbel tot een driehoekje en druk de randen stevig aan. Ga zo door tot alle lapjes deeg zijn gevuld.

Verhit zoveel olie in een pan dat je de *samboesa* aan beide kanten goudbruin kunt frituren. Schep ze uit de olie en laat ze uitlekken.

*Samboesa* kunnen zowel warm als koud geserveerd worden, maar zelf vind ik ze warm het lekkerst.

## Sjoer nakhod
### Kikkererwten met muntsaus
*voor 4 personen*

*Sjoer* betekent 'gezouten' en deze smakelijke snack is een van de etenswaren die straatverkopers op de bazaars in de steden verkopen. De gekookte kikkererwten liggen in een berg op een grote platte schaal. De klant krijgt een portie kikkererwten op een bordje of in een kommetje. Daarna wordt er flink wat muntsaus over geschept. Een soortgelijk gerecht wordt gemaakt met rode kidneybonen.

*voor de kikkererwten:*
225 g kikkererwten
1,7 liter water
1/2 theelepel dubbelkoolzure soda
zout

*voor de saus:*
4 eetlepels witte wijnazijn
2 eetlepels water
1/2 theelepel zout
1 grote tak verse munt, fijngehakt
2 snufjes rode peper

Week de kikkererwten een paar uur of een nacht in het water. Doe ze met het weekwater in een schaal en voeg de dubbelkoolzure soda toe. Breng de kikkererwten aan de kook en schuim ze zo nodig af. Kook ze 10 minuten, zet dan het vuur laag en laat ze met het deksel op de pan heel zachtjes koken tot ze gaar zijn, maar nog wel hun vorm hebben. Het vocht moet inkoken tot er nog maar een laagje onderin de pan zit. (Hoe lang dat duurt is moeilijk te zeggen; het kan 3 tot 4 uur of langer zijn. Het geheim van dit gerecht is dat de kikkererwten heel langzaam gekookt worden, waarbij je af en toe roert om ze vochtig te houden.)

Roer er voorzichtig 1 theelepel zout door. Laat de kikkererwten afkoelen in het resterende kookvocht. Als ze koud zijn roer je ze voorzichtig om, zodat alle kikkererwten met dat dikke vocht bedekt worden.

Intussen meng je alle ingrediënten voor de saus. Sprenkel de saus kwistig over de kikkererwten, schep alles voorzichtig door elkaar en strooi er nog wat zout naar smaak over.

## Kesjmesj panier
Kaas met rozijnen

In de lente zie je in de bazaars in de kleine en grote steden vaak ballen witte kaas, die *panier-e kham* worden genoemd. Ze liggen uitgestald op een bedje van groene wijnbladeren. De kaas, die naar de stad wordt gebracht door mensen uit de bergen of afgelegen gebieden, wordt altijd verkocht met rode rozijnen (*kesjmesj sorkh*) om erbij te eten.

> 1 liter melk
> 4 theelepels vers citroensap
> een handvol rode rozijnen

Breng de melk aan de kook, haal de pan van het vuur en roer het citroensap door de melk, zodat de melk gaat schiften. Roer nog even en laat de melk dan een tijdje staan. De melk zal zich scheiden in wrongel en wei. Leg een stuk kaasdoek over een diepe schaal om de wei op te vangen. Giet de wrongel en wei erop en laat de wei erdoor druppelen. Pak dan het kaasdoek bij elkaar en draai de uiteinden samen tot de wrongel een ronde bol kaas wordt. Laat die een paar uur op een koele plek boven de schaal hangen.

Als je zout toevoegt (daardoor blijft de kaas langer goed) vlak voordat je de wrongel in de doek samenperst, wordt de kaas *panier-e sjour* genoemd. Als je de kaas wilt serveren haal je het kaasdoek eraf en snijd je de kaas in punten. Serveer de kaas met de rozijnen en misschien wat *naan*.

## Haliem
Granenpap met vlees
*voor 4 personen*

*Haliem* is een eroud gerecht dat waarschijnlijk ontstaan is in het gebied van Iran en Afghanistan, maar zich verbreidde naar andere landen in het Midden-Oosten en naar India. Het is in bepaalde Arabische landen ook wel bekend onder de naam *harissa* (dat 'goed gekookt' betekent), maar moet niet verward worden met de hete saus uit Noord-Afrika die ook *harissa* heet.

Het is een soort pap die meestal van tarwe en lamsvlees wordt gemaakt, maar in het verleden, en tot op zekere hoogte in het heden, ook met gerst. Soms gebruikt men kip in plaats van lamsvlees. Elk land heeft zijn eigen versie, vooral als het om de toevoegingen gaat. In India, bijvoorbeeld, wordt de pap gekookt met allerlei hete specerijen erin.

Meestal koopt men *haliem* in speciale winkels. Vroeger gebeurde dat traditioneel 's ochtends vroeg en at men *haliem* als ontbijt. Mannen kochten *haliem* op vrijdagochtend, nadat ze naar de *hammaam* (badhuis) waren geweest, en namen het als ontbijt voor het hele gezin mee.

In oude recepten wordt bij de bereiding *domba* gebruikt, het vet uit de staart van het dikstaartschaap, maar dat kan vervangen worden door *ghee* of plantaardige olie. Het recept hierna bevat zowel lamsvlees als kip, maar je kunt als je wilt ook maar één soort vlees gebruiken.

250 g hele tarwekorrels
100 g kip met been
100 g lamsvlees zonder been
1 eetlepel plantaardige olie of *ghee*
0,5 dl volle melk
0,5 dl *qeymaaq* of *clotted cream*
4 eetlepels gesmolten boter of *ghee*
1 theelepel kaneel
1 theelepel gemalen kardemom
fijne tafelsuiker
zout en peper

Week de tarwekorrels een nacht in water. Breng 1 liter water aan de kook, laat de tarwekorrels uitlekken en doe ze in het kokende water. De tarwekorrels moeten ongeveer 5 cm onder staan. Breng het water weer aan de kook, leg een deksel op de pan, zet het vuur lager en laat de tarwe op laag vuur koken tot de korrels zacht zijn en ze het water helemaal geabsorbeerd hebben. Dat kan 3 uur duren.

Doe intussen in een andere pan de kip, het lamsvlees en de olie of *ghee*. Giet er zoveel water bij dat het vlees net onder staat. Voeg zout en peper naar smaak toe. Laat het vlees op laag vuur koken tot het gaar is en er een dikke jus is ontstaan. Neem de pan van het vuur en laat het vlees wat afkoelen. Haal de botjes uit de kip.

Als de tarwe zacht en gaar is doe je er tegelijk met de vleesjus het kippen- en lamsvlees bij. Voeg peper en zout naar smaak toe. Breng alles weer aan de kook en laat het op laag vuur koken tot het meeste vocht is opgenomen. Dat kan een paar uur duren.

Draai de *haliem* in een keukenmachine tot een gladde puree. Vroeger was het een heel karwei om de *haliem* fijn te stampen tot de juiste consistentie was bereikt. Men begon 's nachts al met de voorbereidingen, zodat de *haliem* klaar was voor de eerste klanten die kwamen ontbijten.

Doe de *haliem* weer terug in de pan, voeg de melk toe en warm alles goed door. Roer er tot slot de *qeymaaq* of *clotted cream* door.

Serveer de *haliem* op een grote schaal. Maak een kuiltje in het midden voor de gesmolten boter of *ghee*. Strooi er de kaneel, kardemom en suiker op. Je kunt, als je dat beter uitkomt, de *haliem* ook in aparte kommen serveren en er ieder voor zich kaneel, kardemom en suiker op laten strooien.

Een typisch Afghaanse zeef,
die wordt gebruikt bij het maken van de fijne volkorenbloem
die nodig is bij de bereiding van *boelani*

# Gerechten met pasta en noedels

Gerechten met pasta en noedels zijn populair in Afghanistan, vooral in het noorden. Zij spelen een belangrijke rol in het eetpatroon en hebben een lange geschiedenis. Er zijn veel theorieën over het ontstaan ervan. Ik ben het eens met de zienswijze dat het product onafhankelijk tot ontwikkeling kwam in verschillende delen van de wereld, zoals de Oriënt en Italië. Zeker is dat Afghaanse pastagerechten veel lijken op die in de buurlanden in Centraal-Azië en in China. *Mantoe*, een gestoomde pasta, is nauw verwant aan het Chinese brood *man t'ou*, en aan de *manti* in Turkije. Je zou ook kunnen zeggen dat sommige Afghaanse pastasoorten lijken op de Italiaanse: *aasjak* bijvoorbeeld, een gevulde pasta, lijkt enigszins op ravioli, en *lakhtsjak* heeft veel weg van lasagne.

Het maken van Afghaanse pasta kan tijdrovend zijn, dus gebruiken in het Westen levende Afghanen ter vervanging wontonvellen die in Chinese of Oriëntaalse supermarkten te koop zijn.

## Aasj-e asli
### Pasta met yoghurt en gehaktballetjes
*voor 4 personen*

*Aasj* is een van de bekendste en meest geliefde gerechten. Het kan op vele manieren worden gemaakt en elk gezin heeft zijn eigen recept. Afghanen maken het vaak klaar om verkoudheden te bestrijden en dan doen ze er veel knoflook en een flinke dosis rode peper in, omdat dat volgens hen de verstopping in hoofd en borstkas zou verlichten. Het is een voedzaam gerecht, dat meestal als hoofdgerecht, maar in kleinere porties ook wel als voorgerecht wordt gegeten. Dit recept is voor de originele *aasj*, die *aasj-e asli* wordt genoemd.

Afghanen maken meestal hun eigen spaghetti of noedels van hetzelfde deeg dat voor *boelani* wordt gebruikt (bladzijde 63). Het deeg wordt zeer dun uitgerold, tot een dikte van 1,5 mm, dan strak opgerold en met een scherp mes in dunne repen gesneden. Daarna wordt de spaghetti door wat bloem gewenteld en laat men de slierten drogen op een plank. De spaghetti kan meteen worden gekookt of een paar dagen in een afgesloten pot bewaard worden. Ik gebruik in dit recept verse spaghetti of tagliatelle, dat spaart veel tijd, en verse pasta kun je in veel speciaalzaken en supermarkten kopen.

225 g verse spaghetti of tagliatelle
1 liter water, goed gezouten
4,25 dl uitgelekte yoghurt
1/4 tot 1/2 theelepel rode peper
2 tot 3 tenen knoflook, gepeld en fijngestampt
1 eetlepel gedroogde munt

*voor de gehaktballetjes:*
450 g runder- of lamsgehakt
1 middelgrote ui, fijngehakt of geraspt
1 theelepel gemalen korianderzaad
1 theelepel gemalen komijn
1/2 theelepel gemalen zwarte peper en zout
1 ei (desgewenst)

*voor de saus:*
0,75 dl plantaardige olie
2 middelgrote uien, fijngehakt
100 g tomaten, ontveld en gehakt
0,75 dl water

Maak eerst de gehaktballetjes. Meng het gehakt met de uien, specerijen, het ei en zout goed door elkaar. Kneed het mengsel tot het glad is en maak er balletjes van met een doorsnede van ongeveer 1 cm.

Maak dan de saus. Verhit de plantaardige olie in een pan en roerbak de uien op halfhoog tot hoog vuur tot ze zacht en roodbruin zijn. Doe de tomaten erbij en bak ze al roerend tot de saus bruiner van kleur wordt. Voeg het water, het zout en de peper toe en laat de saus weer aan de kook komen. Leg er de gehaktballetjes een voor een in, zodat ze in een enkele laag in de pan terechtkomen. Leg een deksel een beetje schuin op de pan, zet het vuur laag en laat alles ongeveer een half uur zachtjes sudderen, tot de gehaktballetjes en de saus er bruin uitzien en de saus gebonden is. Als de saus te dik is kun je wat water toevoegen.

Voor het koken van de *aasj* breng je 1 liter water in een pan aan de kook. Doe er flink wat zout in en, als het water weer kookt, de spaghetti. Laat het water weer aan de kook komen, zet het vuur iets lager en laat de pasta zonder deksel op de pan op laag vuur 10 tot 15 minuten koken.

*Aasj*

Giet het kookwater niet af. Voeg de gehaktballetjes en de saus, de uitgelekte yoghurt, de rode peper en de munt toe. Meng alles goed. Zet het vuur laag en laat alles nog 10 minuten zachtjes sudderen om de smaken op elkaar te laten inwerken.

Bak intussen de fijngestampte knoflook in wat olie en doe die in de *aasj*, die je vervolgens heet opdient. Sommige Afghanen vinden deze soep het lekkerst als hij heel dik is, anderen willen hem liever wat dunner en doen er extra water bij.

Dit gerecht kan van tevoren worden klaargemaakt en later worden opgewarmd.

## Aasj
Pasta met yoghurt, kikkererwten, kidneybonen en gehakt
*voor 4 personen*

Dit is een andere versie van *aasj*, die ook heel lekker is. In dit recept worden kikkererwten en rode kidneybonen gebruikt, en in plaats van de gehaktballetjes wordt er apart gehakt bij geserveerd, dat op de *aasj* wordt gelegd.

**50 g kikkererwten**
**50 g rode kidneybonen**
**225 g verse spaghetti of tagliatelle**
**4,25 dl uitgelekte yoghurt**
**zout**
**rode peper naar smaak**
**1 eetlepel gedroogde munt**

*voor het gehakt:*
**0,75 dl plantaardige olie**
**2 middelgrote uien, fijngehakt**
**450 g runder- of lamsgehakt**
**1,5 dl tomatensap**
**1 theelepel gemalen koriander**
**zout en peper**

Week de kikkererwten en de bonen een nacht in water. Doe ze in een grote pan met het weekwater en nog 1,5 dl extra water. Breng het water aan de kook, zet het vuur lager en laat de peulvruchten op laag vuur koken tot ze gaar zijn. Voeg zo nodig nog wat extra water toe. De kooktijd hangt af van de versheid van de peulvruchten.

Terwijl de peulvruchten koken maak je het vlees klaar. Verhit de olie op matig tot hoog vuur in een pan. Voeg de gehakte uien toe en bak ze onder voortdurend roeren tot ze roodbruin zijn. Doe het gehakt erbij en roerbak het mee tot het bruin is. Giet het tomatensap erbij en breng het aan de kook. Voeg de koriander en peper en zout naar smaak toe. Roer alles goed door, zet dan het vuur lager en laat alles ongeveer een half uur sudderen of tot het vlees gaar is. Voeg extra water toe als het mengsel te droog wordt.

Breng als het vlees en de peulvruchten gaar zijn een liter water in een pan aan de kook. Voeg zout toe en doe er, als het water weer kookt, de spaghetti of tagliatelle in. Laat de pasta 10 tot 15 minuten op laag vuur koken. Doe er de kikkererwten, bonen, uitgelekte yoghurt en een deel van of al het kookvocht van de erwten en bonen bij, afhankelijk van hoe dik je de soep wilt hebben. Roer de gedroogde munt, zout en rode peper door de soep. Als dat nodig is kun je wat meer water toevoegen. Laat de pan nog een minuut of tien op laag vuur staan om de smaken op elkaar in te laten werken. Serveer de soep met wat van het vlees erin. De rest van het vlees wordt apart opgediend zodat in elke portie *aasj* nog wat extra vlees geschept kan worden.

Dit gerecht kan van tevoren worden klaargemaakt en later opgewarmd.

## Aasjak
Pasta met preivulling en vleessaus
*voor 4 personen, of als voorgerecht voor 8*

Dit heel lekkere en beroemde pastagerecht vergt tijd en geduld, maar het is de moeite meer dan waard (hoewel veel Afghanen voor een sneller resultaat nu het zelfgemaakte deeg vervangen door wontonvellen). In Afghanistan bestaat de vulling uit *gandana*, maar daarvoor in de plaats kan heel goed prei worden gebruikt. Meestal wordt er gehakt en aangelengde *qoroet* of *tsjaka* (uitgelekte yoghurt) bij geserveerd.

- 450 g witte bloem
- 1 theelepel zout
- 1 ei
- 2 eetlepels plantaardige olie
- 1,5 dl water
- 450 g gewassen en fijngehakte *gandana* of prei (gewogen na het schoonmaken)
- 1/2 theelepel rode peper
- 2 liter water
- 4,25 dl uitgelekte yoghurt
- 3 tenen knoflook, gepeld en fijngestampt
- 1 theelepel azijn
- 1 eetlepel gehakte munt

*voor de vleessaus:*
0,75 dl plantaardige olie
1 tot 2 middelgrote uien, fijngehakt
450 g runder- of lamsgehakt
1,5 dl tomatensap of water
zout en zwarte peper

Voor het deeg zeef je de bloem en het zout in een grote mengkom. Maak er een kuiltje in en doe daar het ei en 1 eetlepel olie in. Giet het water er langzaam bij en kneed alles tot een glad deeg. Verdeel het deeg in twee ballen, dek ze af met een vochtige doek en laat ze een uur rusten.

Voor de vleessaus verhit je 1 eetlepel olie in een pan en roerbak je de uien roodbruin. Doe het vlees erbij en roerbak dat mee tot het bruin is. Roer het tomatensap of water erdoor en breng het aan de kook. Roer er het zout en de zwarte peper door, zet dan het vuur lager en laat de saus sudderen tot hij dik is en er olie boven drijft (reken een half uur tot een uur). Afghanen vinden die olie erop lekker, maar je kunt er wat van afscheppen, als je wilt.

Druk het water uit de *gandana* of prei en leg de groente in een vergiet. Strooi er 1 theelepel zout en de rode peper over. Kneed de prei tot hij zacht begint te worden en meng dan de andere eetlepel olie erdoor.

Rol een van de deegballen op een met bloem bestoven werkvlak uit tot een dikte van 1,5 mm – niet dikker, want anders wordt de *aasjak* taai. Steek rondjes uit het deeg met een doorsnede van 6 cm. Leg 1 tot 2 theelepels van de uitgelekte prei op de helft van de deegrondjes. Vouw de deegrondjes dicht en druk de randen zorgvuldig op elkaar. Leg de klaargemaakte *aasjak* op een royaal met bloem bestoven bakplaat of dienblad. Leg ze niet op elkaar, want anders plakken ze aan elkaar. Verwerk de andere deegbal op dezelfde manier.

*Aasjak*

Doe de uitgelekte yoghurt in een kom en meng er de knoflook en 1 theelepel zout door. Zet de helft van de yoghurt op een platte schaal op een warme plek.

Breng het water in een grote pan aan de kook en doe er de azijn en 1 theelepel zout in. Doe de *aasjak* in het kokende water en kook ze 10 minuten op laag vuur, waarbij je ze met een schuimspaan naar beneden drukt als ze naar de oppervlakte komen drijven. Als ze gaar zijn schep je ze met een schuimspaan of met een zeef uit de pan. Pas op dat ze niet kapot gaan. Laat ze goed uitlekken en leg de *aasjak* in de yoghurt in de platte schaal. Dek ze af met de rest van de yoghurt en strooi de munt erover. Leg er een beetje van het gehakt op en serveer de *aasjak* direct, met de rest van het vlees in een aparte schaal ernaast.

## Mantoe
### Pasta met een vulling van vlees en ui
*voor 4 personen, of voor 8 als voorgerecht*

Dit is het meest traditionele van alle Oezbeekse gerechten. Ik bracht een heel plezierige dag door bij de familie Rashidzada, waar men zo vriendelijk was om mij te laten zien hoe je *mantoe* maakt. Het is heel lekker, maar de bereiding is wat bewerkelijk. (Veel Afghanen in het Westen maken het zich makkelijk door wontonvellen te gebruiken in plaats van zelf het deeg te maken.)

Oezbeken serveren *mantoe* meestal als hapje vooraf, met daarna een *pilau*, zoals een *qabeli pilau oezbeki*. Je hebt voor dit recept een grote stoompan nodig. Sommige mensen gebruiken gehakt om tijd te besparen, maar dat werkt minder goed, omdat de vleesvulling dan vaak een stijve klont binnenin de pasta wordt.

Veel Afghanen vinden het lekker om *mantoe* te serveren met een *qorma* van wortels in plaats van tomatensaus (zie bladzijde 142).

- 450 g witte bloem
- 2 theelepels zout
- 2,25 dl water
- 450 g vet lamsvlees zonder been, in zeer kleine stukjes gehakt
- 450 g uien, fijngehakt
- 1 groene Spaanse peper, fijngehakt (desgewenst)
- 1 tot 2 theelepels gemalen zwarte peper
- 1 tot 2 theelepels gemalen komijn
- 1 eetlepel plantaardige olie
- 1 eetlepel tomatenpuree
- 1 eetlepel verse koriander, fijngehakt
- 4,25 dl uitgelekte yoghurt

Maak het deeg. Zeef de bloem met 1 theelepel zout in een mengkom. Voeg geleidelijk zoveel water toe als nodig is om een stijf deeg te krijgen. Leg het deeg op een schoon werkvlak en kneed het 5 tot 10 minuten, tot het elastisch en glanzend is. Vorm er een bal van, leg er een vochtige doek over en laat het een uur rusten.

Doe het fijngehakte lamsvlees, de uien, de Spaanse peper met 1 theelepel zout, de zwarte peper en de specerijen in een schaal en meng alles goed door elkaar.

Verdeel het deeg in vier kleine ballen, dat zijn handzame porties om uit te rollen. Rol ze op een met bloem bestoven werkvlak uit tot een dikte van 1,5 mm. Snijd het deeg in vierkante lapjes van 10 x 10 cm. Leg op elk lapje deeg een eetlepel van het vleesmengsel. Pak twee tegenover elkaar gelegen hoekjes op en druk ze in het midden met je vingers stevig op elkaar. Druk ook de andere twee hoekjes aan elkaar vast, zoals te zien is op de tekening. De *mantoe* moeten niet helemaal dicht zijn, omdat de stoom erin door moet kunnen dringen om de vulling gaar te maken. Er zijn verschillende manieren om de *mantoe* te vouwen, maar dit vind ik het makkelijkst. Smeer de etages van de stoompan goed in met vet, anders plakken de *mantoe* eraan vast. Leg ze op de etages van de stoompan, met wat ruimte ertussen. Stoom ze 30 tot 45 minuten op matig vuur.

Terwijl de *mantoe* worden gestoomd maak je de tomatensaus (of de *qorma* van wortels als je daaraan de voorkeur geeft). Verhit de olie in een pan, voeg de tomatenpuree toe en breng het mengsel aan de kook. Zet het vuur laag, roer en laat de saus op laag vuur staan tot de *mantoe* klaar zijn.

Haal de *mantoe* voorzichtig uit de stoompan en leg ze op een verwarmde, grote platte schaal. Lepel de tomatensaus erover en bestrooi ze met de gehakte koriander. Serveer de uitgelekte yoghurt er in een aparte kom bij.

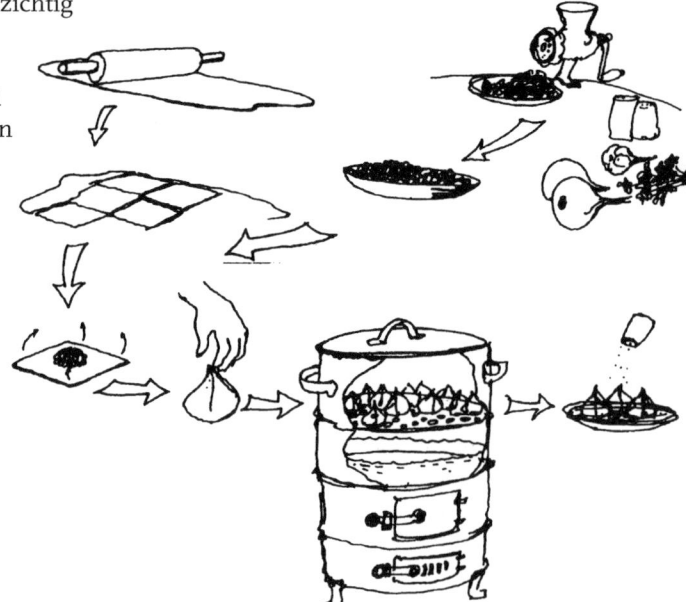

*Mantoe*

# Lakhtsjak
Afghaanse lasagne
*voor 4 tot 6 personen*

*Lakhtsjak* lijkt een beetje op Italiaanse lasagne. Het is niet moeilijk te maken, vooral als je kant-en-klare verse lasagne gebruikt. Maar je kunt ook hetzelfde deeg maken als voor *aasjak* (bladzijde 73) of voor *boelani* (bladzijde 63).

**voor de vleessaus:**
0,75 dl plantaardige olie
2 middelgrote uien, gehakt
450 g runder- of lamsgehakt
1,5 dl water of tomatensap
1 theelepel gemalen korianderzaad
zout en peper

**voor de** *lakhtsjak:*
4,25 dl uitgelekte yoghurt
2 tot 3 tenen knoflook, gepeld en fijngestampt
zout
450 g verse *lakhtsjak* of lasagne
1 tot 2 eetlepels olijf- of maïsolie
1 eetlepel gedroogde munt

Maak het vlees klaar zoals in het recept voor *aasj* hierboven.

Roer de gepelde en fijngestampte knoflook en een beetje zout door de uitgelekte yoghurt.

Snijd de *lakhtsjak* in vierkante lapjes van 5 x 5 cm, of in elke gewenste vorm. (Maak de lapjes deeg niet te groot, want dan zijn ze moeilijk te hanteren.) Als je zelf deeg maakt, rol het dan dun uit, tot ongeveer 1,5 mm dik, en snijd het in lapjes. Breng een flinke hoeveelheid gezouten water aan de kook en giet er 1 tot 2 eetlepels olie in. (Daardoor kleven de *lakhtsjak* niet aan elkaar.) Leg de *lakhtsjak* stuk voor stuk in het kokende water en kook ze 10 tot 12 minuten. Als je niet alle *lakhtsjak* in één keer kunt koken, kook dan eerst de helft en houd die warm terwijl je de andere helft kookt.

Schep een derde van de uitgelekte yoghurt op een grote, verwarmde platte schaal, en leg de helft van de gekookte *lakhtsjak* erop. Lepel er nog eenderde van de yoghurt over en leg daarop de helft van de vleessaus. Strooi er wat van de munt over. Voeg de rest van de *lakhtsjak* toe en bedek die met de rest van de yoghurt en de rest van de vleessaus. Strooi de rest van de munt erover. Dien direct op.

VARIATIE Sommige Afghanen bakken gehakte *gandana* (je kunt ook prei gebruiken) in wat olie en leggen de groente tussen de *lakhtsjak* – 225 tot 450 g prei is genoeg.

# Eiergerechten

Eiergerechten heten in Afghanistan *khagina* of *koekoe*. Ze worden meestal omschreven als een soort omelet, en misschien zijn ze een voorloper van de omelet die in Frankrijk ontstond en gaandeweg de standaardversie in de hele westerse wereld is geworden. Ze lijken op de Spaanse tortilla (niet te verwarren met het Mexicaanse brood, de *tortilla*) en op de *eggah* uit het Midden-Oosten. Je kunt ze op veel manieren klaarmaken en ze warm of koud serveren. Er bestaan ook zoete versies, en die worden vaak laat in de middag bij de thee gegeten.

Met deze eiergerechten kun je een uitstekende snelle lunch maken. Ik herinner me dat *koekoe* bij de winkeliers in Kaboel heel populair waren. Als je tijdens de lunch boodschappen ging doen kwam je vaak in een winkel waar de winkelier met een koekenpan en een houtskoolbrandertje bezig was met het maken van zo'n snelle, voedzame en smakelijke hap van eieren, met misschien wat *gandana*, tomaten of aubergines erdoor. Met hun karakteristieke gastvrijheid vroegen ze hun klanten vaak om te delen in hun kleine 'feestmaal'. Het was de gewoonte om op z'n minst een aangeboden kommetje zoete thee te accepteren als dat werd aangeboden.

Voor alle hierna volgende recepten gebruikte ik een diepe koekenpan met een doorsnede van 25 cm. Het kan een beetje lastig zijn de *koekoe/khagina* om te draaien. De makkelijkste manier om dat te doen is volgens mij de pan van het vuur halen, er een bord op leggen, dan de pan voorzichtig omkeren en de *koekoe/khagina* op de andere kant weer in de pan laten glijden. Een andere veelgebruikte methode is de gare *koekoe* even onder de grill te zetten, zodat de bovenkant bruin wordt. Nog een andere methode, die ze in Afghanistan overigens weinig toepassen, is de *koekoe* 40 tot 50 minuten in een oven van 190 °C te bakken.

## Khagina-ye gandana
### Eieren met gandana (of prei)
*voor 4 personen*

Een oom van mijn man, Noor, gaf mij dit recept. Het was een van zijn favoriete gerechten.

6 eieren
225 g *gandana* of prei
2 middelgrote tomaten
1 bosje lente-ui

1 groene Spaanse peper (desgewenst)
1 theelepel bakpoeder
2 theelepels bloem
2 theelepels zout
zwarte peper
plantaardige olie om in te bakken
1 eetlepel verse koriander

Klop de eieren in een grote kom. Hak de *gandana* of prei zeer fijn, en ook de tomaten, lente-ui en Spaanse peper (zonder de zaadjes). Doe dit mengsel bij het geklopte ei en roer er het bakpoeder en de bloem door. Voeg zout en peper naar smaak toe.

Verhit de plantaardige olie in een ronde, diepe koekenpan en giet het eimengsel in de hete olie. Draai het vuur lager, leg een deksel op de pan en bak de *khagina* ongeveer 15 minuten, tot de bodem bruin is en het ei-groentemengsel begint te stollen. Keer de *khagina* om en bak ook de andere kant 15 minuten op matig vuur. Laat hem niet te lang bakken, want de *khagina* moet smeuïg blijven en niet droog en hard worden.

Garneer de *khagina* met verse koriander en dien hem op met chutney en vers brood.

## Koekoe-ye tarkari
Eieren met groenten
*voor 4 personen*

50 g aardappelen (een kruimige soort)
100 g spinazie
100 g verse koriander
75 g vers gehakte lente-ui
6 eieren
1 tot 2 groene Spaanse pepers (zaadjes verwijderd), fijngehakt
1 theelepel kurkuma
zout en zwarte peper
plantaardige olie om in te bakken

Schil de aardappelen en kook ze in gezouten water gaar. Giet ze af en brokkel ze met de hand in kleine stukjes of prak ze niet te fijn.

Was de spinazie, koriander en lente-ui en laat ze heel goed uitlekken, het meeste vocht moet eruit zijn. Hak alles fijn.

Klop de eieren in een kom en roer er de fijngehakte groenten, de aardappelen en Spaanse peper door. Breng het mengsel op smaak met kurkuma en veel zout en zwarte peper.

Verhit een bodempje olie in een koekenpan en giet het mengsel in de hete olie. Draai het vuur laag, leg een deksel op de pan en bak de *koekoe* tot hij aan de onderkant bruin wordt en van boven begint te stollen. Keer hem dan voorzichtig om en bak hem op matig/laag vuur nog 5 tot 10 minuten, tot hij stevig is.

Snijd de *koekoe* in punten en dien die op met verse *naan* en thee. Vooral *tsjatni mortsj* past heel goed bij deze *koekoe*.

## Koekoe-ye baandjaan-e siyah
Eieren met aubergines
*voor 4 personen*

- 1 middelgrote ui, fijngehakt
- plantaardige olie
- 2 middelgrote aubergines
- zout en peper
- 6 eieren
- 2 theelepels bloem
- 1 theelepel bakpoeder

Bak de fijngehakte ui in wat plantaardige olie zacht en goudbruin. Schil de aubergines en snijd ze in kleine stukjes of blokjes. Doe die bij de uien en laat ze op matig tot hoog vuur meebakken tot de aubergines zacht en goudbruin zijn. Voeg zo nodig meer olie toe. Breng het mengsel op smaak met zout en peper.

Klop de eieren los met de bloem en het bakpoeder. Zet het vuur hoog en giet de eieren over de aubergines en uien. Draai het vuur laag, leg een deksel op de pan en laat de *koekoe* ongeveer 20 minuten bakken, tot het mengsel bijna gestold en stevig is. Keer hem om hem aan de andere kant nog 10 tot 15 minuten te bakken.

Strooi er zout en peper naar smaak op en dien de *koekoe* heet op, met verse *naan* en een salade.

## Khagina-ye baandjaan-e roemi
Tomatenomelet

*voor 4 personen*

6 eieren
225 g tomaten, gehakt
1 middelgrote ui, fijngehakt
1 bosje koriander, gewassen, fijngehakt
1 tot 2 groene Spaanse pepers (zaadjes verwijderd), fijngehakt
1 eetlepel bloem
zout en peper, naar smaak
plantaardige olie

Klop de eieren. Meng de gehakte tomaten, ui, koriander (bewaar wat als garnering) en Spaanse peper in een kom. Roer er de bloem en de geklopte eieren door. Breng het mengsel op smaak met zout en peper.

Verhit zoveel olie in een koekenpan dat de bodem bedekt is. Giet, als de olie heet is, het eimengsel erin, draai het vuur laag, leg een deksel op de pan en bak de *khagina* 15 tot 20 minuten of tot de eieren gestold zijn. Keer hem voorzichtig om, zoals beschreven op bladzijde 78 en bak de andere kant in 10 tot 15 minuten bruin.

Garneer de *khagina* met de achtergehouden gehakte koriander en dien hem op met *naan* en misschien een kommetje yoghurt.

## Khagina sjirien
Zoete omelet met aardappelen

*voor 4 personen*

Deze *khagina* is zoet en meer een soort aardappelkoek. De hartige versie wordt gemaakt zonder suikersiroop, maar dan wordt er flink wat rode peper over gestrooid. Aan de hartige versie worden ook wel gehakte uien toegevoegd; als je dat doet, moeten die voor je ze door de eieren en aardappelpuree roert eerst in wat olie gebakken worden.

225 g aardappelen (een kruimige soort)
4 eieren
plantaardige olie
100 g suiker
0,5 dl water
zout

Schil de aardappelen en kook ze in gezouten water gaar. Giet ze af en brokkel ze met de hand in stukjes of prak ze niet te fijn.

Klop de eieren en giet ze over de aardappelen. Verhit een bodempje olie in een koekenpan en giet er, als die heet is, het eier-aardappelmengsel in. Draai het vuur laag, leg een deksel op de pan en bak de *khagina* ongeveer 10 minuten, tot het mengsel aan de onderkant bruin is en de eieren gestold. Keer hem voorzichtig om en bak ook de andere kant op matig vuur bruin.

Breng, terwijl de *khagina* op het vuur staat, de suiker met het water al roerend aan de kook. Laat het mengsel op laag vuur in een paar minuten tot een siroopje inkoken.

Giet de hete siroop over de *khagina* en laat de siroop erin dringen. Snijd de *khagina* in mooie stukjes en dien ze op met *naan* en thee. Deze *khagina* kun je, net als alle andere soorten, zowel warm als koud serveren.

# Kebaabs

In Afghanistan zijn in elke stad van enig formaat talloze kebaab-kraampjes en -restaurants te vinden. Als ik over de bazaars liep, liet ik me vaak verleiden door het geluid van de Afghaanse of Indiase muziek en de geur van de kebaabs, die boven de hete houtskool lagen te sissen. De kebaab-kraampjes (*dokan-e kebabi*) zijn over het algemeen heel eenvoudig: bij sommige staan stoelen en tafeltjes en kun je frisdranken kopen; andere bestaan alleen uit een kraam, waar je de lekkere, sappige kebaabs staande of in het rond lopend eet. De *kebabi* zit dan achter zijn *manqal* (houtskoolbrander) met zijn *pakka* (kebaab-waaier) over de kooltjes te wapperen om ze gloeiend te houden, terwijl hij de kebaabs af en toe omdraait en vaak tegelijkertijd aan het praten is met een van zijn klanten. Soms heeft hij een assistent, meestal een jongetje dat het vak wil leren, die de houtskool aan de voorkant met een waaier bewerkt.

Een kebaabkraam

Bij zo'n kraam worden de kebaabs meestal gemaakt van lamsvlees, het vlees dat in Afghanistan het meest gegeten wordt, hetzij in blokjes, hetzij van het bot, hetzij tot gehakt gemalen. De kebaabs worden op houtskool geroosterd op spiezen die *siekh* heten. Andere specialiteiten zijn kebaabs van lever, niertjes of testikels. Er worden *chapati* of *lawasja* en soms *naan* bij geserveerd, evenals in plakken gesneden uien en tomaten, of soms een salade. Voor extra smaak worden er gestampte druivenpitten en rode peper over gestrooid. Voor klanten die de kebaab 'afhalen' worden de gestampte pitten en peper in puntzakjes gedaan, terwijl de kebaabs in het *lawasja*-brood worden 'verpakt'.

Sommige soorten kebaab worden gebakken in een pan en sommige in een *tandoer* of andere oven. *Kebaab-e tsjoepaan* is een heel eenvoudige kebaab, die genoemd is naar de schaapherders (*tsjoepaan*) die deze kebaab voor zichzelf in de open lucht bereiden op een vuur dat ze in de koele avond aanleggen terwijl ze op hun schapen passen. In de gloeiende as van het vuur roosteren ze stukken vlees en lamsvet, die ze eerst met flink wat zout inwrijven en dan aan twijgjes of dunne takken rijgen.

Bij kebaabs drinkt men meestal veel zoete, groene thee met kardemom, omdat dat goed is voor de spijsvertering.

In dit hoofdstuk heb ik ook een paar recepten opgenomen voor vleesgerechten die niet echt kebaabs zijn, maar er wel op lijken, omdat ze ook met brood en niet met rijst worden gegeten. Het zijn *do piyaza*, een lamsgerecht met uien en spliterwten, en *qorma roe-ye naan*, een vleesgerecht dat met gebakken brood, *tsjaka*, en prei (of *gandana*) wordt opgediend. Ik geef ook een recept voor een erg lekkere viskebaab.

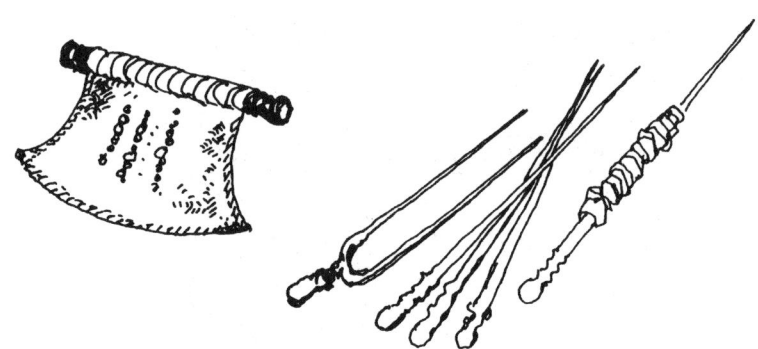

## Siekh of Tekka kebaab
Lamskebaab
*voor 4 personen*

In Afghanistan is dit de bekendste en populairste kebaab. De kebaabs worden traditioneel op een houtskoolvuur geroosterd. Gebruik een barbecue als je er een hebt. Zo niet, dan gaat het ook in een elektrische oven of onder een gasgrill, hoewel de smaak natuurlijk niet hetzelfde is. Het lamsvlees wordt om aan om met blokjes lamsvet aan kebaabspiezen (*siekh*) geregen. Je kunt in plaats van het lamsvet olie gebruiken om het vlees zacht te houden, als je dat liever wilt. Als je een gewone grill gebruikt, leg dan de spiezen op de rand van het bakblik, zodat de vleessappen daarin druipen.

*Siekh*-kebaabs worden altijd opgediend met brood, meestal *chapati* of *lawasja*, en voor extra smaak worden er gestampte druivenpitten en rode peper over gestrooid.

3 eetlepels citroensap
4 tenen knoflook, gepeld en fijngestampt
1,5 dl biologische yoghurt (desgewenst)
zout, zwarte of rode peper
1 theelepel gemalen korianderzaad (desgewenst)
900 g lamsvlees zonder been, in blokjes van 2 cm gesneden
225 g lamsvet, in blokjes gesneden, of 2 eetlepels plantaardige olie
2 *lawasja* of *chapati* (of *naan*)

***voor de garnering:***
ui
tomaat
partjes citroen of limoen

Meng het citroensap, de fijngestampte knoflook, de yoghurt (als je die gebruikt), het zout, de peper en de koriander in een schaal. Leg het lamsvlees en het in blokjes gesneden lamsvet, of de olie, erin. Meng alles goed, dek het af en laat het vlees een paar uur of een nacht lang in de koelkast marineren. Verwarm de grill voor. Rijg het vlees aan de spiezen (de stukjes vlees om en om met stukjes lamsvet, als je dat gebruikt). Gril het vlees in 15 tot 20 minuten bruin en gaar. Draai daarbij de spiezen regelmatig om.

Leg de *chapati* of *lawasja* op een grote platte schaal, haal het vlees van de spiezen en leg het op het brood. Strooi er wat zout en peper over, garneer met tomaat, ui en citroen, en vouw het brood dubbel zodat de kebaabs warm blijven. Het extra brood wordt in stukken gesneden en apart geserveerd. Een gemengde salade is hier lekker bij.

## Kofta kebaab of Qima kebaab
### Kebaabs van gehakt
*voor 4 personen*

Deze kebaabs worden vanwege de vorm soms ook *lola* genoemd, een woord dat 'rond' betekent. Deze kebaab wordt op dezelfde manier bereid als *siekh kebaab*, maar dan met gehakt.

> 100 g uien
> 3 tenen knoflook, gepeld en fijngestampt
> 900 g runder- of lamsgehakt van goede kwaliteit
> zout en zwarte of rode peper
> 2 *lawasja* of *chapati*
>
> *voor de garnering:*
> verse munt of koriander
> partjes citroen

Hak de uien heel fijn, meng ze grondig met het vlees en de knoflook, en voeg zout en peper toe. Kneed het mengsel met de hand door tot het plakkerig wordt. Maak dan je handen nat met water en vorm het gehakt rond de spiezen tot kebaabs van ongeveer 10 cm lang en 2,5 cm dik. Druk het mengsel goed op de spiezen, zodat het vast blijft zitten. Strijk het vlees met een met water bevochtigde hand voorzichtig glad.

Verwarm de grill voor. Rooster de kebaabs op de hoogste stand tot ze aan alle kanten bruin zijn, zet de temperatuur dan lager en gril ze nog 15 minuten, terwijl je ze regelmatig omdraait.

Schuif het vlees voorzichtig van de spiezen af en leg de kebaabs op een van de soorten brood. Strooi er wat zout en zwarte of rode peper over. Garneer de kebaabs met verse munt of koriander en partjes citroen. Vouw het brood dubbel om het vlees warm te houden. De rest van het brood wordt er in stukken gesneden bij geserveerd.

## Tsjapli kebaab
### Een 'hete' kebaab
*voor 12 stuks*

*Tsjapli* betekent sandaal in het Dari: deze kebaab ziet eruit als de zool van een sandaal. Hij komt uit de streek rond Djalalabad en kan heel heet gekruid zijn. Een soortgelijke kebaab maken ze in Pakistan.

> 450 g lams- of rundergehakt van goede kwaliteit
> 350 g lente-uitjes, fijngehakt
> 100 g witte bloem
> 1/2 rode of groene paprika, fijngehakt
> 1 tot 4 groene Spaanse pepers, naar smaak, fijngehakt
> 3 tot 4 eetlepels verse koriander, fijngehakt
> 2 theelepels gemalen korianderzaad
> zout
> plantaardige olie om in te bakken

Meng het vlees, de lente-ui, bloem, peper en paprika, verse koriander en korianderzaad in een schaal grondig door elkaar en voeg naar smaak zout toe. Maak platte rechthoekige plakken van het mengsel, van ongeveer 15 x 10 cm en 0,5 cm dik.

Verhit zoveel plantaardige olie in een koekenpan dat je de kebaabs kunt bakken (die bijna door de olie bedekt moeten zijn). Bak ze op matig tot hoog vuur tot ze aan beide kanten bruin en door en door gaar zijn (ongeveer 10 minuten).

Dien ze op met een salade van tomaten en uien en geef er *chapati* of *naan* bij. Garneer de kebaabs met verse koriander en partjes citroen.

## Sjienwari kebaab
### Kebaabs van lamskarbonades
*voor 4 personen*

Sjienwari is de naam van een van de grote Pasjtoen-stammen uit het grensgebied in het noordwesten. Deze kebaabs waren een van onze favorieten. Vroeger nodigden we onze vrienden uit om naar het oude deel van Kaboel, bij de rivier, te gaan en ze aan een van de kebaabkramen, te eten. Een grote man met de naam Pahlwan (worstelaar) was de eigenaar van een van die kramen. Andere specialiteiten van hem waren *kebaab-e gorda* (kebaab van niertjes) en *kebaab-e kalpoera* (lamstestikels), die als een lekkernij en als afrodisiacum werd beschouwd.

*Sjienwari kebaab* is heel makkelijk te maken. Een soortgelijke kebaab, die vaak van kalfsribben wordt gemaakt, heet *qaborgha*, wat ribben betekent.

> 12 tot 16 (dubbele) lamskarbonades, dun gesneden
> zout en zwarte of rode peper
> *naan* of *chapati*
>
> *voor de garnering:*
> tomaat, in plakken of parten
> ui, in heel dunne plakken gesneden
> partjes citroen

Wrijf de karbonades helemaal (maar heel licht) in met zout. Laat ze op een koele plaats 15 tot 30 minuten staan.

Rijg de karbonades aan kebaabspiezen, rooster ze ongeveer 20 minuten op houtskool of onder een voorverwarmde grill, ze regelmatig omdraaiend, tot ze bruin en gaar zijn.

Schuif het vlees van de spiezen af, strooi er flink wat peper over en serveer het op verse *naan* of *chapati*. Garneer de kebaab met tomaat, ui en citroen.

## Karayi kebaab
### Lamskebaab met eieren
*voor 4 personen*

Deze kebaab wordt in eenpersoonsporties gemaakt in ronde metalen pannen die *karayi* heten en lijken op de pannen waarin ze in restaurants in Europa lasagne of cannelloni klaarmaken en serveren. Maar het gaat ook heel goed in een koekenpan.

- 450 tot 700 g vet lamsvlees zonder been, in blokjes van 2 cm gesneden
- 1,5 dl yoghurt
- 1 tot 2 eetlepels citroensap
- 2 tenen knoflook, gepeld en fijngestampt
- zout en zwarte of rode peper
- 4 tot 8 eieren
- plantaardige olie om in te bakken

Marineer het vlees en maak het klaar zoals voor *siekh kebaab*. Als de kebaabs geroosterd zijn, schuif je het vlees van de spiezen en verhit je de olie in een grote koekenpan. Doe de kebaabs erbij, bak het vlees een paar seconden en breek er dan de eieren over. Bak de eieren zonder erin te roeren en laat de dooiers heel. Strooi er zout en peper over en dien de kebaabs in de pan op, met versgebakken *naan* en een salade erbij.

VARIATIES Sommige Afghanen bakken in plakken gesneden uien tot ze zacht zijn en doen daarna pas de kebaabs erbij. Deze kebaab kan ook met gehaktballetjes (*kofta*) worden gemaakt.

## Sjami kebaab / 1 of Lola kebaab
Kebaab in de vorm van worstjes
*voor ongeveer 25 stuks*

Ik maak deze lekkere kebaabs vaak voor een buffet op een feest. Daarvoor zijn ze ideaal, want je kunt ze van tevoren maken en koud serveren, of opwarmen in de oven. Ze zijn vooral heel lekker met een chutney en *naan*.

- 900 g lams-, kalfs- of rundvlees zonder been, in blokjes gesneden
- 3 middelgrote uien, in vieren gesneden
- 50 g spliterwten
- 2,25 dl water
- 450 g aardappelen
- 1 groene Spaanse peper, zaad verwijderd en fijngehakt
- 1 rode of groene paprika, fijngehakt
- 2 tenen knoflook, gepeld en fijngestampt
- 4 theelepels gemalen korianderzaad
- 2 eieren
- zout en peper
- plantaardige olie om in te bakken

Kook het vlees met de uien en spliterwten in het water tot het vlees gaar is en de spliterwten zacht. Giet het vocht af, maar bewaar deze bouillon voor later. Schil de aardappelen, kook ze apart gaar en laat ze goed uitlekken.

Maal het vlees, de uien, de Spaanse peper, de paprika en de gestampte knoflook samen fijn. (Als je dat in een keukenmachine doet, laat die dan niet langer draaien dan nodig is, anders wordt het mengsel te nat.) Meng er de koriander, eieren, aardappelen, het zout en de peper door. Het mengsel moet zacht zijn, maar wel stevig en niet te vloeibaar. Doe er een beetje of alle bewaarde bouillon bij als het mengsel stevig genoeg is, maar als het juist wat te zacht is kun je er maximaal 100 g bloem bij doen. Maak kebaabs in de vorm van een worstje, ongeveer 10 cm lang en met een doorsnede van 2,5 cm.

Bak de kebaabs in een flinke laag hete olie op matig tot hoog vuur en draai ze voorzichtig om tot de kebaabs aan alle kanten goudbruin en goed doorbakken zijn.

Dien ze op met verse *naan* of *chapati* en garneer ze met verse munt, koriander of peterselie, tomaten, lente-ui en partjes citroen.

## Sjami kebaab / 2
*voor ongeveer 24 stuks*

Dit is een andere, snellere manier om *sjami* of *lola* kebaab te maken.

> 700 g lamsgehakt van goede kwaliteit
> 4 middelgrote aardappelen
> 1 grote ui, geraspt of heel fijn gehakt
> 1 ei
> 1/2 tot 1 eetlepel bloem
> 2 theelepels gemalen korianderzaad
> 2 theelepels verpulverd gedroogd dillegroen
> 1 theelepel kurkuma
> zout en rode peper naar smaak

Schil de aardappelen, was ze, kook ze gaar en pureer ze.

Meng het lamsgehakt met de aardappelpuree, de ui en alle andere ingrediënten, ook zout en peper naar smaak. Kneed het mengsel tot het glad en een beetje plakkerig is.

Maak er worstjes van en bak die in een flinke laag hete olie. Als ze aan alle kanten aangebraden zijn bak je ze op lager vuur helemaal gaar en aan alle kanten goudbruin.

Dien de kebaabs op met *naan* en een chutney.

## Kofta-ye narges
Gehaktballen met ei
*voor 8 stuks*

Dit wordt ook wel *narges kebaab* genoemd. *Narges* is het Perzische woord voor narcis; dit gerecht kreeg die naam omdat de *kofta* zo gemaakt worden dat ze op een bloem lijken.

> 8 kleine eieren
> 1 kg lamsgehakt
> 4 middelgrote uien
> 100 g verse koriander, gewassen en fijngehakt
> 2 eidooiers
> 2 eiwitten
> zout en peper
> 1/2 theelepel gemberpoeder (desgewenst)

plantaardige olie
4 eetlepels tomatenpuree
1 eetlepel bloem (desgewenst)
3 theelepels gemalen korianderzaad

Kook de eieren hard; dat duurt ongeveer 7 minuten. Rasp drie van de uien of hak ze heel fijn.

Meng het lamsgehakt met de ui, de helft van de verse koriander, 2 eidooiers en 1 eiwit, zout en peper en het gemberpoeder en de bloem, als je die gebruikt (de bloem kan nodig zijn om het mengsel minder nat en plakkerig te maken). Kneed het mengsel met de hand mooi glad.

Hak de resterende ui fijn en bak die in olie op laag vuur goudbruin en zacht. Roer de tomatenpuree erdoor, zet het vuur matig tot hoog en blijf stevig roeren tot het een bruine massa is. Voeg er 7,5 dl water aan toe, plus zout, peper en korianderpoeder. Breng de saus aan de kook, roer goed, zet dan het vuur lager en laat hem op laag vuur staan.

Verdeel intussen het gehaktmengsel in 8 gelijke porties. Kneed elke portie tot een gladde bal, maak er een kuiltje in en duw er een van de hardgekookte (gepelde) eieren in. Vouw het gehakt weer om het ei tot je een gladde ronde gehaktbal zonder barsten hebt. Doop je vingers in het resterende eiwit en bestrijk daarmee de gehaktbal. (Daardoor zal hij tijdens het bakken niet openbarsten.) Maak de andere gehaktballen op dezelfde manier.

Leg de ballen voorzichtig een voor een naast elkaar in de zacht kokende saus en schud de pan af en toe. De gehaktballen moeten door de saus bedekt zijn; als dat niet zo is, voeg dan nog wat water toe. Breng de saus weer aan de kook, zet het vuur lager en laat de ballen sudderen tot de saus is ingekookt en wat dikker is geworden.

Schep de gehaktballen voor het opdienen een voor een uit de saus en snijd er voorzichtig een kruis in. Open ze voorzichtig, zodat ze eruitzien als een ontluikende bloem. Doe dat ook bij de andere gehaktballen en strooi in het midden van elke bal wat van de resterende gehakte verse koriander. De saus wordt er apart bij gegeven. Eet er verse *naan* of *tsjalau* bij.

## Kebaab-e digi
### Kebaab uit de pan
*voor 4 personen*

Dit recept kreeg ik van Parwin Ali. Vroeger maakte zij deze kebaab voor ons bij haar thuis. Hij is makkelijk klaar te maken.

900 g lamsvlees met been
1,5 dl yoghurt
2 tenen knoflook, gepeld en fijngestampt
zout
1 theelepel gemalen korianderzaad
225 g uien, in dunne plakken

Snijd het vlees in porties en marineer die in de yoghurt, waar je de knoflook, het zout en de koriander door hebt geroerd. Laat het vlees minstens een paar uur op een koele plek staan.

Doe het vlees met het yoghurtmengsel in een pan en laat alles op laag vuur koken tot het vlees net zacht is. Doe er dan de in plakken gesneden uien bij en laat die op matig tot laag vuur meekoken tot de saus gebonden is, de uien heel zacht zijn geworden en het vet van het vlees op de saus drijft. Roer regelmatig. Dien dit gerecht op met *naan* of *chapati*, of met gekookte aardappelen.

## Kebaab-e doshi
'Oven-kebaab'
*voor 4 personen*

*Kebaab-e doshi* betekent 'oven-kebaab'. Deze kebaab wordt echter niet in de oven klaargemaakt, maar in een pan op het fornuis. Hij is makkelijk te maken. Er zit veel ui in, maar je kunt de hoeveelheid desgewenst verminderen. Een paar van mijn Afghaanse vrienden uit de Pansjir-vallei vertelden mij dat zij dit *kebaab do piyaza* noemen.

1,5 dl plantaardige olie
900 g uien, in dunne plakken
900 g lamsvlees met been, in porties gesneden
2 theelepels gemalen korianderzaad
zout en peper
1 groene paprika (zaadjes en zaadlijsten verwijderd), in dunne repen gesneden (desgewenst)
1 groene Spaanse peper (desgewenst)
de helft van een blik gehakte tomaten van 400 g, of 2,25 dl water

Verhit de olie in een grote pan en doe de helft van de uien erbij. Bak ze op matig tot hoog vuur tot ze roodbruin zijn. Voeg het vlees toe, braad dat aan alle kanten aan en schep alles goed om. Doe de koriander, het zout en de peper erbij. Laat het vlees op matig vuur nog 15 minuten bakken, roer dan de rest van de uien, de groene paprika en/of de groene peper (als je die gebruikt) en de tomaten of het water erdoor. Leg een deksel op de pan en laat het vlees op laag vuur sudderen tot het mooi zacht is. Er moet niet veel vocht in de pan zitten; als dat wel zo is kun je het deksel eraf nemen en het vocht laten inkoken. Maak het gerecht op smaak af.

Dien dit gerecht op met verse *naan* of *chapati*.

## Kebaab-e djegar
Leverkebaab

*voor 3 tot 4 personen*

In Afghanistan eten ze alle delen van een dier en is lever zeer geliefd. Dit is een heel makkelijk en snel recept om lever klaar te maken.

- 2 tot 3 eetlepels olie, naar smaak
- 3 tot 4 grote uien, in dunne plakken gesneden
- 1 tot 2 theelepels gemalen korianderzaad
- zout en peper naar smaak
- 450 g lamslever, in repen gesneden

Verhit de olie in een grote koekenpan en doe de in plakken gesneden uien erbij. Fruit ze tot ze zacht zijn en net een beetje bruin beginnen te worden. Roer er koriander, zout en peper door. Doe dan de repen lever erbij en braad ze op matig vuur aan. Laat ze op laag vuur nog 4 tot 5 minuten bakken, waarbij je ze af en toe omschept. Bak de repen lever niet te lang, anders worden ze hard en taai.

Dien de lever op met warme verse *naan* en misschien een salade.

## Kebaab-e morgh / 1
Kipkebaab

*voor 4 personen*

Kip is duur in Afghanistan, vandaar dat kipgerechten meestal voor speciale gelegenheden, zoals een verlovingsfeest of een bruiloft, worden klaargemaakt. Omdat de kippen vaak nogal droog en zelfs wat taai zijn, wordt er veel olie gebruikt. Omdat kip in het Westen vaak vrij vet is, heb ik de hoeveelheid olie daaraan aangepast.

- 1 middelgrote kip
- 0,5 dl plantaardige olie
- 2 tot 3 tenen knoflook, gepeld en fijngestampt
- 2 tot 3 eetlepels tomatenpuree

zout en peper
verse munt of koriander voor de garnering
partjes citroen

Wrijf de schoongemaakte kip in met de helft van de olie, en met zout, peper en de knoflook.

Bak de kip in een voorverwarmde oven, of aan een spit, in 1 1/2 tot 2 uur bruin, gaar en zacht. Meng de resterende olie met de tomatenpuree en giet dat na 1 tot 1 1/2 uur over de kip. Bedruip de kip het laatste half uur regelmatig.

Dien dit gerecht heet op met *naan* of *chapati* en garneer het met verse munt of koriander.

## Kebaab-e morgh / 2
Kipkebaab
*voor 4 personen*

Dit is een flexibel recept. Je kunt er een hele kip, maar ook kippenpoten en/of -vleugels voor gebruiken. Er kan naar smaak meer citroensap of knoflook in, en sommige Afghanen doen er wat korianderzaad of gehakte groene peper in voor wat extra pittigheid.

1 middelgrote kip
sap van een halve citroen, verdund met een beetje water
2 eetlepels olie
1 kleine ui, fijngehakt
3 tot 4 tenen knoflook, gepeld en fijngestampt
1 tot 2 groene Spaanse pepers (zaadjes verwijderd), fijngehakt (desgewenst)
1 eetlepel korianderzaad, gemalen (desgewenst)
zout en peper

Snijd de kip in stukken en marineer ze in het citroensap, de olie, ui, knoflook, pepers, koriander (als je die gebruikt) en zout en peper. Zet ze 4 tot 6 uur in de koelkast of op een andere koele plek. Bak de stukken kip op matig vuur bruin en gaar. Leg ze op *naan* of *chapati* en strooi er voor het opdienen verse munt of koriander over.

Je kunt de kip ook grillen: verwarm de grill op matige of hoge stand voor, kwast de stukken kip in met olie, rooster ze 20 minuten, draai ze om, smeer ze weer in met olie en gril ook de andere kant 20 tot 30 minuten. Nog een andere mogelijkheid is dat je de kip in de marinade een half tot heel uur in een hete oven (220 °C) zet. Keer de stukken kip een keer om, zodat ze aan alle kanten bruin worden.

## Murgh-e shekam pur
Gevulde kip
*voor 4 personen*

De groene pistaches, rode rozijnen, sinaasappelschil, gele spliterwten en witte amandelen die in dit gerecht als vulling worden gebruikt, zien eruit als edelstenen die uit een schatkist vallen. Een nog bewerkelijker gerecht is *pilau-ye morgh-e sjekam por*, dat in Afghanistan bij speciale gelegenheden wordt gemaakt. De hele gevulde kip wordt gegaard in een *pilau*, zie bladzijde 121.

25 g gele spliterwten
schil van 1 sinaasappel
50 g rode rozijnen
50 g amandelen en pistaches, geblancheerd en geschaafd
1 tot 2 eetlepels plantaardige olie
50 g lamsgehakt
1 eetlepel gemalen groene kardemom
zout en peper
1 middelgrote kip
75 g boter
1/4 theelepel saffraan

Was de spliterwten, laat ze in warm water een uur weken en kook ze dan in ruim water zacht.

Schil de sinaasappel dun (zonder het wit; ik vind dat dat het beste gaat met een dunschiller). Snijd de schil in luciferdunne reepjes. Om de bittere smaak eruit te halen leg je de reepjes schil in een zeef, die je eerst in een bak kokend water en daarna in koud water zet. Herhaal dit een paar maal. Laat de reepjes uitlekken.

Bak de rozijnen, amandelen en pistaches een paar minuten op laag vuur in de olie. Schep ze uit de pan en laat ze uitlekken. Bak nu het lamsgehakt in dezelfde olie bruin en rul. Schep het uit de pan en laat het afkoelen.

Meng het gehakt met de rozijnen, pistaches, amandelen en gekookte spliterwten. Kneed er de gemalen kardemom en zout en peper naar smaak door.

Vul de kip met dit mengsel. Leg de kip op een stuk folie dat zo groot is dat je de kip erin kunt verpakken. Smelt de boter in een pan, doe de saffraan erbij en giet het mengsel over de kip. Vouw het folie om de kip goed dicht en zet het pakket in een op 190 °C voorverwarmde oven. Haal het er na een uur uit, maak het open. Kwast de kip in met het braadvocht en laat hem nog een half uur, misschien iets langer, in de oven staan tot hij goudbruin en gaar is.

Dien de kip op met gebakken aardappelen en partjes citroen, en misschien een salade.

## Do piyaza / 1
### Gekookt lamsvlees met uien, op brood
*voor 4 personen*

*Do piyaza* betekent letterlijk 'twee uien'. Het lamsvlees wordt met rode uien gekookt en dan opgediend met een garnering van in plakken gesneden witte uien, die in witte azijn gemarineerd zijn. In Afghanistan wordt dit gerecht traditioneel gemaakt met *domba*, het vet uit de staart van het dikstaartschaap. Ik vind dat de smaak heel goed wordt als je dit gerecht met lamsschouder maakt. Het wordt ook altijd opgediend met heel veel versgemalen zwarte peper erover – dat is een kwestie van persoonlijke smaak. *Do piyaza* wordt meestal geserveerd op grote *chapati* of *lawasja*, maar je kunt ook *naan* nemen. Het is een ideaal gerecht voor een feest met een buffet, omdat het vlees van tevoren kan worden klaargemaakt en zowel warm als koud kan worden gegeten.

- 1 grote witte ui, in dunne ringen gesneden
- 1,5 dl witte azijn
- 900 g lamsvlees met been, liefst met veel vet
- 2 middelgrote rode uien, fijngehakt
- 50 g gele spliterwten
- 5 dl water
- zout en zwarte peper
- *chapati, lawasja* of *naan*

Marineer de witte uienringen minstens 2 uur in de azijn. (Verdun de azijn met een beetje water als hij erg sterk van smaak is.)

Doe het lamsvlees, de rode uien en de helft van de spliterwten in een pan en giet er 5 dl water bij. Voeg zout en peper toe. Breng alles aan de kook en schep het schuim dat zich vormt eraf. Zet het vuur laag en laat het vlees en de spliterwten gaar en zacht worden.

Kook de rest van de spliterwten in ruim water met zout gaar, maar niet tot puree. (Ik heb gemerkt dat de spliterwten die met het vlees meekoken vaak te papperig worden. Maar ze geven er wel extra smaak aan en dit gerecht wordt lekkerder als het vlees lang en langzaam wordt gekookt, dus kook ik altijd wat spliterwten apart om er zeker van te zijn dat ik genoeg heb om de bovenkant van het lamsvlees mee te garneren.)

Als het tijd is om te eten schep je het vlees en de spliterwten met een schuimspaan uit de soep op een *chapati* of *naan*. Schep de andere spliterwten erop. Laat de witte uien uitlekken en leg ze op het vlees en de spliterwten. Strooi er flink wat versgemalen peper op en leg er nog een *chapati* of *naan* op. (De rest van de soep kun je als bouillon gebruiken.)

## Do piyaza / 2

Ik vond het heel interessant in het boek *Local Dishes of Afghanistan* van Abdallah Afghanzada te lezen over een Afghaanse traditie waar ik nog niet eerder van had gehoord. Hij vertelt dat er bij de geboorte van een kind een lam wordt geofferd. Het lam wordt klaargemaakt (hij zegt niet hoe, maar misschien wel zoals in dit recept) en daarna wordt al het vlees van het been gehaald en apart gezet. De botten worden in doeken gewikkeld en begraven. Met dit rituele zou al het kwade uit het jonggeboren kind verdwijnen. Afghanzada geeft dan dit recept, dat ik een beetje heb aangepast. Net als in het vorige recept vind ik dat lamsschouder heel geschikt is voor dit gerecht.

> 1 kg lamsvlees met been, liefst met veel vet
> 2 middelgrote rode uien, fijngehakt
> 50 g spliterwten, geweekt
> 8 *aloe bokhaara* of pruimedanten
> 1/4 theelepel saffraan of kurkuma
> zout en zwarte peper
> 1 middelgrote witte ui, in dunne ringen gesneden
> 1 theelepel gedroogde munt of 1 eetlepel verse munt, fijngehakt
> 1 citroen of bittere sinaasappel
> *chapati, lawasja* of *naan*

Snijd het vlees in stukken. Doe ze in een pan en giet er zoveel water bij dat het vlees ongeveer 2 cm onder staat. Breng het aan de kook en schep eventueel schuim dat zich vormt af. Doe er de fijngehakte rode uien en zout bij en laat het vlees op laag vuur koken tot het gaar is. Breng de spliterwten in ruim water aan de kook en laat ze op laag vuur gaar koken. Voeg zout en peper naar smaak toe.

Als het vlees gaar is schep je het uit de pan. Verwijder de botjes. Leg het vlees weer terug in de pan met de bouillon en voeg de gekookte spliterwten en de *aloe bokhaara* of gedroogde pruimen toe. Laat alles op laag vuur koken tot het vocht is ingekookt, en doe dan de saffraan erbij.

Als het tijd is om op te dienen schep je het vlees en de spliterwten uit de bouillon op de *chapati, lawasja* of *naan*. Leg er de in ringen gesneden uien op. Strooi er gehakte munt over en garneer het gerecht met schijven citroen of bittere sinaasappel (*narendj*).

## Qorma-ye roe-ye naan
Gestoofd vlees met prei en brood
*voor 4 tot 6 personen*

Dit gerecht is een goede manier om een rest *naan* op te maken. In plaats van lamsvlees kun je rundvlees gebruiken. In Afghanistan gebruiken ze *gandana*, een groente die je heel goed door prei kunt vervangen.

1,5 dl plantaardige olie
1 grote ui, gehakt
450 g lamsvlees zonder been, in blokjes van 1 cm gesneden, of lamsgehakt
1,5 dl tomatensap of water
zout
1/2 theelepel zwarte peper
450 g prei of *gandana*
2 *naan*
4,25 dl uitgelekte yoghurt
1/4 tot 1/2 theelepel rode peper
1 eetlepel gedroogde munt

Verhit de helft van de plantaardige olie in een pan op matig tot hoog vuur. Roerbak de gehakte ui tot hij roodbruin is. Roer het vlees erdoor en bak het bruin. Giet het tomatensap of water erbij, breng het aan de kook, voeg zout en zwarte peper naar smaak toe, roer en zet dan het vuur laag om het vlees gaar te laten sudderen. Voeg zo nodig meer water toe. De saus moet dik zijn. Als er te veel vet boven komt drijven kun je dat eraf scheppen. Was terwijl het vlees suddert de prei en hak die fijn. Laat de prei goed uitlekken.

Als het vlees gaar is snijd je de *naan* in vierkante of driehoekige stukken van 10 cm en bak je die in de rest van de olie tot ze lichtbruin zijn, maar niet al te krokant. Houd het gebakken brood warm. Bak de stukjes prei op matig vuur in dezelfde olie tot ze zacht zijn. Doe zo nodig wat extra olie en misschien een beetje water in de pan; breng de prei op smaak met een beetje zout en peper.

Voor het opdienen giet je de helft van de uitgelekte yoghurt op een grote, platte, verwarmde schaal. Leg er het grootste deel van de gebakken *naan* op. Daarop komt de prei, dan volgt de rest van de yoghurt en tot slot het vlees. Strooi er de rode peper en de munt op en garneer het gerecht met de rest van de *naan*. Dien het heet op.

# Kebaab-e digi-ye mahi
Viskebaab
*voor 4 personen*

Voor een zo authentiek mogelijke smaak kun je voor deze kebaab het best forel gebruiken, maar ik heb ook met veel succes kabeljauwfilet gebruikt. *Ghora angoer* is een smaakmaker die wordt gemaakt van kleine jonge zure druiven, die in de zon te drogen worden gelegd en daarna gemalen. Het geeft een scherpe, lichtzure smaak aan een gerecht. Je kunt het in Perzische winkels kopen, maar ook vervangen door citroensap.

> 4 forellen
> 1 grote ui, geschaafd
> 1 wortel, grofgehakt
> citroensap
> 0,75 dl plantaardige olie
> 4 tenen knoflook, fijngestampt
> 1 theelepel gemalen korianderzaad
> 2 eetlepels verse koriander, fijngehakt
> 1 theelepel *ghora angoer* of 1 theelepel citroensap
> zout en peper naar smaak
> verse munt en partjes citroen

Pocheer de vis ongeveer 10 minuten in een ondiepe pan met kokend water, waaraan je een beetje van de geschaafde ui (bewaar de rest) de wortel, een beetje citroensap en zout hebt toegevoegd. Schep de forellen als ze gaar zijn uit het kookvocht en laat ze afkoelen. Haal het vel eraf, haal het visvlees van de graat en verdeel het in stukjes.

Fruit de rest van de geschaafde ui met de fijngestampte knoflook in de helft van de olie en doe er de stukjes vis bij. Roer er de gemalen koriander (als je die gebruikt) en de verse koriander, de *ghora angoer* of het citroensap door. Smeer de bodem van een ovenschaal in met de rest van de olie en schep het vismengsel erin. Dek het af met een deksel of folie en zet de schaal een half uur in een op 180 °C voorverwarmde oven.

Garneer het gerecht met takjes munt en partjes citroen. Dien het op met verse *naan*. Ook gekookte of gebakken aardappelen zijn er lekker bij.

VARIATIE Je kunt bij dit recept het vismengsel ook fijnhakken of pureren, er wat bloem bijdoen om het te binden, en er dan balletjes van maken, die je in een flinke laag hete olie bakt.

# Hoofdgerechten

## Rijst

Alle recepten in dit hoofdstuk zijn rijstgerechten of gerechten die met rijst worden opgediend. Afghanen zijn dol op rijst en hun vele rijstgerechten, met de name de *pilau*, zijn beroemd vanwege hun smaak. Men gebruikt twee soorten rijst: met een lange en met een korte korrel. De langkorrelige rijst wordt gebruikt voor *pilau* en *tsjalau* (bladzijde 104-131), de kortkorrelige voor *batta* en *sjola* (bladzijde 132-136) en voor rijstdesserts.

*Tsjalau* is een basisgerecht van witte, langkorrelige rijst. De rijst wordt eenvoudig gekookt in water, een beetje olie, zout, en soms andere specerijen, vaak komijn. *Tsjalau* wordt meestal geserveerd met een groente- of vleesgerecht, zoals een van de vele *qorma*'s.

*Pilau* daarentegen wordt met vlees en vleesbouillon gekookt, en de rijst wordt bijna altijd op de een of andere manier gekleurd. De meest gebruikelijke manier om *pilau*'s te kleuren is met bruingebakken uien of gekarameliseerde suiker, maar er wordt ook saffraan of kurkuma voor gebruikt. Meestal zit er in een *pilau* iets van vlees begraven. Als Afghanen kip voor een *pilau* gebruiken, maken ze hem meestal in zijn geheel klaar en serveren hem in zijn geheel, maar bedekt door rijst. (Als je dit doet, neem dan een ovenvaste pan die groot genoeg is om de hele kip plus de rijst te bevatten. Het kan in dit geval wel eens lastig zijn het eten voor je gasten in porties te verdelen.)

Afghanen koken trouwens altijd enorme hoeveelheden rijst, met relatief weinig vlees, en ze gebruiken meer olie bij de bereiding dan mensen in het Westen gewend zijn. In mijn recepten heb ik daar al rekening mee gehouden. De hoeveelheden zijn al aangepast, maar als je wilt kun je daar nog verder in gaan.

### Het koken van langkorrelige rijst

Afghanen gebruiken twee methoden om langkorrelige rijst te koken:

*Dampokht*-methode: de rijst wordt bereid in net genoeg vloeistof (water of bouillon) om gaar te kunnen worden. Aan het begin van het kookproces worden olie en specerijen toegevoegd. De rijst wordt verder gegaard in de oven of op het fornuis.

*Sof*-methode: de rijst wordt in een grote hoeveelheid gezouten water voorgekookt en dan afgegoten. Pas daarna worden olie, meer vloeistof (water of bouillon) en specerijen toegevoegd. Vervolgens wordt de rijst in de oven of op het fornuis verder gaar gemaakt.

In Afghanistan hebben niet veel mensen een oven, vooral niet op het platteland. Traditioneel wordt rijst dan ook gekookt in een grote *dieg* (kookpot) op een vuurtje van hout of houtskool. Op het deksel van de pot worden hete kooltjes gelegd, zodat de rijst bij gelijkmatige hitte droog kookt.

Tegenwoordig werken veel Afghanen dit laatste deel van het kookproces op het fornuis af. Vaak leggen ze een dikke, schone doek tussen de pan en het deksel. De doek absorbeert overtollig vocht en zorgt voor een goede afsluiting, ook als het deksel niet precies op de pan past. Met hun *kafgier* worden voordat het deksel op de pan wordt gelegd een paar gaten in de rijst geprikt, waardoor de stoom kan ontsnappen.

Volgens welke methode – *dampokht* of *sof* – je *tsjalau* of *pilau* maakt, hangt af van je persoonlijke voorkeur; kies de methode die je het makkelijkst vindt en die het beste resultaat oplevert. Mijn Afghaanse familie gebruikte meestal de *dampokht*-methode, maar veel Afghanen prefereren de *sof*-methode, omdat de rijst daarmee minder snel plakkerig wordt.

Over de *sof*-methode moet ik nog iets extra's zeggen. Veel Afghanen koken de rijst een paar minuten op hoog vuur, met het deksel op de pan, nadat ze de vleesbouillon, of het water, met de specerijen en de olie hebben toegevoegd, tot de rijst op de bodem van de pan aanzet en je een tikkelend geluid hoort. Daardoor ontstaat op de bodem van de pan een rijstkorst. Die krokante rijst wordt *tah digi* genoemd. Nadat de rijst is opgediend wordt de *tah digi* van de bodem van de pan geschraapt en op een aparte schaal geserveerd. Het wordt als een delicatesse beschouwd. Maar met deze methode loop je wel het risico op verbrande rijst en een beschadigde pan, als je niet oppast! Je moet naast de pan blijven staan en heel goed luisteren naar het tikkende geluid.

Een beetje *tah digi* ontstaat meestal toch wel, en dat geldt ook voor rijst die volgens de *dampokht*-methode wordt klaargemaakt. Ik wilde alleen uitleggen hoe je meer *tah digi* kunt krijgen.

Nu een paar algemene tips voor het koken van langkorrelige rijst.

• Gebruik altijd een pan met een dikke bodem en een goed passend deksel, bij voorkeur een pan die ook in de oven kan. Mijn gietijzeren pan blijkt onmisbaar te zijn voor het koken van rijst.

• Ik gebruik basmatirijst voor alle gerechten met langkorrelige rijst, omdat de smaak veel lijkt op de soort die ze in Afghanistan verkopen.

• Kijk de rijst na op ongerechtigheden zoals steentjes en was hem altijd een paar keer in koud water totdat het helder blijft. Zo krijg je schone rijst, maar wordt ook een teveel aan zetmeel verwijderd.

• Zet rijst minstens een half uur voordat je gaat koken in de week. Afghanen wassen en weken hun rijst meestal enkele uren van tevoren. Het weken is net als het wassen goed om overtollig zetmeel te verwijderen en de korrels los te maken. Voor *tsjalau* is er een Perzische gewoonte om wat zout aan het water toe te voegen; daar wordt de rijst witter van.

• Laat rijst, voordat je die in het kokende water strooit, heel goed uitlekken en roer niet te hardhandig.

- Bij gebruik van de *sof*-methode moet de rijst maar 2 tot 3 minuten worden voorgekookt, anders wordt het een papperige, plakkerige toestand.
- Ten slotte volgt het laatste deel van de bereiding van de rijst, dat ervoor zorgt dat de korrels, die alle toegevoegde smaken hebben opgenomen, los en droog worden. Daarvoor kan ik het gebruik van een pan of dekschaal in de oven aanraden. Het kan ook in een goed afgesloten pan op het fornuis, maar zet die dan wel op heel laag vuur (en misschien ook nog op de ring van een wok).
- Voor het uit de pan in de schaal scheppen van de rijst gebruiken Afghanen een *kafgier*. Met deze grote, platte schuimspaan schrapen ze de rijst er voorzichtig laag voor laag uit. Dat maakt de korrels losser en voorkomt dat ze stuk gaan. Als de rijst eenmaal in de schaal ligt worden eventuele klontjes nog even weggewerkt met de *kafgier*.

### HET KOKEN VAN KORTKORRELIGE RIJST

Het basisgerecht van kortkorrelige rijst heet *batta*. De rijst wordt in veel water gekookt tot hij zacht en kleverig is en wordt dan met een saus opgediend.

*Sjola* kan zowel zoet als hartig zijn. De hartige versie wordt gekookt en/of opgediend met vlees en peulvruchten. (De zoete versies worden behandeld in het hoofdstuk over fruit en desserts.) *Ketsjri-ye qoroet* is misschien wel het bekendste gerecht met kortkorrelige rijst. De rijst wordt samen met *mausj* (mungbonen) gekookt en dan opgediend met *qorma* of *kofta*, en met *qoroet*, de gedroogde zure, in water gewelde yoghurt.

## VLEES, VIS EN GEVOGELTE

In Afghanistan wordt vlees van lam, rund, kalf, geit, waterbuffel en kameel gebruikt, maar lamsvlees is favoriet. Vanwege de islamitische rituele voedingswetten wordt er geen varkensvlees gegeten. Het vlees dat moslims eten moet *halaal* zijn, wat betekent dat vlees (en ander voedsel) volgens bepaalde regels is klaargemaakt. Als de dieren worden geslacht moet dat op de islamitische manier gebeuren: het dier moet nog leven als de keel wordt doorgesneden, waarbij de slachter 'In de naam van God' moet zeggen. Daarna moet het dier leegbloeden. Het tegenovergestelde, dus vlees dat niet is toegestaan, zoals varkensvlees of vlees van dieren die niet op de juiste manier zijn geslacht, is *haraam*, ofwel 'het verbodene'.

Ik moet hier even vermelden dat sommige recepten voor Afghaanse gerechten niet in dit boek zijn opgenomen, omdat ze in westerse landen moeilijk te maken zijn. Een recept voor *landi pilau* zul je niet vinden. *Landi* is een speciaal soort gedroogd vlees. Daarvoor wordt aan het eind van de herfst een vet schaap geslacht. De wol wordt afgeschoren, zodat de huid met de dikke laag vet eronder bloot komt. Vervolgens wordt het hele karkas opgehangen om te drogen. Ook maken ze in Afghanistan *goesjt-e qaq*, een ander soort gedroogd vlees. Het drogen gebeurt in de zomer of het begin van de herfst, als er veel vee is en men ervoor wil zorgen dat er in de lange wintermaanden ook vlees beschikbaar is. Het vlees (lam, geit of rund) wordt in grove stukken gesneden en op een paar plekken diep ingekerfd. Het wordt met zout (en soms met asafetida ofwel duivelsdrek) ingewreven en dan twee dagen op een warme plek in de schaduw opgehangen om uit te lekken en te drogen. Dan wordt het vlees met nog wat extra zout ingewreven en nog twee of drie dagen in de zon gelegd, en daarna nog eens vier tot vijf dagen op een weliswaar warme, maar tochtige of winderige plek. Vervolgens wordt het vlees op een koele plaats opgehangen, bijvoorbeeld in een kelder. Voordat het vlees voor een maaltijd wordt bereid, wordt het in warm water twee of drie uur geweekt en diverse malen gewassen om het zout en de asafetida te verwijderen.

Gedroogd vlees wordt gebruikt voor soep, stoofschotels, *pilau*'s enzovoort. Vroeger namen mensen die lang op reis gingen dit gedroogde vlees mee om er een eenvoudige soep of stoofschotel mee te maken op de karavanserai of waar ze hun tenten ook hadden opgeslagen.

Andere gerechten die niet in dit boek staan zijn onder andere *kalla pilau*, rijst die met de kop (*kalla*) en de poten (*patsja*) van een dier wordt bereid, en een soep die *sjorwa-ye kalla patsja* heet en waarin ook de kop en de poten van een dier worden gebruikt. *Qau* is een jong lam, dat bij bruiloften en speciale gelegenheden in zijn geheel wordt geroosterd in een *tandoer*-oven.

Vlees wordt zowel met als zonder bot bereid. Voor soepen en stoofschotels geeft men de voorkeur aan vlees met bot, omdat dat de smaak verhoogt en de structuur van de saus verbetert. Veel Afghanen zijn dol op het gare merg uit een bot.

Gevogelte – vooral kip – is geliefd, maar ook duur en wordt daarom meestal alleen gegeten als er gasten zijn en bij speciale gelegenheden. Wild zoals gazelle, steenbok, eend, kwartel, duif en patrijs wordt zeer gewaardeerd als het er is, maar is niet makkelijk te krijgen.

Afghanistan wordt aan alle kanten door land omringd, dus zeevis maakt geen vast deel uit van het menu, al wordt er in de wintermaanden wel wat uit Pakistan geïmporteerd en op de bazaars verkocht. Schaal- en schelpdieren worden niet gegeten.

In veel van de rivieren wemelt het van de vis. Er is zowel zalmforel als regenboogforel. Een aan de zalmforel verwante vis zwemt in de riviertjes ten noorden van de Hindoe Koesj. Die wordt daar *mahi-ye khaaldaar* genoemd, wat 'gevlekte vis' betekent. *Sjier mahi*, wat 'melkvis' betekent, is een soort barbeel, die ook te vinden is in de riviertjes zowel ten noorden als ten zuiden van de Hindoe Koesj. Zijn naam heeft deze vis waarschijnlijk te danken aan de melkwitte onderbuik die hij in het zuiden van Afghanistan heeft (in het noorden is de buik geel). Het is een smakelijke vis, hoewel er veel graatjes in zitten, en hij is in vrijwel het hele land te krijgen. Er is ook karper, uit het Daroentah-stuwmeer bij Djalalabad. De vis die in de winter het meest algemeen verkrijgbaar is, de *mahi laqa*, is een grote meerval die in de Koendoez-rivier wordt gevangen.

## Pilau / 1
### Gele rijst, gekookt volgens de sof-methode
*voor 4 personen*

Deze basis-*pilau* is snel en eenvoudig te maken en kan met gestoofd vlees of groenten geserveerd worden.

**450 g witte langkorrelige rijst**
**2 theelepels suiker**
**0,75 dl water of bouillon en nog 1,5 liter water**
**0,5 tot 0,75 dl plantaardige olie**
**1 tot 2 theelepels *tsjar masala* of gemalen komijn**
**zout**

Weeg de rijst en was hem een paar keer in koud water, tot het water helder blijft. Giet er vers water bij en week de rijst minstens een half uur, bij voorkeur langer.

Doe de suiker in een pan op matig tot hoog vuur en roer erin tot de korrels smelten en goudbruin worden. Neem de pan van het vuur en giet er voorzichtig 0,75 dl water bij. Voeg daarna de olie, de komijn en het zout toe. Roer goed en houd het mengsel warm op matig tot laag vuur.

Breng de 1,5 liter water in een grote pan aan de kook. Doe er 1 theelepel zout bij. Laat de rijst goed uitlekken en doe hem in het kokende water. Kook de rijst 2 tot 3 minuten voor, laat hem uitlekken in een grote zeef of groot vergiet, en doe hem dan in een ovenvaste pan met een goed passend deksel.

Roer voorzichtig het water met de suiker en olie door de rijst. Leg het deksel op de schaal en zet hem 30 tot 45 minuten in een op 150 °C voorverwarmde oven. Je kunt de rijst ook verder klaarmaken in een pan op laag vuur, ook 30 tot 45 minuten.

## Pilau / 2
### Gele rijst volgens de dampokht-methode
*voor 4 personen*

450 g langkorrelige rijst
2 theelepels suiker
5,7 dl water of bouillon
0,5 tot 0,75 dl plantaardige olie
1 tot 2 theelepels *tsjar masala* of gemalen komijn
zout

Spoel de rijst een paar keer in koud water tot het water helder blijft. Giet er vers water bij en week de rijst minstens een half uur, bij voorkeur langer.

Doe de suiker in een pan op matig tot hoog vuur en roer erin tot de korrels smelten en goudbruin worden. Haal de pan van het vuur en voeg voorzichtig het water of de bouillon, de olie, de komijn en het zout toe. Breng het mengsel aan de kook. Laat de rijst goed uitlekken, doe hem bij de kokende vloeistof en laat hem op matig vuur met het deksel op de pan koken tot het vocht is opgenomen en de rijst 'al dente' is. Schep de rijst dan één keer om, heel voorzichtig, om de korrels niet stuk te maken, en zet de pan met het deksel erop 20 tot 30 minuten in een op 150 °C voorverwarmde oven. Je kunt de rijst ook op het fornuis verder klaarmaken, in een goed afgesloten pan op zeer laag vuur, ook in 20 tot 30 minuten.

## Yakhni pilau
### Rijst met gekookt vlees
*voor 4 personen*

*Yakhni* is het vocht uit vlees en uien, en deze *pilau* wordt vaak gemaakt voor mensen die ziek zijn of zich niet goed voelen, omdat het vlees en de uien niet in olie worden gebakken en daarom lichter verteerbaar zijn. Als je lamsvlees gebruikt, snijd dan het teveel aan vet eraf. In dit recept wordt de *dampokht*-methode gebruikt om de rijst te koken.

450 g witte langkorrelige rijst, bij voorkeur basmati
700 tot 900 g lamsvlees met been, of 1 kleine kip, in stukken gesneden
minstens 5,75 dl water
2 middelgrote uien, gehakt
50 g wortelen, in stukjes van 2,5 cm gesneden
2 theelepels *tsjar masala* of gemalen komijn
1/4 theelepel saffraan (desgewenst)
zout en peper

Spoel de rijst een paar keer in koud water tot het water helder blijft. Giet er vers water op en laat de rijst minstens een half uur weken.

Doe het vlees in een pan en giet er zoveel water bij dat het vlees onder staat. Breng het aan de kook en schuim de bouillon zo nodig af. Doe de stukjes wortel en ui erbij. Strooi er zout en peper bij, zet het vuur laag en laat het vlees zachtjes koken tot het gaar is.

Schep het vlees uit de pan. Zeef de bouillon, meet 5,75 dl af en giet die weer terug in de pan. Laat de rijst goed uitlekken en doe ook die in de pan, en daarna het vlees en de groenten; de rijst en het vlees moeten ongeveer 1 cm onder staan. Doe de specerijen erbij, breng de bouillon weer aan de kook en laat alles met het deksel op de pan op laag vuur koken tot de rijst gaar is en het vocht is opgenomen. Om de rijst verder klaar te maken zet je de pan met een goed passend deksel erop 20 tot 30 minuten in een op 150 °C voorverwarmde oven; of even lang op zeer laag vuur op het fornuis.

Schep voor het serveren de rijst, het vlees en de wortels op een grote schaal.

## Kofta pilau
### Gele rijst met gehaktballetjes
*voor 4 personen*

Dit is een van de recepten waarbij voor het koken van de rijst de *sof*-methode wordt gebruikt.

> 450 g witte langkorrelige rijst, bij voorkeur basmati
> 1,5 liter water, en nog een beetje
> 2 theelepels *tsjar masala* of gemalen komijn
> gehaktballetjes en saus (zie de op bladzijde 125 gegeven ingrediënten)

Spoel de rijst een paar maal in koud water, tot het water helder blijft. Giet er vers water op en laat de rijst minstens een half uur weken.

Maak de gehaktballetjes en de saus klaar volgens het recept voor *kofta tsjalau* (bladzijde 125), maar laat de yoghurt weg.

Breng de 1,5 liter water aan de kook met 1 theelepel zout. Laat de rijst uitlekken en doe hem in het kokende water. Kook de rijst 2 tot 3 minuten voor en laat hem uitlekken in een grote zeef.

Doe de helft van de rijst in een grote pan die in de oven kan en een goed passend deksel heeft, leg de gehaktballetjes erop en daarop de rest van de rijst. Leng de saus van de gehaktballetjes met een beetje water aan tot 1,75 dl, giet de saus over de rijst en strooi er de *tsjar masala* op. Schep alles voorzichtig door elkaar, zodat de gehaktballetjes niet stuk gaan. Zet de pan met het deksel erop 45 minuten in een op 150 °C voorverwarmde oven; of maak het gerecht in dezelfde tijd verder klaar op zeer laag vuur op het fornuis.

Een gemengde salade of een *boerani*-gerecht is hier heel lekker bij.

## Qabeli pilau
Gele rijst met wortel en rozijnen
*voor 4 personen*

Deze *pilau* is waarschijnlijk het meest bekend, je zou bijna kunnen zeggen dat het het nationale gerecht van Afghanistan is. Alle *pilau*'s, ook deze, kunnen als volledige maaltijd of in combinatie met een *qorma* of een groentegerecht worden geserveerd. Als je vet lamsvlees gebruikt, snijd dan het teveel aan vet eraf, anders wordt de *pilau* te vet. In dit recept wordt de rijst gekookt volgens de *sof*-methode.

- 450 g langkorrelige rijst, bij voorkeur basmati
- 0,75 dl plantaardige olie
- 2 middelgrote uien, gehakt
- 700 tot 900 g lamsvlees met been, of 1 kip, in stukken verdeeld
- 2,75 dl water
- 2 grote wortels
- 100 g blauwe pitloze rozijnen
- 2 theelepels *tsjar masala* of gemalen komijn
- 1/4 theelepel saffraan (desgewenst)
- 1,5 liter water
- zout en peper

Spoel de rijst een paar keer in koud water tot het water helder blijft. Giet er vers water op en laat de rijst minstens een half uur weken, liefst langer.

Verhit 0,5 dl van de plantaardige olie in een grote pan en roerbak de gehakte uien tot ze bruin zijn. Schep ze uit de olie en doe het lamsvlees of de kip in de pan. Braad het vlees aan alle kanten aan in de olie. Voeg 2,75 dl water en zout en peper toe. Breng het water aan de kook, zet het vuur daarna laag en laat het vlees met het deksel op de pan zachtjes gaar koken. Schep het vlees dan uit de pan en houd het warm. Wrijf de gebakken uien tot pulp en roer die door de vleesbouillon.

Terwijl het vlees gaar wordt, was en schil je de wortels en snijd je ze in luciferdunne reepjes. Verhit de resterende 0,25 dl olie in een pannetje en fruit de reepjes wortel op laag vuur tot ze lichtbruin en zacht zijn. Als de wortels wat hard zijn moet je er misschien wat water bij doen en ze gaar stoven. Al het water moet verdampen. Schep de reepjes wortel uit de olie, doe de rozijnen erbij en fruit die op laag vuur tot ze beginnen op te zwellen. Schep ze uit de olie en doe ze bij de wortels. Als er nog olie in de pan zit, bewaar je die voor de rijst.

Breng 1,5 liter water aan de kook en strooi er 1 theelepel zout in. Laat de rijst uitlekken, voeg hem toe aan het kokende water, kook hem 2 tot 3 minuten voor. Laat de rijst in een zeef uitlekken. Doe de rijst in een grote pan of ovenschaal en strooi er de komijn en eventueel de saffraan op. Meet 1,75 dl van de vleesbouillon af, giet die over de rijst en roer voorzichtig één keer. Leg het gare vlees aan de ene kant van de pan of schaal en de rozijnen en reepjes wortel aan de andere kant. Sprenkel er eventueel resterende olie over. Sluit de pan goed af met een deksel en zet hem 45 minuten in een op 150 °C voorverwarmde oven, of laat de rijst verder gaar worden in een goed afgesloten pan op zeer laag vuur op het fornuis.

Voor het opdienen schep je de reepjes wortel en rozijnen, en ook het vlees van de rijst. Schep een kwart van de rijst op een grote platte schaal. Leg het vlees erop en daarop de rest van de rijst. Garneer de bovenkant van de rijst met de reepjes wortel en de rozijnen.

## Qabeli pilau oezbeki
### Oezbeekse rijst met wortel en rozijnen
*voor 4 personen*

Dit is *qabeli pilau* zoals de Oezbeken het maken, volgens de *dampokht*-methode voor het koken van rijst. Ik vind het een snellere en gemakkelijker manier dan de *sof*-methode. Ik kreeg dit recept van mijn Oezbeekse vriendin Sarah Rashidzada.

- 450 g langkorrelige rijst, bij voorkeur basmati
- 0,75 tot 1,1 dl plantaardige olie
- 2 middelgrote uien, gehakt
- 700 tot 900 g lamsvlees met been, of 1 kip, in stukken verdeeld
- 2 grote wortels
- 100 g rozijnen
- 2 theelepels gemalen komijn
- 1 theelepel zwarte peper
- zout

Spoel de rijst een paar keer tot het water helder blijft en laat de rijst dan in vers water minstens een half uur weken.

Verhit de olie in een vlamvaste schaal op matig tot hoog vuur en fruit de gehakte uien tot ze goudbruin en zacht zijn. Doe het vlees erbij (snijd overtollig vet van het lamsvlees) en braad het aan alle kanten aan. Giet er dan zoveel water bij dat het vlees onder staat, voeg zout toe en breng het water aan de kook. Zet vervolgens het vuur laag en laat het vlees zachtjes gaar koken.

Terwijl het vlees kookt was en schil je de wortels en snijd je ze in luciferdunne reepjes.

Als het vlees gaar is en je de rijst wilt gaan koken, leg je de reepjes wortel en de rozijnen op het vlees en strooi je er 1 theelepel gemalen komijn en 1 theelepel zwarte peper over, en zout.

Laat de rijst uitlekken en leg hem op de reepjes wortel en rozijnen. Giet er zoveel water over dat alles ongeveer 1 cm onder staat. Voeg de andere theelepel gemalen komijn toe en nog een beetje zout en breng het geheel aan de kook. Zet vervolgens het vuur lager en laat alles 10 tot 12 minuten met het deksel op de pan op laag vuur koken tot de rijst gaar is en het water geabsorbeerd. (Het is belangrijk dat je bij deze kookmethode goed let op een tikkend geluid. Wanneer je dat hoort moet je de pan onmiddellijk van het vuur halen – zie de uitleg op bladzijde 101).

Zet de schaal, die een deksel moet hebben dat goed afsluit, 45 minuten in een op 150 °C voorverwarmde oven. Of laat de rijst in dezelfde tijd op zeer laag vuur verder gaar worden op het fornuis.

Schep voor het opdienen de rijst, het vlees, de reepjes wortel en de rozijnen op een grote platte schaal.

## Qorma pilau
### Gele rijst met vlees
*voor 4 personen*

Bij dit recept wordt de rijst gekookt volgens de *sof*-methode. Snijd, als je lamsvlees gebruikt, eerst het overtollige vet eraf.

- 450 g langkorrelige witte rijst, bij voorkeur basmati
- 0,75 dl plantaardige olie
- 2 middelgrote uien, gehakt
- 700 tot 900 g lamsvlees met been, of 1 kip, in stukken verdeeld
- 40 g gele spliterwten
- 2,25 dl water en 1,5 liter water
- 1/2 theelepel gemalen zwarte kardemom
- 1 groene Spaanse peper, fijngehakt, of 1 theelepel zwarte peper
- 1 theelepel gemalen groene of witte kardemom
- 1/2 theelepel saffraan, geweekt in een beetje warm water
- 1 theelepel gemalen komijn

Spoel de rijst een paar keer tot het water helder blijft. Laat de rijst in vers water minstens een half uur weken.

Verhit de olie in een grote pan en fruit de gehakte uien op matig tot hoog vuur roodbruin. Schep de uien uit de pan. Braad het vlees in dezelfde olie aan alle kanten aan. Doe er de gefruite uien, de spliterwten en 2,25 dl water bij (het vlees moet net onder staan). Voeg de gemalen zwarte kardemom en zout toe. Kook het vlees en de spliterwten op laag vuur tot ze gaar zijn. Doe er de groene Spaanse peper of zwarte peper, de gemalen groene kardemom en de helft van de saffraan bij.

Breng de 1,5 liter gezouten water aan de kook in een grote pan met een goed passend deksel. Laat de rijst uitlekken, doe hem in het kokende water, kook hem 2 tot 3 minuten voor en laat hem weer uitlekken in een zeef. Doe de helft van de rijst terug in de pan en voeg het vlees, de spliterwten, de rest van de saffraan en de gemalen komijn toe. Schep de rest van de rijst erop. Meet 1,75 dl van de vleesbouillon af (doe er wat extra water bij als de bouillon te veel is ingekookt) en giet het vocht over de rijst. Sluit de pan af met een goed passend deksel en zet hem 45 minuten in een op 150 °C voorverwarmde oven; of laat hem even lang op laag vuur op het fornuis staan.

## Yaghoet pilau
### Rijst met tomaten
*voor 4 personen*

Dit recept is bij mij thuis heel populair, en makkelijk te maken. Door de tomaten krijgt de rijst een rode kleur, vandaar de naam *yaghoet*, wat robijn betekent. Als je lamsvlees gebruikt, snijd dan eerst het teveel aan vet eraf. Ik geef hier meestal een chutney van koriander of munt bij, en uitgelekte yoghurt.

> 450 g langkorrelige witte rijst, bij voorkeur basmati
> 2 middelgrote uien, gehakt
> 0,75 dl plantaardige olie
> 700 tot 900 g lamsvlees met been, in stukken gesneden, of stukken kip
> 2 tenen knoflook, gepeld en fijngestampt
> 1 theelepel kurkuma
> 1 blik (400 g) gehakte tomaten
> 1 theelepel suiker
> zout en peper
> 1 theelepel gemalen groene of witte kardemom

Weeg de rijst en spoel hem een paar keer tot het water helder blijft. Giet er vers water op en laat de rijst minstens een half uur weken.

Bak in een grote pan met goed passend deksel de gehakte ui goudbruin. Doe dan het vlees, de fijngestampte knoflook en de kurkuma erbij. Braad het vlees aan alle kanten aan. Roer er de tomaten, de suiker, zout en peper door, breng alles aan de kook en zet dan het vuur laag zodat het vlees zachtjes gaar kan sudderen.

Laat de rijst uitlekken en voeg hem toe aan de pan met het vlees. Giet er zoveel water bij dat de rijst en het vlees ongeveer 1 cm onder staan. Roer er voorzichtig de gemalen kardemom door. Breng alles aan de kook en draai dan het vuur laag en laat de rijst met het deksel op de pan in 10 tot 15 minuten gaar koken. Al het vocht moet zijn opgenomen. Giet er, als al het vocht al is geabsorbeerd voordat de rijst gaar is, nog wat extra water bij en laat de pan op het vuur staan totdat ook dat is opgenomen. Zet de pan met het deksel erop 20 tot 30 minuten in een op 150 °C voorverwarmde oven. Als je wilt kun je de rijst in dezelfde tijd ook op heel laag vuur op het fornuis gaar laten koken.

Schep de rijst voor het opdienen op een grote, platte, warme schaal en leg het vlees erop.

## Baandjaan palau
Gele rijst met aubergines
*voor 4 personen*

Dit is een rijke, pittig gekruide *pilau*. De rijst wordt gekookt volgens de *sof*-methode.

> 450 g langkorrelige witte rijst, bij voorkeur basmati
> 450 g aubergines
> 1,5 dl plantaardige olie
> 2 middelgrote uien, gehakt
> 700 tot 900 g lams- of rundvlees met been, in stukken gesneden
> 2,25 dl water, plus 1,5 liter
> 2 tenen knoflook, gepeld en fijngestampt
> 1 theelepel kurkuma
> 1 theelepel gemalen korianderzaad
> 1/2 theelepel saffraan
> zout en zwarte of rode peper

Spoel de rijst een paar keer tot het water helder blijft en laat hem dan minstens een half uur in vers water weken.

Schil de aubergines en snijd ze in de lengte in plakken van ongeveer 1 cm dik. Verhit 4 eetlepels van de olie in een pan en fruit de gehakte uien op matig vuur tot ze goudbruin en zacht zijn. Voeg dan het vlees toe (snijd van lamsvlees het overtollige vet af) en braad het aan alle kanten aan. Voeg de 2,25 dl water en peper en zout toe, en breng het geheel aan de kook. Roer, zet het vuur laag en laat het vlees gaar sudderen.

Verhit intussen de rest van de olie in een grote koekenpan en bak de plakken aubergine aan beide kanten goudgeel. Je moet er waarschijnlijk wat extra olie bijdoen, omdat aubergine olie snel opneemt, maar laat ze na het bakken in elk geval goed uitlekken op keukenpapier, anders wordt de rijst te vettig.

Meng de knoflook, kurkuma en koriander met een beetje water en voeg het mengsel toe aan de aubergines. Giet er 1,75 dl van het vleesnat bij en laat de plakken aubergine een half uur op laag vuur sudderen.

Breng de anderhalve liter water met zout aan de kook. Laat de rijst uitlekken, voeg hem toe aan het kokende water, kook hem 2 tot 3 minuten voor en laat hem uitlekken in een grote zeef. Doe vervolgens de helft van de rijst in een grote pan met een goed sluitend deksel. Doe ook het vlees erbij. Strooi er naar smaak rode of zwarte peper over en schep er nog wat rijst op. Schep dan de aubergines erop en daarna de rest van de rijst. Voeg de saffraan toe aan het resterende vocht van het vlees en de aubergines en giet dat over de rijst. Zet de pan met het deksel erop 45 minuten in een op 150 °C voorverwarmde oven; of kook de rijst op zeer laag vuur in dezelfde tijd gaar op het fornuis.

Schep voor het opdienen de bovenste laag rijst op een warme platte schaal. Leg het vlees en de aubergines erop en bedek ze met de rest van de rijst.

## Zamarod of Sabzi pilau
Rijst met spinazie
*voor 4 personen*

Een prachtig groen gerecht; *zamarod* betekent smaragd.

> 450 g langkorrelige witte rijst, bij voorkeur basmati
> 1,1 dl plantaardige olie
> 2 middelgrote uien, gehakt
> 700 tot 900 g lamsvlees met been, of 1 kip, in stukken verdeeld
> 2,25 dl water
> 2 theelepels *tsjar masala* of gemalen komijn
> 450 g wilde spinazie
> 100 g prei of *gandana*
> 2 theelepels verpulverd gedroogd dillegroen, of gemalen korianderzaad
> zout en peper
> 1,5 liter water
> 1 of 2 groene Spaanse pepers

Spoel de rijst een paar keer tot het water helder blijft en laat hem dan in vers water minstens een half uur weken.

En dan het vlees. Snijd, als je lamsvlees gebruikt, het overtollige vet eraf. Verhit 0,75 dl van de olie in een pan en roerbak de uien goudbruin en zacht. Doe het lamsvlees of de stukken kip erbij en braad het vlees aan alle kanten aan. Giet er 2,25 dl water bij en voeg 1 theelepel van de *tsjar masala*, zout en flink wat zwarte peper toe. Breng alles aan de kook, roer en zet het vuur laag. Laat het vlees zachtjes gaar sudderen.

Maak nu de spinazie klaar zoals je ook voor *sabzi tsjalau* (bladzijde 131) zou doen. Was de spinaziebladeren en laat ze goed uitlekken. Snijd de prei in kleine stukjes en was ze goed. Hak de spinazie. Verhit de rest van de olie in een grote pan en bak de prei erin tot hij zacht en bijna bruin is. Voeg dan de spinazie toe en roerbak die mee tot hij slinkt. Zet het vuur lager en laat de spinazie met het deksel op de pan gaar worden. Doe dan de dille of koriander, zout en peper erbij, leg het deksel weer op de pan en stoof de groenten op laag vuur tot al het water is verdampt en de spinazie romig zacht is.

Breng de 1,5 liter water met 1 theelepel zout aan de kook, laat de rijst uitlekken en doe die bij het kokende water. Kook de rijst 2 tot 3 minuten voor, laat hem uitlekken in een grote zeef en doe hem in een grote pan met een goed sluitend deksel. Doe er de gare spinazie, het vlees met 1,75 dl van de jus en 1 theelepel *tsjar masala* bij. Meng de ingrediënten voorzichtig, maar grondig door elkaar. Leg de Spaanse pepers op de rijst en zet de pan met het deksel erop 45 minuten in een op 150 °C voorverwarmde oven.

Haal voor het opdienen de Spaanse pepers van de rijst en schep de rijst en het vlees in een mooie berg op een grote platte serveerschaal. Garneer het gerecht met de pepers.

## Mausj pilau
Rijst met mungbonen en abrikozen of dadels
*voor 6 personen*

Deze *pilau* wordt vaak zonder vlees gemaakt. De abrikozen of dadels geven er een ongewone, maar heel lekkere smaak aan. Als je lamsvlees gebruikt, snijd dan eerst het teveel aan vet eraf. In dit recept wordt de rijst volgens de *sof*-methode gekookt.

> 150 g mungbonen
> 150 g gedroogde abrikozen of dadels
> 450 g langkorrelige rijst, bij voorkeur basmati
> 1,1 dl plantaardige olie
> 2 middelgrote uien, gehakt
> 900 g lams- of rundvlees met been, in stukken gesneden
> 2,25 dl water, plus 1,75 liter
> 2 theelepels gemalen komijn of *tsjar masala*
> zout en peper

Was de mungbonen en laat ze 1 tot 2 uur weken. Kook de abrikozen of dadels in een beetje water tot ze net zacht zijn.

Spoel de rijst een paar keer tot het water helder blijft en laat hem minstens een half uur in vers water weken. Verhit de olie in een pan en bak de uien tot ze bruin zijn. Schep ze uit de pan, doe het vlees erin en braad het in dezelfde olie aan alle kanten aan. Voeg de 2,25 dl water en zout en peper toe, breng het aan de kook, zet dan het vuur laag en laat het vlees zachtjes gaar koken. Schep het uit de pan en houd het warm. Wrijf de gebakken uien tot pulp en roer die door de vleesbouillon.

Breng de 1,75 liter water in een grote pan aan de kook en doe de mungbonen erbij. Kook ze half gaar (in 10 tot 15 minuten). Laat de rijst uitlekken en doe die bij de mungbonen. Breng ze samen weer aan de kook, voeg zout toe en laat ze 2 tot 3 minuten koken. Laat de rijst en de mungbonen in een grote zeef uitlekken, en doe ze terug in de pan. Strooi de komijn of *tsjar masala* erop en voeg 2,25 dl van de vleesbouillon toe. Leg het vlees aan de ene kant op de rijst en de abrikozen of dadels aan de andere kant. Leg het deksel op de pan en zet hem 45 minuten in een op 150 °C voorverwarmde oven; of even lang op zeer laag vuur op het fornuis.

Serveer het vlees op een grote schaal, bedekt met de rijst en de mungbonen en gegarneerd met de abrikozen of dadels.

## Narendj pilau
Rijst met sinaasappel
*voor 4 personen*

Traditioneel wordt deze *pilau* gemaakt met de schil van bittere sinaasappelen. Het is een vrij zoet gerecht. Mijn familie in Afghanistan bedacht dit iets afwijkende recept, dat minder zoet is en dat ik veel lekkerder vind. Ik heb hiervoor de schil gebruikt van gewone sinaasappelen, die makkelijker te krijgen zijn. *Narendj pilau* is een van mijn favoriete Afghaanse gerechten, het heeft een heerlijke verfijnde smaak. In dit recept wordt de rijst gekookt volgens de *dampokht*-methode. Als je lamsvlees gebruikt snijd dan eerst het teveel aan vet eraf.

- 450 g langkorrelige rijst, bij voorkeur basmati
- 0,75 dl plantaardige olie
- 2 middelgrote uien, gehakt
- 1 middelgrote kip of 700 tot 900 g lamsvlees met been, in stukken gesneden
- 5,7 dl water, plus 1,1 dl water
- schil van 1 grote sinaasappel
- 50 g suiker
- 50 g geblancheerde en geschaafde amandelen
- 50 g geblancheerde en geschaafde pistaches
- 1/2 theelepel saffraan
- 0,25 dl rozenwater
- 1 theelepel gemalen groene of witte kardemom
- zout en witte peper

Weeg de rijst en spoel hem een paar keer tot het water helder blijft. Giet er vers water op en week de rijst minstens een half uur.

Verhit de olie en roerbak de gehakte uien op matig tot hoog vuur tot ze goudbruin en zacht zijn. Voeg het vlees toe en braad het aan alle kanten aan.

Giet er 5,75 dl water bij, voeg zout en peper toe en laat het vlees op laag vuur gaar koken.

Terwijl het vlees kookt was je de sinaasappel en snijd je de schil (zonder het wit) in luciferdunne reepjes. De eventuele bittere smaak van de schil laat je verdwijnen door de reepjes in een zeef te leggen en die eerst in kokend water te zetten en daarna in koud water. Herhaal dit een paar maal. Laat de reepjes schil uitlekken.

Maak een suikersiroop door 1,1 dl water met de 50 g suiker aan de kook te brengen. Voeg de reepjes sinaasappelschil en de geschaafde amandelen en pistaches toe aan de kokende siroop en laat hem 5 minuten koken. Schep zo nodig het dikke schuim eraf. Zeef de siroop en bewaar het schilletjes- en notenmengsel. Voeg de saffraan en het rozenwater aan de siroop toe en laat hem nog eens 3 minuten op laag vuur koken. Doe de gemalen kardemom erbij.

Voor het koken van de rijst zeef je de bouillon van de kip of het lamsvlees (zet het vlees apart). Giet de siroop bij de bouillon en vul het vocht zo nodig met water aan tot 5,75 dl. Het vet dat op de bouillon drijft, moet ook voor het koken van de rijst gebruikt worden. Breng in een grote pan het vocht aan de kook. Laat de rijst uitlekken en doe hem in de pan met kokende bouillon. Voeg zout, de noten en sinaasappelschilletjes toe, maar houd daarvan een derde apart voor de garnering. Breng alles weer aan de kook, temper het vuur tot matig en kook de rijst met een goed sluitend deksel erop in ongeveer 10 minuten gaar. Al het vocht moet dan zijn opgenomen.

Leg het vlees en de rest van de sinaasappelschilletjes en noten op de rijst en leg het deksel weer op de pan. Zet de pan 20 tot 30 minuten in een op 150 °C voorverwarmde oven of even lang op zeer laag vuur op het fornuis.

Leg voor het serveren het vlees midden op een grote schaal. Bedek het met de rijst en garneer het gerecht met de apart gehouden sinaasappelschilletjes en noten.

## Zarda pilau
### Gele rijst met noten en saffraan
*voor 4 personen*

Door de saffraan wordt de rijst geel van kleur, vandaar de naam, want *zard* betekent geel. Dit gerecht wordt eigenlijk alleen voor gasten of bij speciale gelegenheden gemaakt. Als je lamsvlees gebruikt, snijd dan eerst het teveel aan vet eraf. In dit recept wordt de rijst gekookt volgens de *sof*-methode.

**450 g langkorrelige witte rijst, bij voorkeur basmati**
**0,75 dl plantaardige olie**

2 middelgrote uien, gehakt
700 tot 900 g lamsvlees met been, of 1 in stukken verdeelde kip
2,75 dl water, plus 1,1 dl water
50 g suiker
25 g pistaches, ontveld, geschaafd
25 g amandelen, ontveld, geschaafd
1/2 theelepel saffraan
1,5 liter water
2 theelepels *tsjar masala* of gemalen komijn
zout en peper

Spoel de rijst een paar keer tot het water helder blijft. Giet er vers water op en week de rijst minstens een half uur, bij voorkeur langer.

Verhit de plantaardige olie in een grote pan en roerbak de gehakte uien goudbruin. Voeg het lamsvlees of de stukken kip toe en braad ze aan alle kanten aan. Giet er 2,75 dl water bij en voeg zout en peper toe. Breng alles aan de kook en laat het vlees met het deksel op de pan op laag vuur gaar stoven. Schep het vlees uit de pan en houd het warm.

Vlak voordat je de rijst wilt koken maak je een suikersiroop van 1,1 dl water en 50 g suiker. Breng deze ingrediënten samen aan de kook en laat het mengsel doorkoken (ongeveer 5 minuten) tot het stroperig is. Voeg de pistaches, amandelen en saffraan toe. Houd de siroop warm.

Breng 1,5 liter water met 1 theelepel zout aan de kook. Laat de rijst uitlekken en voeg hem toe aan het kokende water. Kook de rijst 2 tot 3 minuten voor en laat hem dan uitlekken in een grote zeef. Meng een kwart van de rijst voorzichtig door de warme siroop. Doe de rest van de rijst in een grote pan en strooi er de *tsjar masala* op.

Meet 1,75 dl van de vleesbouillon af en giet die over de rijst. Leg het vlees aan de ene kant op de rijst en aan de andere kant de rijst met de noten erin. Leg een goed passend deksel op de pan en zet de pan 45 minuten in een op 150 °C voorverwarmde oven of kook de rijst in dezelfde tijd gaar op zeer laag vuur op het fornuis, als je dat prettiger vindt.

Schep voor het serveren het vlees uit de pan op een bord. Daarna schep je ook de rijst met de noten even op een bord. Dan schep je een kwart van de rest van de rijst op een grote schaal. Daarop komt het vlees, dat wordt afgedekt met de rest van de rijst. Garneer het gerecht door er de met noten gemengde rijst op te scheppen.

# Resjta pilau / 1
Rijst met vermicelli
*voor 4 personen*

*Resjta* betekent in het Dari 'draad'. In Afghanistan is *resjta pilau* soms zoet en gemaakt met fijne vermicelli erin. In dit recept zit geen vlees, maar je kunt er gestoofd vlees (*qorma*) of een groentegerecht bij eten.

> 450 g langkorrelige witte rijst, bij voorkeur basmati
> 1,5 liter water
> zout
> 1,1 dl plantaardige olie
> 225 g fijne eiervermicelli, in stukjes van ongeveer 2,5 cm gebroken
> 2,25 dl water, plus 0,75 dl
> 200 g suiker
> 1/2 theelepel saffraan
> 25 g pistaches, ontveld en in vieren gesneden
> 25 g amandelen, ontveld en in vieren gesneden

Was de rijst een paar keer tot het water helder blijft. Week de rijst minstens een half uur in vers water, bij voorkeur langer.

Breng 1,5 liter water in een grote pan aan de kook en voeg 1 theelepel zout toe. Laat de rijst goed uitlekken en voeg hem toe aan het kokende water. Kook de rijst 2 tot 3 minuten voor en laat hem uitlekken in een grote zeef. Schep driekwart van de rijst in een grote pan met een goed sluitend deksel en houd hem warm. Houd de rest van de rijst apart.

Verhit de helft van de plantaardige olie in een pan op matig vuur en bak de vermicelli een paar minuten op laag vuur. Laat de vermicelli niet bruin worden.

Giet de 2,25 dl water in een andere pan, doe de 200 g suiker erbij, breng het mengsel aan de kook en laat het al roerend op hoog vuur inkoken tot een dunne siroop (ongeveer 5 minuten). Roer de gebakken vermicelli, de saffraan en de noten door de siroop.

Nu is het apart gezette kwart van de rijst aan de beurt. Doe een flinke lepel rijst in een zeef. Doe er een flinke lepel met siroop gemengde vermicelli bij. Ga zo door, totdat alle rijst en vermicelli in lagen in de zeef ligt.

Nu komt het laatste stadium van de bereiding, waarin alle voorbereide ingrediënten worden samengevoegd. Meng de 0,75 dl water met de rest van de olie en wat zout. Voeg dit mengsel toe aan de in de pan warm gehouden rijst en schep alles een keer voorzichtig om. Schep op de ene kant van de rijst het mengsel van vermicelli en rijst uit de zeef. Roer niet. Zet de pan met het goed sluitende deksel erop 45 minuten in een op 150 °C voorverwarmde oven.

Schep voor het serveren eerst het mengsel van vermicelli en rijst van de rijst. Schep de gewone rijst op een grote schaal en daarop als garnering de vermicelli, gezoete rijst en noten.

## Resjta pilau / 2
### Rijst met vermicelli
*voor 4 personen*

Deze methode om *resjta pilau* te maken vind ik veel makkelijker dan het vorige recept; er zit vlees in en de smaak is minder zoet.

- 1 middelgrote ui, gehakt
- 1,1 dl plantaardige olie
- 700 g lamsvlees zonder been, of kip, in blokjes gesneden
- 450 g rijst, bij voorkeur basmati
- zout en peper
- 1/2 theelepel kaneel
- 100 g fijne vermicelli, in stukjes van 2,5 cm gebroken
- 50 g rozijnen, groene of rode
- 25 g pistaches, geschaafd
- 25 g amandelen, geschaafd
- 1/4 theelepel saffraan, geweekt in 1 eetlepel heet water
- 1 eetlepel rozenwater

Bak de ui op matig vuur in 0,75 dl olie (bewaar 3 eetlepels) goudbruin en zacht. Leg het lamsvlees of de stukken kip erbij. Bak ook die goudbruin. Voeg zout en peper en de kaneel toe. Giet er zoveel water bij dat het vlees net onder staat en breng het aan de kook. Zet dan het vuur laag en laat het vlees zachtjes koken tot het gaar is en het vocht ingekookt en dik is. (Dat duurt 45 minuten tot 1 uur.)

Spoel de rijst een paar keer tot het water helder blijft en laat hem dan in vers koud water een half uur weken. Bak intussen de vermicelli een paar minuten in 2 eetlepels olie op laag vuur goudbruin. Roerbak de rozijnen en noten een paar minuten in de resterende eetlepel olie. Breng een grote pan met water aan de kook, laat de rijst uitlekken en doe de rijst en de vermicelli in het kokende water. Laat ze 3 minuten koken en dan uitlekken in een grote zeef of groot vergiet.

Doe de helft van de rijst en de vermicelli in een grote pan die in de oven kan, met een goed passend deksel. Doe er het gekookte vlees en 1,75 dl van de bouillon bij. Schep de helft van de rest van de rijst erop. Roer voorzichtig de saffraanoplossing en het rozenwater door het laatste kwart van de rijst. Leg het mengsel aan de ene kant op de rijst in de pan. Schep de rozijnen en de noten ernaast. Zet de pan met het deksel erop 45 minuten tot 1 uur in een op 150 °C voorverwarmde oven.

Schep voor het serveren eerst de saffraanrijst en de noten en rozijnen uit de pan. Houd ze warm. Schep dan de helft van de rijst op een verwarmde grote serveerschaal, daarop het vlees, en daarop de rest van de rijst. Garneer het gerecht ten slotte met de saffraanrijst en de noten en rozijnen.

## Sjebet pilau
*Pilau* met dille en rozijnen
*voor 4 personen*

De goudgele saffraan contrasteert prachtig met de rode rozijnen en groene dille in dit gerecht.

> 450 g langkorrelige rijst, bij voorkeur basmati
> 2 middelgrote uien, fijngehakt
> 0,75 dl plantaardige olie
> 700 g kip of lamsvlees, bij voorkeur met been
> zout
> 1 theelepel zwarte peper
> 2 eetlepels verse dille
> 1/2 theelepel saffraan, geweekt in een beetje warm water
> 75 g rode rozijnen

Spoel de rijst een paar keer tot het water helder blijft en laat hem dan in vers water minstens een half uur weken.

Bak de ui in de olie goudbruin en zacht. Voeg dan het in porties verdeelde vlees toe, waarvan je een eventueel teveel aan vet hebt afgesneden. Bak ook het vlees goudbruin. Giet er zoveel water bij dat het vlees net onder staat en voeg zout naar smaak toe. Laat het vlees op laag vuur stoven tot het zacht is.

Breng een grote pan water met 1 theelepel zout aan de kook. Laat de rijst uitlekken en doe die bij het kokende water. Kook de rijst 3 minuten en laat hem uitlekken in een grote zeef of groot vergiet.

Schep de helft van de rijst in de pan en leg het vlees erop. Bewaar de bouillon. Deel de rest van de rijst in tweeën. Schep de ene helft op het vlees. Meet 1,75 dl van de bouillon af en roer er de zwarte peper en de dille door. Giet het mengsel voorzichtig over de rijst en het vlees. Roer de saffraan door de andere helft van de rijst en schep deze gele rijst aan de ene kant van de pan op de andere rijst. Schep aan de andere kant de rozijnen. Zet de pan met het deksel erop even op hoog vuur om de bouillon aan de kook te brengen, zet hem dan direct in een op 150 °C voorverwarmde oven en laat hem daar een half uur of wat langer staan.

Schep voor het serveren voorzichtig de rozijnen van de rijst af en houd ze warm. Doe hetzelfde met de saffraanrijst. Schep de andere rijst en het vlees op een grote platte schaal en garneer de bovenkant met de saffraanrijst en de rozijnen.

## Bor pilau
*Pilau* met kip of lamsvlees
*voor 4 personen*

Bij deze *pilau* serveer ik meestal een *boerani*-gerecht of een *qorma*.

- 1 middelgrote tot grote ui, in dunne plakken gesneden
- 0,75 dl plantaardige olie
- 700 g kipfilet of lamsvlees, in kleine stukjes gesneden
- 1 tot 2 tenen knoflook, gepeld en fijngestampt
- 2,25 dl biologische yoghurt
- zout en rode peper
- 1 theelepel gemalen korianderzaad
- 450 g basmatirijst
- 1/4 theelepel saffraan, geweekt in 1 eetlepel warm water
- 1 theelepel gemalen kardemom

Bak de plakken ui in de olie zacht en goudbruin. Doe de stukjes kip of lamsvlees erbij en bak ook die goudbruin. Voeg de knoflook toe en bak die even mee. Doe dan de yoghurt, het zout, de rode peper en het korianderpoeder erbij. Laat alles op matig vuur sudderen tot het vlees gaar is (ongeveer 40 minuten).

Spoel intussen de rijst een paar keer tot het water helder is en laat hem in ruim water minstens 30 minuten weken.

Breng een grote pan water aan de kook en doe de uitgelekte rijst erbij. Breng het water weer aan de kook, laat de rijst 2 tot 3 minuten koken en daarna uitlekken in een vergiet. Schep de helft van de rijst in een grote pan. Voeg het vlees en de bouillon toe. Schep de rest van de rijst erop, voeg de saffraanoplossing toe en strooi er de kardemom en nog wat meer rode peper over. Leg het deksel op de pan, laat de bouillon op hoog vuur snel aan de kook komen en zet de pan direct daarna 45 minuten in een op 150 °C voorverwarmde oven.

## Samaroq pilau
*Pilau* met paddestoelen
*voor 4 personen*

Grote platte paddestoelen, zoals portobello's, die ook gebruikt worden om te vullen, zijn heel geschikt voor dit gerecht. Ze hebben de juiste 'vlezigheid' en structuur. Deze *pilau* kan ook helemaal zonder vlees worden gemaakt, gebruik in dat geval meer paddestoelen.

450 g rijst, bij voorkeur basmati
1 grote ui, fijngehakt
1,1 dl plantaardige olie
450 g kip of lamsvlees, bij voorkeur met been, in porties verdeeld
400 g gehakte tomaten
350 g paddestoelen, in blokjes van 2 cm gesneden
1 theelepel gemalen kardemom
1 theelepel zwarte peper
zout naar smaak

Spoel de rijst een paar keer tot het water helder blijft en laat hem een half uur in ruim water weken.

Bak de ui op matig tot hoog vuur in de helft van de olie goudbruin. Voeg dan het vlees toe en bak ook dat bruin. Doe er de tomaten en zout naar smaak bij en laat het vlees op laag vuur gaar sudderen.

Roerbak intussen de paddestoelen in de andere helft van de olie. Doe de paddestoelen bij het vlees en de tomaten. Laat de rijst uitlekken en doe ook die in de pan. Giet er zoveel water bij dat alles ongeveer 1 cm onder staat. Voeg zout, de zwarte peper en de kardemom toe. Breng alles aan de kook, leg een goed sluitend deksel op de pan en laat alles 10 tot 15 minuten op laag vuur koken. Als al het vocht is opgenomen schep je de ingrediënten voorzichtig door elkaar. Zet de pan met het deksel erop 30 minuten of iets langer in een op 150 °C voorverwarmde oven.

## Pilau-ye morgh-e sjekam por
*Pilau* met gevulde kip
*voor 6 personen*

Dit is een nogal bewerkelijk recept, dat in Afghanistan alleen wordt klaargemaakt bij zeer speciale gelegenheden. Het is vrij ingewikkeld en je hebt voor dit gerecht een grote, diepe pan nodig, omdat de kip in zijn geheel in de rijst wordt bereid.

*voor de vulling:*
50 g gele spliterwten
schil van 2 sinaasappelen
100 g amandelen en pistaches, geblancheerd en geschaafd
100 g rode rozijnen
100 g lamsgehakt
1 theelepel gemalen kardemom

*voor de* pilau:
1 middelgrote tot grote ui, geschaafd of geraspt
1,1 dl plantaardige olie
1 middelgrote kip
4 hele kardemompeulen
700 g langkorrelige rijst, bij voorkeur basmati
1/2 theelepel saffraan, geweekt in een beetje warm water
1 theelepel kaneel
1 theelepel gemalen komijn
zout en peper

Was de spliterwten, week ze een uur in warm water en kook ze in ruim water gaar.

Schil de sinaasappel zo dun mogelijk (zonder het wit; ik doe dat altijd met een dunschiller) en snijd de schil in luciferdunne reepjes. Om de eventueel bittere smaak eraf te halen doe je de reepjes in een vergiet dat je eerst in een bak met kokend water zet en dan in een bak met koud water. Herhaal dit een paar keer. Laat ze uitlekken.

Bak de rozijnen en de geschaafde amandelen en pistaches een paar minuten in 2 eetlepels van de olie. Schep ze uit de pan. Bak dan het lamsgehakt in dezelfde olie rul en bruin, schep het uit de pan en laat het afkoelen.

Bak de geschaafde of geraspte ui in 0,5 dl van de olie bruin en iets krokant. Schep de ui uit de pan en stamp de stukjes fijn in een vijzel. Braad de kip in een braadpan in de rest van de olie in zijn geheel aan alle kanten aan. Als hij mooi bruin is voeg je de ui, de hele kardemompeulen en peper en zout toe, en zoveel water dat de kip net onder staat. Breng alles aan de kook en laat de kip op laag vuur sudderen tot hij net gaar is. Laat hem niet te lang koken, want dan valt hij bij het uit de pan scheppen uit elkaar en wordt het moeilijk om hem te vullen.

Terwijl de kip gaart bereid je de rijst voor door hem een paar keer in koud water te spoelen tot het water helder blijft en in vers water een half uur te weken.

Als de kip gaar is schep je hem voorzichtig uit de pan; laat hem even afkoelen. Meet 2,25 dl van het kookvocht af en roer er de komijn en de kaneel door. Meng de amandelen, pistaches, reepjes sinaasappelschil, het lamsgehakt en de spliterwten door elkaar. Breng het mengsel op smaak met zout en peper en de gemalen kardemom. Vul de kip met de helft van dit mengsel en kwast de buitenkant in met een beetje van de saffraanoplossing.

Breng een grote pan gezouten water aan de kook, doe de uitgelekte rijst erin, laat die 2 tot 3 minuten koken en dan uitlekken in een grote zeef of groot vergiet.

Bedek met de helft van de rijst de bodem van een diepe pan die in de oven kan. Leg de kip op de rijst en bedek hem met de helft van de rest van de rijst. Giet de kippenbouillon erover. Besprenkel de andere helft van de resterende rijst met de saffraanoplossing. Leg deze gele rijst als bovenste laag aan één kant van de pan op de rijst, en aan de andere kant de rest van de vulling. Zet de pan, met een goed sluitend deksel erop, een paar minuten op hoog vuur om de bouillon aan de kook

te brengen en daarna 45 minuten tot 1 uur in een op 150 °C voorverwarmde oven.
Schep voor het opdienen eerst de saffraanrijst en de vulling met de noten van de gewone rijst en houd die warm. Schep de volgende laag rijst eraf en leg die op een grote schaal. Daarop komt de kip, die je voorzichtig uit de pan schept. Bedek die met de laatste laag rijst. Garneer het gerecht ten slotte met de saffraanrijst en de notenvulling. En dan op tafel ermee!

## Tsjalau sof
### Witte langkorrelige rijst
*voor 4 personen*

*Tsjalau* wordt meestal bij *qorma* geserveerd, een stoofschotel van vlees of groenten, of bij gehaktballetjes, *kofta*. De basismethode om *tsjalau* op de *sof*-manier te maken is als volgt.

450 g witte langkorrelige rijst
1,5 liter water, plus 0,75 dl water
zout
0,5 dl plantaardige olie
1 theelepel gemalen komijn of heel komijnzaad, of *tsjar masala*

Spoel de rijst een paar keer tot het water helder blijft. Week de rijst in vers water minstens een half uur, bij voorkeur langer.
Breng 1,5 liter water in een grote pan aan de kook. Voeg zout toe. Laat de rijst uitlekken en doe hem in het kokende water. Kook de rijst 2 tot 3 minuten voor. (Als je de rijst in dit stadium te lang laat koken, gaan de korrels aan elkaar kleven.) Laat de rijst uitlekken in een grote zeef of groot vergiet en schep hem dan in een ovenvaste pan met een goed passend deksel. Meng de olie met 0,75 dl water, de specerijen en zout en giet het mengsel over de rijst. Schep de rijst voorzichtig om. Zet de pan met het deksel erop 30 tot 45 minuten in een voorverwarmde oven van 150 °C of kook de rijst in dezelfde tijd op zeer laag vuur op het fornuis verder gaar.

## Tsjalau dampokht
### Witte langkorrelige rijst
*voor 4 personen*

Als je *tsjalau* wilt koken volgens de *dampokht*-methode heb je precies dezelfde ingrediënten nodig als voor de *sof*-methode (zie het vorige recept), maar slechts 5,75 dl water.

Breng de 5,75 dl water in een grote pan aan de kook. Laat de gespoelde en geweekte rijst zo goed mogelijk uitlekken en doe hem in het kokende water. Voeg het zout, de plantaardige olie en de specerijen toe. Breng alles aan de kook, roer één keer, leg het deksel op de pan. Laat de rijst op laag vuur koken tot hij 'al dente' is en al het water is opgenomen. (Je hoort een tikkend geluid als de rijst 'aanbakt' aan de bodem van de pan.) Zet de pan daarna nog 20 tot 30 minuten in een op 150 °C voorverwarmde oven of op zeer laag vuur op het fornuis.

## Tsjalau-ye sjebet
### Witte rijst met dille
*voor 4 personen*

Je kunt deze *tsjalau* serveren bij kebaabs en yoghurt, maar ook bij een van de *boerani*-recepten.

**450 g basmatirijst**
**0,5 dl plantaardige olie**
**1 eetlepel verse dille**
**water of bouillon**
**zout**

De bereiding van deze *tsjalau* is hetzelfde als die van *tsjalau sof* of *dampokht*, maar op het moment dat je de specerijen zou toevoegen, doe je de dille erbij.

## Qorma tsjalau
### Gestoofd vlees met rijst
*voor 4 personen*

Er zijn veel verschillende *qorma*'s in Afghanistan, sommige zonder vlees. De volgende wordt heel veel gegeten, met *tsjalau*.

In plaats van spliterwten kun je ook andere peulvruchten gebruiken, zoals rode kidneybonen (een nacht geweekt en gaar gekookt voor ze aan het vlees worden toegevoegd). In plaats van bonen kun je ook verse groenten nemen, zoals aardappelen, wortelen, bloemkool, doperwten, sperzie- of snijbonen. Snijd ze in stukjes en voeg ze toe aan de *qorma* als het vlees al gaar en de saus dik is; laat ze 15 minuten meestoven en voeg zo nodig wat extra water toe.

0,75 dl plantaardige olie
450 g uien, fijngehakt
900 g lamsvlees met been, rundvlees of kip, in stukken gesneden
1 tot 2 eetlepels tomatenpuree
1,5 tot 2,75 dl water
50 g spliterwten
1 theelepel *tsjar masala* of gemalen korianderzaad
1/2 theelepel zwarte peper
zout
rode peper (desgewenst)

Verhit de olie in een pan en doe de gehakte uien erbij. Bak ze al roerend op matig tot hoog vuur goudbruin en zacht. Voeg het lams- of rundvlees of de kip toe en bak dat aan alle kanten bruin. Meng de tomatenpuree erdoor en bak die een minuut of twee mee. Voeg het water, de spliterwten, specerijen, zout en peper toe en breng alles aan de kook. Zet daarna het vuur laag en laat het vlees en de spliterwten gaar sudderen. De saus moet dik en vet zijn, maar je kunt de olie die erop drijft ook wegscheppen als je wilt. Serveer hier *tsjalau* bij en garneer de rijst met een beetje saus.

## Kofta tsjalau
Gehaktballetjes met witte rijst
*voor 4 personen*

Het woord *kofta* is afgeleid van het Perzische *koefta*, wat gestampt vlees betekent, en dat woord is weer afgeleid van het werkwoord *koebidan*, stampen. In het hele Midden-Oosten, Centraal-Azië, de Balkan, India en Noord-Afrika zijn *kofta*'s in allerlei varianten (ook wat spelling betreft) te vinden. Daarbij horen rissoles, gehaktballen, kroketten en gevulde deegballetjes, die meestal gemaakt worden van gehakt of fijngemalen vlees, dat goed wordt gekneed en meestal met andere ingrediënten wordt gemengd. Vaak zit er een vulling in van bijvoorbeeld noten of kaas. Zie *kofta-ye narges* (bladzijde 90) voor een *kofta* die met een hardgekookt ei wordt gevuld.

*Kofta tsjalau* is een geliefd gerecht in Afghanistan. Het recept voor de gehaktballetjes kun je ook gebruiken bij *ketsjri-ye quroet*, *mausjawa* en *aasj*.

*voor de gehaktballetjes:*
450 g runder- of lamsgehakt
1 middelgrote ui, heel fijn gehakt of gemalen
2 tenen knoflook, gepeld en fijngestampt
1 ei

2 theelepels gemalen korianderzaad
1 theelepel *tsjar masala*
1/2 theelepel zwarte peper
1 eetlepel fijngehakte verse koriander

*voor de saus:*
0,75 dl plantaardige olie
2 middelgrote uien, fijngehakt
1 eetlepel tomatenpuree
water
zout
rode of zwarte peper
1,1 dl uitgelekte yoghurt (desgewenst)

Meng alle ingrediënten voor de gehaktballetjes en kneed het mengsel met de hand tot het glad en kleverig is. Het is essentieel dat de ingrediënten heel goed gemengd en gekneed worden, want dan pas krijgen de balletjes hun karakteristieke gladde structuur, die er ook voor zorgt dat ze bij het stoven niet uit elkaar vallen.

Rol balletjes met een doorsnede van 2,5 tot 5 cm. Ze worden mooi glad als je je handen nat maakt; doop ze af en toe in wat gezouten water. Sommige Afghanen gebruiken eiwit om gladde balletjes te maken, dat is ook een goed middel tegen het openbarsten.

Verhit de olie in een pan op matig tot hoog vuur. Roerbak de ui erbij en bak ze al roerend roodbruin. Roer de tomatenpuree erdoor, zodat je een bruine saus krijgt. Voeg een beetje water toe en zout en peper naar smaak. Breng de saus aan de kook en leg de gehaktballetjes er een voor een, naast elkaar in. Giet er zo nodig nog wat water bij om ervoor te zorgen dat de balletjes helemaal met saus bedekt zijn. Leg het deksel een beetje schuin op de pan. Zet het vuur laag en laat de balletjes in 45 minuten tot 1 uur gaar sudderen. De saus moet vrij dik zijn. Roer er voorzichtig de uitgelekte yoghurt door, als je die gebruikt.

Dien de balletjes op met *tsjalau*. *Tsjatni mortsj* of *tsjatni gesjniez* past hier heel goed bij.

## Lawang tsjalau
### Gestoofd vlees met yoghurt
*voor 4 personen*

*Lawang* is de term voor een vlees- of groentegerecht waaraan op het laatst yoghurt is toegevoegd. In dit recept kun je in plaats van lamsvlees ook kip nemen. In plaats van saffraan kun je kurkuma gebruiken.

1 grote ui, gepeld en in dunne plakken gesneden
1 teen knoflook, gepeld en fijngestampt
0,5 dl plantaardige olie
450 g lamsvlees zonder been, in porties gesneden
1 eetlepel tomatenpuree
1/2 theelepel saffraan (desgewenst)
2 hele kardemompeulen
1,75 dl uitgelekte yoghurt
zout en peper naar smaak

Bak de dunne plakken ui met de fijngestampte knoflook in de olie zacht en goudbruin. Doe het vlees erbij en braad het aan alle kanten aan. Voeg de tomatenpuree toe, roer, laat die een minuut meebakken en giet er dan ruim 1 dl water bij. Voeg de saffraan en de kardemompeulen toe en breng de saus op smaak met zout en zwarte peper. Breng alles aan de kook, zet het vuur laag en laat het vlees gaar sudderen. Roer tien minuten voor het serveren de yoghurt door de saus en laat die op laag vuur weer heet worden. Dien op met *tsjalau*.

## Yaghoet tsjalau
### Kersenstoofpot met rijst
*voor 4 personen*

*Yaghoet* betekent robijn in het Dari. De kersen in deze *qorma* symboliseren rode robijnen en vormen een fraai contrast met de witte rijst. Meestal worden er zure kersen, *aloe baloe*, voor gebruikt (zie bladzijde 38). Maar als je die niet kunt krijgen kun je ze vervangen door morellen of gewone donkerrode kersen, hoewel je dan minder suiker moet gebruiken of die zelfs helemaal weglaten, en er naar smaak citroensap bij moet doen. Vervang bij het koken van de *tsjalau* ook de gemalen komijn of *tsjar masala* door 1 theelepel gemalen kardemom.

2 middelgrote uien, in dunne plakken gesneden
0,5 dl plantaardige olie
900 g lamsvlees met been, of kip
50 g suiker
citroensap (desgewenst)
3 hele groene kardemompeulen
1/2 theelepel gemberpoeder (desgewenst)
zout en rode peper
500 g donkerrode kersen, ontpit en gehalveerd

Bak de uien in de olie tot ze zacht en goudbruin zijn. Doe het vlees erbij en bak ook dat bruin. Voeg een beetje (0,5 à 0,75 dl) water, de hele kardemompeulen, het gemberpoeder en zout en peper toe en stoof het vlees zachtjes gaar. Doe er de kersen, de suiker en nog een beetje water, en desgewenst wat citroensap bij. Stoof alles 15 minuten, tot de kersen niet rauw meer zijn en de smaken zich goed hebben gemengd.

Dien op met *tsjalau*.

## Mahi tsjalau
### Gestoofde vis met rijst
*voor 4 personen*

De grote zoetwatervis *mahi laqa*, die in de Koendoez-rivier wordt gevangen en waarmee dit gerecht wordt gemaakt, lijkt qua smaak en structuur op kabeljauw of schelvis. Je kunt dan ook een van die vissen voor dit recept gebruiken. Traditioneel hoort er *moeli safied* (zie bladzijde 36) in (die als 'koud' wordt beschouwd, als tegenwicht voor vis die als 'heet' wordt gezien). Maar ik heb dit gerecht ook wel klaargemaakt zonder de *moeli* en zo is het ook erg lekker.

> 900 g vis (zie boven)
> 0,75 dl plantaardige olie
> 900 g *moeli*
> 1 theelepel kurkuma
> 200 g uien, gehakt
> 3 tenen knoflook, gepeld en fijngestampt
> 1 blik gehakte tomaten (400 g)
> 2,75 dl water
> 1/2 theelepel gemalen korianderzaad
> rode peper
> zout

Snijd de vis in grove stukken, Dep ze droog met keukenpapier. Verhit de olie in een pan en bak de stukken vis op hoog vuur aan beide kanten goudbruin. Laat ze niet helemaal gaar worden. Schep ze uit de pan.

Snijd de *moeli* in dunne plakken. Breng in een pan wat water aan de kook en doe er de plakken *moeli* en een halve theelepel van de kurkuma in. Kook de plakken *moeli* op niet te hoog vuur tot ze zacht zijn. Laat ze uitlekken.

Giet de olie door een zeef in een diepe pan. Verhit de olie opnieuw en bak de gehakte ui en fijngestampte knoflook op matig tot hoog vuur tot ze zacht en roodbruin zijn. Roer de tomaten erdoor en roerbak ze op hoog vuur mee tot het vocht tot een bruine saus is ingedikt. Voeg het water, de koriander, de rest van de kurkuma, de rode peper en het zout toe. Roer, leg het deksel op de pan en laat de saus op laag vuur een half uur zachtjes koken.

Leg intussen de helft van de plakken *moeli* op de bodem van een pan. Leg de vis erop en daarop de rest van de *moeli*.

Wanneer de tomatensaus klaar is giet je die over de stukken vis en de *moeli* en laat je alles nog 15 tot 20 minuten zachtjes stoven. De stukken vis mogen niet te lang stoven, en ook niet op te hoog vuur, want anders vallen ze uit elkaar.

Dien op met *tsjalau* (of met *batta*, bladzijde 131).

## Baandjaan tsjalau
### Gestoofde aubergines met rijst
*voor 4 personen*

Dit gerecht lijkt veel op ratatouille. Hoewel er meestal *tsjalau* bij wordt geserveerd, kun je het ook met *batta* (bladzijde 131) eten.

450 g aubergines
1,5 dl plantaardige olie
1 middelgrote ui, gehakt
1,5 dl tomatensap
1,1 dl water
1 theelepel gemalen korianderzaad
zout
rode of zwarte peper

Schil de aubergines en snijd ze in blokjes van 2,5 cm. Verhit de plantaardige olie in een pan, doe de gehakte ui erbij en bak die op matig tot hoog vuur bruin. Schep de ui uit de olie.

Bak de stukjes aubergine in de rest van de olie aan alle kanten mooi bruin (je hebt misschien wat extra olie nodig, want aubergines nemen veel op). Stamp de gebakken uien fijn in een vijzel en doe ze bij de aubergine. Meng er het tomatensap, het water, de koriander, en zout en peper door en laat alles een uur zachtjes stoven, op het fornuis in een pan met een goed sluitend deksel of in een ovenschaal in een op 150 °C voorverwarmde oven.

Dien op met *tsjalau*. Sommige mensen voegen aan dit gerecht yoghurt toe, of serveren er in een aparte kom yoghurt bij.

# Zamarod tsjalau
Rijst met smaragden (spinazie)
*voor 4 personen*

In dit recept wordt, anders dan bij *Sabzi tsjalau*, de rijst gekookt in het spinaziewater. Daardoor krijgt de rijst de groene kleur waaraan dit recept zijn naam dankt: *zamarod* betekent smaragd. Dit was een van mijn favoriete rijstgerechten toen ik in Afghanistan woonde. Je kunt er *kofta* of een *qorma* bij serveren.

450 g langkorrelige witte rijst, bij voorkeur basmati
900 g wilde spinazie
1,5 dl water, plus 1,5 liter
1 dl plantaardige olie
225 g prei of *gandana*
1 eetlepel gedroogd dillegroen of 2 eetlepels verse koriander, gewassen, fijngehakt
1/2 eetlepel fenegriek (desgewenst)
2 theelepels komijnzaad, heel of gemalen
zout en zwarte peper

Spoel de rijst een paar keer in koud water tot het water helder blijft. Giet er vers water op en laat de rijst minstens een half uur weken.

Hak de spinaziebladeren, was ze grondig en laat ze goed uitlekken. Doe de spinazie in een grote pan en giet er 1,5 dl water en 0,5 dl van de olie bij. Zet de pan op matig tot hoog vuur en kook de spinazie 5 minuten, tot hij geslonken is en het water groen is geworden. Schep de spinazie in die tijd een paar keer om. Giet het water en de olie af in een schaal of maatbeker en zet 1,25 dl apart om de rijst in te koken.

Hak de prei in kleine stukjes, was ze grondig en laat ze uitlekken. Verhit 0,5 dl van de olie in een pan en doe de prei erbij. Bak de stukjes prei op matig vuur tot ze zacht, maar niet bruin zijn. Doe de prei bij de spinazie, voeg de dille of koriander toe, de fenegriek als je die gebruikt, en zout en peper. Laat de groenten op laag vuur koken in het eventueel resterende kookwater van de spinazie (buiten de 1,25 dl die je voor het koken van de rijst apart hebt gezet), tot al het water is verdampt en de spinazie zacht is.

Schep een deel (2 tot 4 eetlepels) van het spinazie-preimengsel uit de pan, hak het zeer fijn en zet het apart.

Breng 1,5 liter water aan de kook. Laat de rijst uitlekken en voeg die toe aan het kokende water. Kook de rijst 2 tot 3 minuten voor en laat hem uitlekken in een grote zeef of groot vergiet. Doe de rijst in een pan met een goed sluitend deksel en voeg de gehakte spinazie en prei toe, plus de komijn, zout en peper en het apart gezette spinaziewater met olie. Roer alles zorgvuldig door de rijst. Zet de pan met het deksel erop 30 tot 45 minuten in een op 150 °C voorverwarmde oven. Of kook de rijst in dezelfde tijd op laag vuur gaar op het fornuis.

Dien de rijst op met de rest van de spinazie en prei, en misschien een *qorma* of salade als je dat lekker lijkt.

## Sabzi tsjalau
Spinazie met rijst
*voor 4 personen*

Dit was een van de favoriete gerechten van mijn schoonmoeder. Je kunt er vlees bij eten in de vorm van een *qorma*, die je apart serveert of vlak voor het opdienen met de spinazie mengt. *Qorma tsjalau* (bladzijde 124), zonder de tomatenpuree, zou er goed bij passen. De rijst wordt op een aparte schaal opgediend.

Wanneer het gerecht met kortkorrelige rijst wordt gemaakt heet het *sabzi batta*, zoals je op bladzijde 132 kunt lezen.

900 g wilde spinazie
225 g prei of *gandana* of lente-ui
0,75 dl plantaardige olie
1/2 tot 1 eetlepel fenegriek (desgewenst)
1 theelepel gemalen korianderzaad (desgewenst)
1 eetlepel verpulverd dillegroen of 2 eetlepels verse koriander, fijngehakt
1 eetlepel citroensap
zout en zwarte peper
1 groene Spaanse peper (desgewenst)

Hak de spinaziebladeren, was ze grondig en laat ze goed uitlekken. Snijd de prei (of *gandana* of lente-ui) in kleine stukjes en was ze goed.

Verhit de olie en bak de fenegriek (als je die gebruikt) een minuutje mee voor je de stukjes prei erbij doet en die bakt tot ze zacht en bijna bruin zijn. Voeg de spinazie toe en roerbak die mee tot de groente geslonken is. Zet het vuur laag en laat de groenten met het deksel op de pan stoven tot de spinazie gaar is en de olie boven drijft. Op dat moment voeg je het gemalen korianderzaad, de dille of fijngehakte verse koriander, het citroensap (als je dat gebruikt), zout en peper en eventueel een Spaanse peper toe. Leg het deksel weer op de pan en laat de groenten stoven tot het overtollige vocht is verdampt en de spinazie romig en zacht is. Als je er een *qorma* met vlees door wilt mengen, doe je dat in dit stadium. Laat alles nog even stoven tot de smaken goed gemengd zijn.

Dien op met *tsjalau*.

## Batta
Gekookte, plakkerige, kortkorrelige rijst
*voor 4 personen*

Dit is het basisrecept voor kortkorrelige rijst. Deze rijst wordt geserveerd bij een groot aantal stoofgerechten en/of groenten, waarvan *sjalgam batta*, met rapen erin, het meest wordt gegeten.

> 450 g kortkorrelige rijst
> 1,5 liter water
> 1,1 dl plantaardige olie
> zout

Was de rijst en doe hem in een pan met het water. Voeg zout toe. Breng de rijst aan de kook en laat hem op laag vuur koken (voeg zo nodig meer water toe) tot hij gaar is en al het water verdampt is. Zet de pan met een goed sluitend deksel erop een half uur in een op 150 °C voorverwarmde oven, of zet hem een half uur op laag vuur op het fornuis. Roer de rijst dan om: hij moet dik en plakkerig zijn. Voeg de olie toe, leg het deksel weer op de pan en laat de rijst nog een half uur in de oven of op het vuur staan.

## Baandjaan batta
*voor 4 personen*

Maak aubergines klaar zoals in het recept voor *baandjaan tsjalau* (bladzijde 129). Kook kortkorrelige rijst zoals in het recept hiervoor voor *batta*.

## Sabzi batta
*voor 4 personen*

Maak spinazie klaar zoals in het recept voor *sabzi tsjalau* op bladzijde 131. Maak kortkorrelige rijst klaar zoals in het recept voor *batta*. Dit gerecht kun je desgewenst met een stoofschotel (*qorma*) eten.

## Sjalgam batta
### Stoofschotel van rapen met rijst en lamsvlees
*voor 4 personen*

Deze smakelijke stoofschotel van rapen wordt traditioneel geserveerd met *batta*. Je kunt er ook *tsjalau* bij eten – dan heet het *sjalgam tsjalau*.

- 1,75 dl plantaardige olie
- 175 g uien, gehakt
- 700 g lamsvlees met been
- 450 g rapen, in stukjes van 2,5 cm gesneden
- 75 g bruine suiker of donkere stroop
- 2 theelepels gemberpoeder
- 2 theelepels gemalen korianderzaad
- 1,1 dl water, plus 1,5 liter
- 1/4 theelepel saffraan
- zout en zwarte peper
- 450 g witte kortkorrelige rijst

Verhit de olie in een pan en bak de uien op matig tot hoog vuur zacht en goudbruin. Voeg het vlees toe en bak het bruin. Doe er dan de blokjes raap bij en laat ook die bruin bakken. Voeg het gemalen korianderzaad, het gemberpoeder, de suiker, en zout en peper toe. Roer en giet de 1,1 dl water erbij. Breng alles aan de kook en laat het op laag vuur koken tot het vlees gaar en zacht is. Voeg zo nodig wat extra water toe om te voorkomen dat het gerecht aanbakt. De saus moet vrij dik zijn, niet vloeibaar. Bij het koken van de saus komt de olie aan de oppervlakte drijven. Was intussen de rijst en doe hem in een grote pan met de 1,5 liter water. Voeg zout toe en breng de rijst aan de kook, zet dan het vuur laag en laat de rijst zachtjes koken tot hij gaar is en het water is verdampt. Zet de pan met een sluitend deksel erop een half uur in een op 150 °C voorverwarmde oven, of kook de rijst op laag vuur een half uur op het fornuis. Haal na een half uur het deksel van de pan en roer de rijst om. Hij moet dik en plakkerig zijn. Schep 1,1 dl olie van de stoofschotel af en roer die door de rijst. Leg het deksel weer op de pan en laat de rijst nog een half uur op het vuur of in de oven staan. Roer voor het serveren de saffraan door het vlees en de rapen en laat de stoofschotel nog een paar minuten op het vuur staan om de smaken te laten mengen.

Schep de rijst in een berg op een platte schaal, maak een kuil in het midden en schep daar wat van het stoofvocht in. Dien de rest op een aparte schaal op.

## Sjola goesjti
Plakkerige rijst met vlees
*voor 3 tot 4 personen*

Een recept met veel variaties. Deze versie kreeg ik van Abdul Ghaffour Redja. *Sjola* wordt vaak voor *Nazer* gemaakt.

> 100 g mungbonen (of groene linzen)
> 0,75 dl plantaardige olie
> 1 middelgrote tot grote ui, fijngehakt
> 225 g lamsvlees zonder been, of rundvlees, in blokjes van 2 cm gesneden
> 1 eetlepel tomatenpuree
> 3 tenen knoflook, gepeld en fijngestampt
> 5,7 dl water, plus 1,5 dl water
> 2 theelepels verpulverd gedroogd dillegroen
> zout en zwarte peper
> 225 g kortkorrelige rijst
> 1/2 paprika, in kleine stukjes gesneden (desgewenst)
> 1 theelepel *tsjar masala* of gemalen komijnzaad

Was de bonen en week ze een half uur in warm water.

Verhit het grootste deel van de olie (bewaar 1 eetlepel) in een pan en bak de gehakte ui daarin roodbruin. Voeg het vlees, de tomatenpuree en de helft van de fijngestampte knoflook toe. Roer en laat het vlees bakken tot het bruin is. Roer er dan 5,7 dl water en de mungbonen, dille, zout en zwarte peper door. Breng alles aan de kook, zet het vuur laag en laat alles een uur zachtjes stoven tot het vlees gaar is. (Voeg zo nodig meer water toe.)

Was en week de rijst terwijl het vlees op het vuur staat. Laat de rijst uitlekken als het vlees gaar is en roer de rijst door het vlees. Doe er de paprika (als je die gebruikt) en de 1,5 dl water bij, leg het deksel op de pan en draai het vuur laag. Laat de rijst en het vlees op laag vuur koken tot de rijst zacht en kleverig is en het meeste water is opgenomen – dat duurt ongeveer 30 minuten. Roer af en toe om te voorkomen dat de rijst aan de pan vastbakt, en voeg meer water toe als het gerecht te droog dreigt te worden.

Bak de rest van de gestampte knoflook in de rest van de olie lichtbruin en doe dit prutje bij het vleesmengsel. Roer de *tsjar masala* erdoor. Leg dan een schone dikke doek op de pan en leg daar het deksel op. Laat de rijst nog 30 minuten op laag vuur staan.

## Sjola-ye ghorbandi
Kortkorrelige rijst met mungbonen en qorma met gedroogde pruimen

*voor 4 personen*

Abdullah Afghanzada vertelt in zijn boek *Local Dishes of Afghanistan* hoe dit gerecht aan zijn naam kwam. Ghorband is een mooie, vruchtbare streek ten noorden van Kaboel, beroemd om het heerlijke fruit, met name druiven. Op een dag ging een man uit Kaboel onaangekondigd op bezoek bij een vriend in Ghorband. De Afghaanse gastvrijheid is legendarisch en toen de echtgenote van de vriend hoorde dat er een onverwachte gast was, besloot ze wat rijst toe te voegen aan het sobere mungbonengerecht dat ze aan het maken was, in de hoop dat er dan genoeg zou zijn. Ze had ook een beetje *qorma* met vlees gemaakt. Bij het opdienen van de maaltijd serveerde ze de rijst en het vlees niet apart, maar maakte ze een kuil in de rijst en deed daar de *qorma* in. De gast genoot van deze smakelijke maaltijd, vertelde na terugkeer in Kaboel zijn vrouw erover en vroeg haar het gerecht na te maken. En zo kreeg het de naam *sjola-ye ghorbandi* (*sjola* uit Ghorband).

*voor de* qorma:
50 g gele spliterwten
50 g *aloe bokhaara* of gedroogde pruimen
0,5 dl plantaardige olie
2 middelgrote uien, fijngehakte
700 g lamsvlees met been
1 theelepel tomatenpuree
1 teen knoflook, gepeld en fijngestampt
1/2 theelepel kurkuma
zout en rode peper

*voor de* sjola:
0,75 dl plantaardige olie
1 middelgrote ui, fijngehakt
1 teen knoflook, gepeld en fijngestampt
75 g gespleten of gewone mungbonen
450 g kortkorrelige rijst
1 eetlepel verse dille
zout en zwarte peper
1 tot 2 theelepels gedroogde munt

Week eerst de gele spliterwten 2 uur in warm water. Zet ook de *aloe bokhaara* of gedroogde pruimen in de week.

Verhit voor de *qorma* plantaardige olie en bak daarin de uien op matig vuur tot ze zacht en goudbruin zijn. Doe het vlees erbij en braad het aan. Voeg de tomatenpuree, de fijngestampte knoflook en de kurkuma toe en laat die een paar minuten meebakken. Doe er de *aloe bokhaara* bij en zoveel water dat het vlees net onder staat. Voeg zout en rode peper naar smaak toe. Breng aan de kook en laat het vlees op laag vuur sudderen tot het gaar is en de saus is ingekookt. Kook de spliterwten in ruim water zonder zout gaar en voeg ze aan de *qorma* toe als het vlees gaar is.

Maak nu de *sjola*. Verhit de olie in een grote pan en doe de uien en de fijngestampte knoflook erbij. Bak ze goudbruin. Voeg er de mungbonen aan toe en roer, zodat de boontjes allemaal met een filmpje olie bedekt worden. Giet er 5 dl water bij en laat de mungboontjes 15 tot 20 minuten koken. Voeg dan de rijst, de dille, zout en flink wat zwarte peper toe. Giet er nog eens 5 dl water over, zodat de rijst en de mungbonen ongeveer 3 cm onder staan. Breng aan de kook en laat koken tot de rijst en mungbonen gaar zijn en het water verdampt of geabsorbeerd is. Voeg zo nodig meer water toe. Meet nu 1,1 dl vocht van de *qorma* af en meng dat door de rijst en mungbonen. Zet de pan met het deksel erop een half uur in een op 150°C voorverwarmde oven.

Schep voor het opdienen de rijst als een berg op een grote platte schaal. Maak er in het midden een kuil in, schep daar een deel van de *qorma* in en serveer de rest in een aparte schaal. Bestrooi het gerecht met de munt.

## Ketsjri-ye quroet
Plakkerige rijst met yoghurt, opgediend met qorma of kofta
*voor 4 personen*

Een zeer populair gerecht, dat in de verte verwant is aan (de Indiase) *kedgeree*, die ontstond uit *ketsjri*, een gerecht van rijst met linzen. *Qoroet* is de gedroogde yoghurt die op bladzijde 41 beschreven is – niet makkelijk te vinden of te maken, maar de uitgelekte yoghurt of *tsjaka* die in dit recept wordt gebruikt is een goede vervanger.

> 225 g kortkorrelige rijst
> 50 g mungbonen (of groene spliterwten)
> 0,75 dl plantaardige olie
> 4,25 dl uitgelekte yoghurt of *tsjaka*
> 2 tenen knoflook, gepeld en fijngestampt
> rode peper en zout
> 2 theelepels gedroogde munt

Was de rijst en mungbonen. Kook de bonen in ruim water gaar, doe dan de rijst erbij en zoveel water dat alles 5 cm onder staat. Voeg de olie en een theelepel zout toe, roer, breng aan de kook, leg het deksel schuin op de pan en laat alles op matig tot laag vuur koken tot de rijst gaar en het water verdampt is (30 tot 60 minuten). Zet het vuur zo laag mogelijk en laat de rijst en bonen nog 20 tot 30 minuten op het vuur staan. Roer in die tijd af en toe. De rijst moet dik en kleverig zijn.

Maak terwijl de rijst kookt gehaktballetjes in een saus (volg het recept voor *kofta tsjalau* op bladzijde 125, neem 450 g gehakt en laat de yoghurt weg) of een *qorma* met vlees (zie het recept voor *qorma tsjalau* op bladzijde 124).

Meng de uitgelekte yoghurt met de knoflook, een beetje zout en wat rode peper.

Schep wanneer alles klaar is de rijst als een berg op een grote platte schaal. Strijk de rijst glad met de achterkant van een lepel. Maak een kuil in het midden en vul die met de uitgelekte yoghurt, maar bewaar ook yoghurt om er apart bij te serveren. Je kunt een beetje van de saus van de gehaktballetjes of de *qorma* over de rijst lepelen. Strooi er tot slot de gedroogde munt over en dien de gehaktballetjes of *qorma* apart op.

*Ketsjri-ye quroet*

## Mastawa
### Kortkorrelige rijst met lamsvlees, yoghurt en kikkererwten
*voor 4 personen*

*Mastawa* is echt troosteten voor in de wintermaanden. Traditioneel wordt het gemaakt met het gedroogde vlees dat *goesjt-e qaq* wordt genoemd (zie bladzijde 102). Dat soort gedroogd vlees is in het Westen bijna niet te krijgen, vandaar dit aangepaste recept. De schil van bittere sinaasappelen geeft er een geurig aroma en heerlijke smaak aan. Als er geen bittere sinaasappelen voorhanden zijn, kun je ook gewone sinaasappelschil nemen. Voor dit recept heb ik kikkererwten uit blik gebruikt: sneller en makkelijker.

> 700 g lamsvlees met been, bij voorkeur lamsschouder
> 2 tot 3 middelgrote uien, in dunne plakken gesneden
> 1/2 theelepel kurkuma
> 1 middelgrote tot grote sinaasappel, bij voorkeur een bittere
> 450 g kortkorrelige rijst
> 5 dl uitgelekte yoghurt
> 3 tot 4 tenen knoflook, gepeld, fijngestampt
> 1 eetlepel plantaardige olie
> 1 eetlepel verpulverde gedroogde dille
> 1/2 tot 1 theelepel gemalen zwarte peper
> 1 blik (410 g) kikkererwten, uitgelekt
> zout

Doe het in stukken gesneden vlees samen met de uien in een grote pan. Giet er zoveel water bij dat alles onder staat. Voeg de kurkuma toe. Breng het water aan de kook en laat het vlees op laag vuur koken tot het zo gaar is dat je het makkelijk van het bot kunt halen.

Schil terwijl het vlees kookt de sinaasappel heel dun (zonder het wit) en snijd de schil in luciferdunne reepjes. Laat ze weken in een kommetje water.

Schep het vlees wanneer het gaar is uit de pan, laat het iets afkoelen, verwijder het bot en trek het vlees met je handen in vlokken. Doe het vlees terug in de pan. Was de rijst en doe die erbij, met zout naar smaak. De bouillon moet ongeveer 2 cm boven de rijst staan (voeg zo nodig meer water toe). Breng de bouillon weer aan de kook, temper het vuur tot matig en kook de rijst zonder deksel op de pan tot hij 'al dente' is en het vocht is opgenomen. Roer in die tijd zo nu en dan. (Misschien moet er nog wat extra water bij.)

Roer er de uitgelekte yoghurt grondig, maar voorzichtig door.

Bak de fijngestampte knoflook in de olie en doe dat prutje bij het vlees en de rijst. Laat de reepjes sinaasappelschil uitlekken en doe ook die in de pan, evenals de dille, zwarte peper, de kikkererwten en extra zout naar smaak. Meng alles goed, dek de pan af met een schone dikke doek en leg het deksel daarop. Laat de smaken zich in een half uur op laag vuur vermengen. Je kunt hierbij een salade serveren als je wilt.

## Qorma-ye aloe bokhaara
### Stoofschotel met gedroogde pruimen
*voor 4 personen*

*Aloe bokhaara* zijn kleine gedroogde pruimen, die aan dit gerecht een lekkere lichtzure smaak geven. Als er geen Perzische winkel bij je in de buurt is, zijn ze vrij moeilijk te krijgen, dus is het nuttig om te weten dat je ze door gewone gedroogde pruimen kunt vervangen. Je kunt dit gerecht ook maken met gedroogde abrikozen (*zard aloe*).

8 *aloe bokhaara* (of gedroogde pruimen of abrikozen)
1,1 dl plantaardige olie
450 g uien, fijngehakt
1 kg lamsvlees met been, in grote stukken gesneden
1 eetlepel tomatenpuree
50 g spliterwten
1 theelepel gemalen komijn
1/2 theelepel kurkuma
1/2 theelepel zwarte peper
zout
rode peper (desgewenst)

Week de *aloe bokhaara* of gedroogde pruimen een half uur in zoveel warm water dat ze net onder staan.
    Verhit de olie in een pan en doe de gehakte uien erbij. Bak ze op matig tot hoog vuur en roer regelmatig tot ze goudbruin en zacht zijn. Voeg het lamsvlees toe en bak ook dat aan alle kanten bruin. Roer de tomatenpuree erdoor en laat die een minuut of twee meebakken. Doe er dan de spliterwten, de specerijen, zout en de twee soorten peper (als je ook rode peper gebruikt) bij, en zoveel water dat alles net onder staat. Breng aan de kook en laat op laag vuur koken tot het vlees en de spliterwten bijna gaar zijn. Doe dan de *aloe bokhaara* of gedroogde pruimen erbij, inclusief het weekwater. Laat dit alles 20 tot 30 minuten koken tot de saus is ingedikt en de smaken goed zijn gemengd.
    Dien op met *tsjalau*.

## Qorma-ye kasjmiri
### Stoofschotel van lamsvlees of kip met yoghurt
*voor 4 personen*

Zobeida Sekanderi, die me dit recept gaf, vertelde me dat het oorspronkelijk uit Kasjmir komt, zoals de naam al aangeeft. In plaats van kip kun je desgewenst lamsvlees gebruiken.

> 1 middelgrote tot grote kip, in stukken verdeeld
> 3 grote uien
> plantaardige olie
> 2 tot 3 tenen knoflook
> 1/2 tot 1 theelepel kurkuma
> zout en zwarte peper, naar smaak
> 1/2 tot 1 theelepel anijszaad
> 2,75 dl uitgelekte yoghurt
> verse munt of 1 eetlepel gedroogde munt
> 1 eetlepel tomatenpuree (desgewenst)

Snipper de uien fijn en bak ze zachtjes in de olie tot ze zacht en glazig zijn. Doe de stukken kip erbij en bak ze aan alle kanten goudbruin. Roer de kurkuma, het zout, de knoflook en zwarte peper erdoor en bak de kruiderij een minuut of twee mee. Voeg het anijszaad en een klein beetje water (ongeveer 0,75 dl) toe en laat de kip zachtjes gaar stoven.
    Zet wanneer de kip bijna gaar is het vuur lager en giet geleidelijk en al roerend de yoghurt bij de kip. Zet het vuur weer wat hoger en laat de kip nog wat stoven tot de saus is ingedikt en de smaken goed zijn gemengd (15 tot 30 minuten). Doe er vlak voor het opdienen een handvol fijngehakte verse munt bij, of 1 eetlepel gedroogde munt (voeg de munt niet eerder toe, anders wordt hij bitter van smaak). Doe er desgewenst ook tomatenpuree bij. Roer en dien op met *tsjalau*.

## Qorma-ye kauk
### Stoofschotel van patrijs
*voor 4 personen*

In Afghanistan behoort ook de patrijs, *kauk*, tot het wilde gevogelte. Louis Dupree zegt in zijn boek *Afghanistan* dat de *tsjoekar*-patrijs een rode bek en rode poten heeft en ongeveer zo groot is als een kleine kip; en dat hij niet alleen werd opgegeten, maar ook voor gevechten werd gebruikt.

Ik herinner me dat ik op de markt het soort patrijzen gezien heb dat hij *sisi*-patrijs noemt. Deze patrijs is veel kleiner en lijkt meer op een kwartel, een vogel die in het Dari *bod bada* heet. Ik vind kwartels, die vaak makkelijker te krijgen zijn dan patrijs, in dit recept een goede vervanging voor patrijs.

> 50 g gele spliterwten
> 3 middelgrote uien, fijngehakt
> 0,5 dl plantaardige olie
> 4 *kauk*, kwartels of een kleine patrijs
> 1 eetlepel tomatenpuree
> 2 hele, groene kardemompeulen
> zout en peper, naar smaak
> 4 tot 6 *aloe bokhaara* of gedroogde pruimen (desgewenst), geweekt

Kook om te beginnen de spliterwten in ruim kokend water tot ze net gaar zijn. Schuim zo nodig het kookwater af.

Bak de uien in de olie goudbruin. Leg de *kauk* erbij in de pan. (In Afghanistan waren de *kauk* vaak nogal taai, dus werden ze voor het bakken eerst even gestoomd.) Bak de *kauk* aan alle kanten bruin. Voeg de tomatenpuree toe en laat die een minuut of twee meebakken. Giet er zoveel water bij dat de vogels net onder staan. Voeg de kardemom, zout en peper en de spliterwten toe, en laat alles een half uur op laag vuur koken of tot de *kauk* gaar zijn. Als je de *aloe bokhaara* of gedroogde pruimen gebruikt, moeten die er de laatste paar minuten bij, zodat de smaken zich goed kunnen mengen.

Dien op met *tsjalau*, een salade en misschien wat chutney of tafelzuur.

## Qorma-ye gol-e karam
### Stoofschotel met bloemkool
*voor 4 personen*

Bloemkool is in de wintermaanden een populaire groente. In veel gezinnen wordt het samen met vlees klaargemaakt, zoals in dit recept. Maar je kunt het net zo goed zonder vlees doen, dus is het ook een geschikt recept voor vegetariërs. Ik kreeg het van Mahwash Amani. Je kunt er het beste *tsjalau* of *naan* bij serveren.

> 2 middelgrote uien, fijngehakt
> 0,5 dl plantaardige olie
> 450 g lams- of rundvlees, in blokjes van 2,5 cm gesneden
> 1 1/2 eetlepel gele spliterwten
> 1 eetlepel tomatenpuree of 2 theelepels gemalen korianderzaad
> zout en peper naar smaak

1 teen knoflook, gepeld, fijngehakt of gestampt
1/2 theelepel kurkuma
1 grote bloemkool, in roosjes verdeeld

Bak de uien op laag vuur in de olie tot ze goudbruin en zacht zijn. Doe dan het vlees erbij en roerbak dat in een paar minuten aan alle kanten bruin. Voeg dan de spliterwten en de tomatenpuree of koriander toe. Roerbak die een paar minuten mee en doe er dan het zout, de peper, knoflook en kurkuma erbij. Giet er zoveel water op dat het vlees net onder staat. Laat het vlees op laag vuur koken tot het bijna gaar is en doe dan de bloemkool erbij. Laat alles op laag vuur koken tot de bloemkool en spliterwten gaar en zacht zijn en de saus vrij dik is geworden.

## Qorma-ye zardak
### Stoofschotel met wortel
*voor 4 personen*

Mijn schoonzus Najiba Zaka, van wie ik dit recept kreeg, vindt vooral *mantoe* (zie bladzijde 75) erg lekker bij deze stoofschotel, maar je kunt hem ook bij een *pilau* of *tsjalau* serveren. Met een *tsjalau* erbij heet het gerecht *zardak tsjalau*. Maar het is ook heerlijk met alleen warme *naan*. Als je wilt, kun je er vlees in verwerken. Laat in dat geval de spliterwten, azijn en suiker weg en doe het in blokjes gesneden vlees erbij als de uien goudbruin zijn gebakken. Doe de worteltjes er pas bij als het vlees bijna gaar is.

225 g gele spliterwten
2 middelgrote uien, gepeld en fijngehakt
0,5 dl plantaardige olie
450 g worteltjes, geschrapt en in blokjes gesneden
2 tomaten
1 theelepel kurkuma
1 teen knoflook, gepeld, fijngestampt
50 g suiker of wat meer of minder, naar smaak
zout en zwarte peper
1 theelepel azijn

Week de spliterwten voor het koken ongeveer een half uur in een beetje warm water.
    Bak de gehakte ui zachtjes in de olie goudbruin en zacht. Laat de spliterwten uitlekken en doe ze bij de ui. Giet er dan zoveel water bij dat ze onder staan en breng alles aan de kook. Voeg alle andere ingrediënten toe. Roer goed om en laat

de *qorma* op laag vuur koken tot de stukjes wortel en de spliterwten gaar zijn. Roer in die tijd af en toe. Doe er zo nodig wat extra water bij als het mengsel te droog dreigt te worden.

## Qorma-ye samaroq
### Stoofschotel met paddestoelen
*voor 4 personen*

De paddestoelen die in Afghanistan gegeten worden zijn volgens mij zwavelzwammen, ook wel 'de kip van het bos' genoemd, *Laetoporus sulphureus*, een heel 'vlezig' soort. Voor dit recept zou ik portobello's gebruiken, grote paddestoelen die vaak gevuld worden, want ze hebben een vergelijkbare structuur.

> 1 middelgrote tot grote ui, fijngehakt
> 0,75 dl plantaardige olie
> 450 g kipfilet of lamsvlees zonder been, in porties gesneden
> 1 blik (400 g) gehakte tomaten
> 1/4 theelepel rode peper of 1 groene Spaanse peper
> 1/4 theelepel kurkuma
> 1/4 theelepel venkelzaad, gemalen
> 1/4 theelepel gemberpoeder
> zout
> 350 g paddestoelen, grofgehakt

Bak de ui in de olie goudbruin. Doe de stukken kip of lamsvlees erbij, bak ook die aan alle kanten goudbruin en voeg dan de gehakte tomaten, de specerijen en zout naar smaak toe. Laat het vlees stoven tot het bijna gaar is en doe dan de paddestoelen erbij. Laat de *qorma* doorstoven tot de paddestoelen gaar zijn en de smaken zich hebben gemengd.
   Dien op met *tsjalau* en misschien ook wat verse *naan*.

## Qorma-ye behi
### Stoofschotel met kweeperen
*voor 4 personen*

De smaak van deze stoofschotel is licht zoet, maar ook pittig gekruid door de gember, kardemom en cayennepeper. Je kunt lamsvlees met of zonder been gebruiken; pas de hoeveelheid daaraan aan.

2 grote kweeperen
0,75 dl plantaardige olie
3 middelgrote uien, bij voorkeur rode, fijngehakt
1 kg lamsvlees met been, in grove stukken gesneden
1 theelepel gemberpoeder
1/2 theelepel cayennepeper
1/2 theelepel gemalen kardemom
100 g bruine suiker of donkere stroop
zout naar smaak

Schil de kweeperen en snijd ze in blokjes van 2,5 cm. Verhit de olie in een pan en doe de fijngehakte uien erbij. Bak ze op matig tot hoog vuur zacht en goudbruin. Voeg het vlees toe en braad dat aan. Roer de stukjes kweepeer en de specerijen erdoor. Roerbak alles nog een minuut en giet er dan ruim een deciliter water bij. Roer er suiker en zout naar smaak door. Laat de *qorma* zachtjes stoven tot het vlees gaar is en de stukjes kweepeer zacht zijn.

Dien op met *tsjalau*.

## Qorma-ye sieb
### Stoofschotel met appel
*voor 4 personen*

Net als de *qorma-ye behi* is dit een lichtzoete *qorma*, die Afghanen erg lekker vinden. Ook deze wordt pittig gekruid met gember en peper. Je kunt hiervoor desgewenst vlees zonder been nemen.

0,75 dl plantaardige olie
3 middelgrote uien, fijngehakt
1 kg lamsvlees met been, of kip, in grote stukken gesneden
4 appels
75 g suiker
1 theelepel gemberpoeder
1/2 theelepel rode peper
1/2 theelepel gemalen groene kardemom
2 theelepels citroensap
zout, naar smaak

Verhit 0,5 dl van de olie in een pan en doe de uien erbij. Bak ze op matig tot hoog vuur zacht en goudbruin. Voeg het vlees toe en braad dat aan alle kanten aan. Giet er ongeveer 1 deciliter water bij, roer en laat het vlees op laag vuur gaar stoven.

Schil de appels wanneer het vlees bijna gaar is en snijd ze elk in acht stukken.

Bak stukjes appel een paar minuten op laag vuur in de resterende 0,25 dl olie, bestrooi ze met de suiker en doe ze bij de *qorma*. Breng die op smaak met het gemberpoeder, de rode peper, de kardemom en zout. Sprenkel het citroensap erover. Laat de *qorma* nog 10 minuten stoven, tot de stukjes appel en het vlees zacht zijn en de olie boven drijft.

## Qorma-ye rawasi
### Stoofschotel met rabarber
*voor 4 personen*

Rabarber wordt als 'koud' eten beschouwd en gewaardeerd om zijn geneeskrachtige werking. Men denkt dat rabarber het bloed zuivert en de darmen reinigt.

- 3 middelgrote uien, fijngehakt
- 0,75 dl plantaardige olie
- 700 g lamsvlees zonder been, in blokjes gesneden
- 1 eetlepel tomatenpuree
- 1 theelepel *tsjar masala* of gemalen korianderzaad
- zout en zwarte peper
- 450 g rabarber
- klein bosje verse koriander of munt, fijngehakt

Bak de uien in de plantaardige olie op matig vuur zacht en goudbruin. Voeg het vlees toe en bak ook dat aan alle kanten bruin. Roer de tomatenpuree erdoor en laat die een minuut of twee meebakken. Voeg 1,25 dl water, de *tsjar masala* en zout en peper toe, en breng alles aan de kook. Zet het vuur lager en laat het vlees gaar stoven.

Was intussen de rabarber en snijd de stengels in stukjes van 5 cm. Kook ze in een beetje water tot ze zacht, maar nog wel 'heel' zijn.

Giet de stukjes rabarber vlak voor het opdienen af en leg ze op de *qorma*. Garneer het gerecht met de verse koriander of munt.

Dien op met *tsjalau*.

Een ezelverkoper

# Groentegerechten en salades

Toen ik in Afghanistan was lagen de bazaars vol met goedkope kwaliteitsgroenten van het seizoen, bijvoorbeeld bloemkool, wortelen, kool, rapen, courges (grote courgettes), pompoenen, spinazie, aardappelen, doperwten, okra's, prei en sperziebonen. Deze groenten worden meestal verwerkt in een stoofschotel met vlees (*qorma*) en gegeten met rijst of *naan* erbij. Als er geen vlees te krijgen is, worden in een *qorma* alleen groenten gebruikt. Sommige groenten, zoals aardappelen, maïskolven en aubergines, worden 's nachts in de gloeiende sintels van de *tandoer* gelegd en de volgende ochtend bij het ontbijt gegeten. Aardappelen die op deze manier worden gepoft, heten *katsjaloe-ye korayi*.

Uien zijn voor veel gerechten essentieel. Ze worden verwerkt in soepen (*sjorwa*), stoofschotels (*qorma*) en vaak in een *pilau*. Ze worden ook rauw in salades gegeten. *Gandana* is eveneens een belangrijke groente.

Tomaten zijn er in overvloed in het seizoen en zijn dan dus goedkoop. Ze worden gebruikt om kleur en smaak aan gerechten te geven, rauw in salades gegeten of zo, met alleen een beetje zout. Afghanen maken chutney en puree van de goedkope zomertomaten om die in de wintermaanden te kunnen gebruiken. Tomaten, en ook andere groenten zoals pepers, aubergines en uien, worden vaak gedroogd. Aubergines en paprika's worden op diverse manieren klaargemaakt en zijn essentieel voor een aantal speciale groentegerechten, zoals *boerani baandjaan* en *dolma*.

Rauwe groenten als radijs, lente-ui, komkommer en sla worden voornamelijk in salades of in bijgerechten gegeten, maar soms ook met *naan* als snelle snack geserveerd. Een typische Afghaanse salade bevat al deze ingrediënten en verder ook tomaten en soms paprika. Er zijn geen echt vaste regels over hoe men in Afghanistan een salade maakt, maar er wordt wel altijd zout over gestrooid en citroensap of sap van *narendj* (bittere sinaasappel) over gesprenkeld. Men laat de salade voor het opdienen ongeveer een half uur marineren. Azijn wordt maar zelden gebruikt en olijfolie of andere olie maar heel af en toe. Aan salades voegt men vaak verse gehakte koriander toe, of hele blaadjes ter garnering. Ook munt is een kruid waarmee salades op smaak worden gebracht of gegarneerd. Soms gaan er ook verse groene of rode Spaanse pepers in de sla, in hun geheel of (na het verwijderen van de zaadjes) in kleine stukjes gehakt.

Peulvruchten spelen in de Afghaanse keuken een belangrijke rol, omdat ze vaak het vlees vervangen. Rode kidneybonen, kikkererwten en spliterwten worden het meest gegeten en meestal aan stoofschotels en soepen toegevoegd. Mungbonen worden verwerkt in rijstgerechten zoals *sjola*.

# Dolma mortsj-e sjirien
Gevulde paprika's
*voor 4 personen*

Een gerecht dat zich goed leent voor allerlei variaties. Met de vulling uit dit recept kun je ook tomaten, aubergines, kool of wijnbladeren vullen. De kooktijd wordt dan anders, maar het is altijd een snel en makkelijk gerecht dat een complete maaltijd kan zijn. Als je het wat voedzamer wilt, kun je er *tsjalau* of *pilau* bij geven.

> 100 g rijst met korte of lange korrel
> 4 grote groene of rode paprika's
> 0,75 dl plantaardige olie
> 450 g runder- of lamsgehakt
> 2 middelgrote uien, fijngehakt
> 1 theelepel gemalen korianderzaad
> zout en peper

Was de rijst en laat hem weken zoals gebruikelijk. Maak de paprika's schoon door de kapjes met de steel eraf te snijden en de zaadjes eruit te scheppen.

Verhit 0,5 dl van de olie in een pan en bak het vlees rul en de uien bruin. Zet het vuur lager en laat het mengsel 10 tot 15 minuten zachtjes bakken. Giet de rijst af en voeg die toe aan het vlees, en ook de koriander, het zout en de peper. Meng goed. Vul de paprika's met het mengsel en prik de kapjes met cocktailprikkers vast op de paprika's.

Zet de voorbereide *dolma* in een diepe pan. Giet er zoveel water bij dat het tot een derde van de hoogte van de paprika's staat. Voeg de resterende 0,25 dl olie en zout en peper naar smaak toe. Breng aan de kook en laat de paprika's op laag vuur garen. Keer ze af en toe om, zodat ze gelijkmatig gaar worden. De kooktijd is 30 tot 45 minuten.

Zet de *dolma* op een warme schaal en lepel er wat van het kookvocht over.

## Dolma barg-e karam
Gevulde koolbladeren
*voor 4 personen*

Dit recept kun je ook met wijnbladeren maken. Hoe lang die moeten koken, hangt af van de versheid van de bladeren.

> 100 g rijst met korte of lange korrel
> 0,75 dl plantaardige olie
> 450 g runder- of lamsgehakt
> 2 middelgrote uien, fijngehakt
> 1 theelepel gemalen korianderzaad
> zout en peper
> 8 tot 12 koolbladeren (of wijnbladeren)

Was de rijst en laat hem zoals gebruikelijk weken. Maak de vleesvulling zoals in het vorige recept, *dolma mortsj-e sjirien*, is beschreven.

Maak de koolbladeren los. Hoeveel je er nodig hebt hangt af van het formaat. Leg de bladeren in kokend gezouten water en blancheer ze een paar minuten. Laat ze uitlekken en snijd de middelste nerf weg als die te dik is.

Leg een passende hoeveelheid warme vulling op elk koolblad. Maak er een soort worstjes van door de bladeren strak op te rollen en de zijkanten in te stoppen. Leg de *dolma* naast elkaar op de bodem van een pan. Giet er zoveel water of bouillon over dat ze net onder staan, voeg de resterende 0,25 dl olie, zout en peper toe en laat de koolrolletjes 25 tot 30 minuten op laag vuur koken met het deksel op de pan.

Dit gerecht wordt lekkerder als de smaken goed op elkaar kunnen inwerken; je kunt het van tevoren klaarmaken en later opwarmen. Schep de *dolma* op een verwarmde schaal, lepel er wat van het kookvocht over en dien op.

## Boerani baandjaan
Aubergines met yoghurt
*voor 4 personen*

*Boeran* is de naam van een hele reeks gerechten die van Spanje tot in de Balkan, in het islamitische gebied van Marokko tot en met India worden gegeten. De geschiedenis ervan is lang en gecompliceerd, en van de legende achter het gerecht bestaan vele versies. Charles Perry schrijft in een artikel in *The Oxford Companion to Food* dat Boeran de bijnaam was van de prinses die in de negende eeuw met de kalief van Bagdad trouwde, en dat *boeran* is ontstaan uit het speciale gerecht dat bij de overdadige viering van haar bruiloft werd geserveerd.

In Afghanistan heet dit gerecht *boerani*. *Boerani* staat in de praktijk voor een groot aantal groentegerechten die met een saus op basis van yoghurt worden opgediend.

Iedereen is er dol op – het is echt heel erg lekker. Maar ik heb wel wat kritiek gekregen van vrienden op het recept dat ik in de eerste druk van dit boek gaf. Zij zeiden allemaal dat de opgegeven hoeveelheden niet genoeg waren, dus dat verander ik bij deze en ik hoop maar dat het nu goed is! Mijn gezin vindt dit gerecht heerlijk met alleen versgebakken *naan* erbij, maar het is even lekker met een *tsjalau* of *pilau*.

2 tot 3 grote aubergines
plantaardige olie om in te bakken
1 middelgrote ui, fijngehakt
100 g tomaten
1 groene paprika, in dunne ringen gesneden (desgewenst)
4,25 dl uitgelekte yoghurt
2 tenen knoflook, gepeld, fijngestampt
2 theelepels gedroogde munt
1/4 tot 1/2 theelepel rode peper
zout

Schil de aubergines en snijd ze in ronde plakken van ongeveer 1 cm dik. Verhit flink wat plantaardige olie in een koekenpan (aubergines zuigen veel olie op) en leg zoveel mogelijk plakken naast elkaar. Bak ze aan beide kanten bruin. Schep ze uit de pan en laat ze uitlekken op absorberend keukenpapier. Voeg voor het bakken van de rest van de aubergineplakken zo nodig nog wat olie toe.

Bak de gehakte uien in een beetje olie tot ze roodbruin zijn. Snijd de tomaten in plakken. Maak in een pan lagen aubergine, tomaat, ringen paprika en gehakte ui. Strooi over elke laag een beetje zout en wat rode peper. Sprenkel er 2 tot 3 eetlepels water op en laat de *boerani* met het deksel op de pan op laag vuur 40 minuten stoven.

Meng intussen de uitgelekte yoghurt met de fijngestampte knoflook, een beetje zout en de gedroogde munt.

Schep de helft van het yoghurtmengsel op een warme serveerschaal. Schep de aubergineplakken voorzichtig met een spatel uit de pan en leg ze op de yoghurt. Schep de rest van de yoghurt erop en druppel eventueel resterende saus uit de pan (maar niet de olie) erover. Dien het gerecht meteen op.

OPMERKING Sommige mensen hebben me verteld dat zij om gezondheidsredenen de plakken aubergine bestrijken met olie en ze dan onder de grill bruin bakken – dan heb je minder olie nodig. Ik moet zeggen dat ik zelf de voorkeur geef aan bakken in olie.

## Boerani kadoe
Courge met yoghurt
*voor 4 personen*

1 grote courge (grote courgette)
0,5 dl plantaardige olie
1 grote ui, gehakt
100 g tomaten, in plakken gesneden
zout
rode peper
4,25 dl uitgelekte yoghurt

Schil de courge en snijd hem in plakken van 2,5 cm dik. Schep het zaad eruit. (Als je wilt kun je de courge ook in blokjes van 2,5 cm snijden.)
    Verhit de olie in een grote pan en bak de ui op matig vuur zacht en goudbruin. Doe dan de plakken courge erbij en bak ze een paar minuten aan beide kanten. Voeg de tomaten, zout en rode peper toe. Leg het deksel op de pan, draai het vuur laag en laat de groenten 30 tot 40 minuten stoven, tot de courge gaar is en het meeste vocht is verdampt (er zit veel vocht in de courge en de tomaten, je hoeft dus geen water toe te voegen).
    Schep voor het opdienen de helft van de uitgelekte yoghurt op een verwarmde schaal en leg er de courge op. Schep de rest van de yoghurt erop, plus eventueel resterend kookvocht. Serveer dit gerecht direct, met een rijstgerecht of gewoon *naan*.

## Boerani kadoe-ye tsjoetsja
Courgettes met yoghurt
*voor 4 personen*

Toen ik in Afghanistan woonde waren er geen courgettes te krijgen, alleen de grote courges. Dus heb ik deze *boerani* 'baby-courge' genoemd, want *tsjoetsja* betekent 'baby'. Dit recept is een versie van *boerani* zoals die gemaakt wordt door Afghanen die in het Westen in ballingschap leven. Ik proefde het voor het eerst bij Rahila Reshnou thuis en zij liet me zien hoe je het maakt. Ik eet er graag *yaghoet pilau* (zie bladzijde 110) bij, hoewel het met *tsjalau* ook heel lekker is, of als snack met *naan*.

4 tot 6 middelgrote courgettes
2 eetlepels olie
1/2 groene paprika (desgewenst)

1 groene Spaanse peper (desgewenst)
1 eetlepel tomatenpuree
1 theelepel gemalen korianderzaad
zout en peper
5 dl uitgelekte yoghurt
2 tenen knoflook, gepeld en fijngestampt
2 theelepels gedroogde munt
rode peper (desgewenst)

Snijd de courgettes in plakken van ongeveer 1 cm dik. Verhit de olie in een pan en leg de plakken courgette erin. Keer ze om, zodat ze aan beide kanten met een filmpje olie bedekt worden. Doe de groene paprika en de groene peper erbij, als je die gebruikt. Laat de plakken courgette op niet te hoog vuur goudbruin bakken. Doe er dan de tomatenpuree en 1 eetlepel water bij. Schep alles voorzichtig door elkaar en voeg de koriander toe, zout en peper naar smaak.

Leg een deksel op de pan en laat de plakken courgette zachtjes gaar stoven. Dat duurt niet lang (10 tot 15 minuten).

Meng intussen het zout, de fijngestampte knoflook, de munt en desgewenst een of twee snufjes rode peper door de uitgelekte yoghurt.

Schep wanneer de courgettes klaar zijn de helft van de yoghurt op een warme serveerschaal, daarop de courgettes met het stoofvocht, en tot slot de rest van het yoghurtmengsel.

## Boerani katsjaloe
### Aardappelen met yoghurt
*voor 4 personen*

Ook dit is een *boerani*-recept. Ik leerde het van mijn schoonzusje. Het is een lekkere snack rond het middaguur. Eet er versgebakken *naan* bij.

4 tot 6 middelgrote tot grote aardappelen
1 middelgrote tot grote ui, fijngehakt
4 eetlepels olie
1 eetlepel tomatenpuree
1 eetlepel fijngehakte verse koriander
1/2 theelepel kurkuma
zout en zwarte peper naar smaak
rode peper naar smaak
2 tenen knoflook, gepeld
5 dl uitgelekte yoghurt

Schil en was de aardappelen. Snijd ze in stukken of plakken van ongeveer 1 cm dik. Verhit de olie en bak de ui op laag vuur goudbruin. Doe dan de tomatenpuree erbij en laat die 1 tot 2 minuten meebakken en bruin worden. Voeg 1,5 dl water en de gehakte koriander toe. Breng aan de kook en laat de saus op laag vuur wat indikken. Roer er de stukken aardappel, de kurkuma, en zout en zwarte peper door. Voeg zo nodig nog wat extra water toe – maar de saus moet dik en niet waterig zijn. Laat de aardappelen op laag vuur in de saus stoven. Schep ze af en toe voorzichtig om, zodat ze niet uit elkaar vallen. Voeg eventueel wat extra water toe als de saus te dik wordt. Dat hangt sterk af van het soort aardappelen dat je gebruikt. De stukken aardappel moeten zacht worden, maar niet kapotgaan.

Hak intussen de knoflook fijn en meng die door de uitgelekte yoghurt, evenals wat zout en een beetje rode peper.

Doe de helft van de yoghurt op een warme serveerschaal en leg de aardappelen erop. Schep nog een paar lepels yoghurt op de aardappelen en serveer de rest in een apart kommetje.

## Sabzi rawasi
### Spinazie met rabarber
*voor 4 personen*

Afghanen maken vaak gerechten met zowel rabarber als spinazie erin, een ongebruikelijke maar smakelijke combinatie van groenten, die je met een *tsjalau* of *pila* kunt serveren, of met een *qorma* en verse *naan*.

> 900 g wilde spinazie
> 450 g gehakte prei of *gandana*
> 0,75 dl plantaardige olie
> 2 eetlepels verpulverd gedroogd dillegroen
> zout en peper
> 50 g rabarber

Was de spinazie grondig, verwijder de stelen en hak het blad grof. Was de prei goed en hak hem klein.

Verhit 0,5 dl van de plantaardige olie in een pan en bak de prei op matig tot hoog vuur tot hij zacht, maar niet bruin, is. Doe de spinazie erbij en roerbak die mee tot hij geslonken is. Zet het vuur laag en laat de groenten met het deksel op de pan op laag vuur stoven tot de olie boven komt drijven. Roer in die tijd zo nu en dan. Doe er dan de dille, zout en peper, en zo nodig een beetje water bij.

Was en schil intussen de rabarber. Snijd de stengels in stukjes van 2,5 cm en bak ze op matig vuur kort in de resterende 0,25 dl olie, zonder dat ze bruin worden. Roer de rabarber door de spinazie en laat alles nog een half uur stoven, of zo lang als je nodig vindt.

## Bamiya of Qorma-ye sjast-e aroes
Gestoofde okra
*voor 4 personen*

*Sjast-e naroes* betekent in het Dari 'vinger van de bruid' (okra's worden ook wel *lady's fingers* genoemd).

- 450 g okra – neem jonge, kleine exemplaren
- 0,75 dl plantaardige olie
- 1 middelgrote ui, gehakt
- 25 g spliterwten
- 225 g tomaten, gepeld, gehakt
- zout en peper
- 1 theelepel verpulverd gedroogd dillegroen

Maak de okra's schoon en snijd het steeltje eraf.

Verhit de olie in een pan en bak de gehakte ui bruin. Voeg de okra's toe en roerbak ze op laag vuur mee, tot ze aan alle kanten bedekt zijn met een filmpje olie. Roer de spliterwten, de tomaten en zout en peper erdoor en laat het mengsel een paar minuten op matig vuur bakken. Giet er dan zoveel water bij dat de okra's onder staan en voeg ook de dille toe. Breng het mengsel aan de kook en laat het op laag vuur 30 tot 45 minuten stoven tot het vocht is ingekookt, de saus dikker is en de olie boven drijft.

Deze *qorma* wordt meestal opgediend met *tsjalau*, maar ook een *pilau* past er goed bij.

## Lawang-e samaroq
Paddestoelen in yoghurt
*voor 4 personen*

Voor dit recept kun je het beste van die grote portobello's gebruiken, omdat die lekker vlezig van smaak zijn, maar je kunt ook gewone champignons nemen.

- 2 middelgrote uien, gepeld, fijngehakt
- 0,5 dl plantaardige olie
- 1 teen knoflook, gepeld, fijngehakt
- 450 g paddestoelen, in blokjes van 2,5 cm gesneden
- 1 groene Spaanse peper
- zout
- 1/2 theelepel kurkuma
- 1,25 dl uitgelekte yoghurt

Bak de uien in de olie tot ze zacht en goudbruin zijn. Voeg de knoflook, paddestoelen, verse peper, kurkuma en zout naar smaak toe en bak alles samen tot de paddestoelen mooi bruin zijn. Giet er 2 dl water bij en laat de paddestoelen op laag vuur gaar stoven. Doe dan de uitgelekte yoghurt erbij en warm die een minuut of vijf mee.

Dien op met *tsjalau*.

## Daal
*voor 4 personen*

*Daal* is een goedkoop gerecht, dat veel lijkt op het Indiase gerecht met dezelfde naam. Het wordt gegeten met *tsjalau* of *yakhni pilau*. Soms wordt er bij de rijst en *daal* gehakt geserveerd, maar nooit een vlees-*qorma*.

> 225 g mung daal
> 1 middelgrote ui, gehakt
> 1 tot 2 tenen knoflook, gepeld, fijngestampt
> 3 eetlepels plantaardige olie
> 1/2 theelepel gemberpoeder
> 1/2 theelepel kurkuma
> 1 tot 2 theelepels tomatenpuree
> zout en peper

Was de *daal* in koud water, laat uitlekken, en doe de boontjes in een pan met zoveel water dat ze 5 cm onder staan. Breng ze aan de kook. Schep zo nodig het schuim eraf, leg het deksel schuin op de pan en laat de *daal* een half uur op laag vuur zachtjes koken. Roer geregeld, zodat de boontjes niet aanzetten.

Bak de gehakte ui en de helft van de fijngestampte knoflook in 2 eetlepels van de olie lichtbruin. Voeg gemberpoeder, kurkuma en tomatenpuree toe en roerbak die een paar minuten mee. Voeg dit mengsel toe aan de *daal* en giet er zoveel water bij dat de boontjes 2,5 cm onder staan. Voeg zout en peper naar smaak toe en laat de boontjes op laag vuur koken tot het water is verdampt en de *daal* goed gaar is. Hij moet dik, maar nog vloeibaar zijn. Dat duurt ongeveer een uur.

Bak vlak voor het opdienen de rest van de knoflook in de resterende eetlepel olie; giet de knoflook en de olie over de *daal*.

## Salata / 1
### Gemengde salade
*voor 4 personen*

Een salade wordt meestal als een *maza* gemaakt, dat wil zeggen als iets lekkers om vóór het hoofdgerecht te eten of als bijgerecht bij rijstgerechten of kebaabs. Zoals ik al in de inleiding van dit hoofdstuk zei, zijn er in Afghanistan geen echt vaste regels voor het maken van een salade, maar hieronder geef ik een suggestie. Het is een salade die ik thuis veelvuldig maak. Ik doe er vaak wat gehakte bleekselderij in, die er een heerlijke smaak aan geeft, maar ik moet er wel meteen bij zeggen dat we die groente in Afghanistan niet gebruikten.

- 1 kleine tot middelgrote krop bindsla (Romeinse sla)
- 4 lente-uitjes
- 4 rode of roze radijsjes
- 3 tot 4 tomaten
- 1/2 groene of rode paprika
- 1 groene Spaanse peper (desgewenst)
- 1/4 komkommer
- 2 eetlepels verse koriander of munt
- zout
- sap van 1/2 tot 1 citroen, naar smaak

Was alle ingrediënten (behalve de citroen). Snijd de uiteinden van de lente-uitjes en radijsjes eraf. Snijd de sla in lange dunne repen. Hak de lente-uitjes, radijsjes en tomaten in kleine stukjes. Snijd de paprika doormidden, verwijder het zaad en hak hem klein. Doe dat ook met de groene peper. Schil de komkommer en snijd die in kleine blokjes. Hak de verse koriander of munt fijn.

Leg al deze ingrediënten in een slaschaal. Strooi er flink wat zout over en besprenkel de salade met het citroensap. Schep de salade voorzichtig maar grondig om, zodat alle ingrediënten goed gemengd worden.

## Salata / 2
*voor 4 personen*

Dit is meer een *relish* dan een salade. Ik herinner me nog goed dat Abdul Majid, de kok die op de Britse ambassade in Kaboel voor mij werkte, deze salade vroeger graag maakte bij rijstgerechten of kebaabs. Abdul en zijn vriend Hamidullah kwamen me na mijn huwelijk vaak helpen bij grote feesten. Ik mis Abduls rustige, professionele houding in de keuken erg, net als de glimlach op het gezicht van Hamidullah bij het serveren van drankjes. Het geheim van deze salade is dat alles heel fijn gehakt moet worden. De verse peper geeft er extra pit aan.

> 4 tomaten
> 1/2 komkommer
> 1/2 ui
> 1 groene Spaanse peper, zaadjes verwijderd
> 1 bosje verse koriander, gewassen
> sap van een halve citroen
> zout

Hak alle ingrediënten zeer fijn. Doe ze in een schaal, sprenkel het citroensap erover, strooi er zout op en meng alles goed.

## Salata baandjaan-e roemi-wa-piyaaz
Tomatensalade met ui
*voor 4 personen*

Deze salade wordt vaak als bijgerecht gemaakt bij rijstgerechten of kebaabs. Hij wordt ook als snack gegeten met verse *naan*. Sommige Afghanen doen er hete groene pepers in en hakken alle ingrediënten heel fijn.

> 1 middelgrote ui, in dunne plakken gesneden
> zout
> 1 tot 2 tenen knoflook, gepeld, fijngestampt
> sap van een halve citroen
> 450 g tomaten, in dunne plakken gesneden
> 3 eetlepels verse korianderblaadjes, fijngehakt (bewaar een paar takjes als garnering)

Leg de dunne plakken ui in een schaal en strooi er 1 theelepel zout over. Meng goed, spoel de plakken ui met water af en laat ze goed uitlekken.

Roer de fijngestampte knoflook en wat zout door het citroensap. Meng de plakken tomaat en ui met de fijngehakte koriander. Doe het citroensap met de knoflook erbij en laat het mengsel op een koele plek ongeveer 30 minuten marineren.

Serveer de salade op een platte schotel of in een schaal en garneer hem met takjes koriander.

# Tafelzuren en chutneys

Tafelzuren en chutneys, *torsji* en *tsjatni*, zijn een essentieel onderdeel van het Afghaanse menu. Maar zelden wordt een maaltijd opgediend zonder zo'n zelfgemaakte specialiteit. Als er in het seizoen grote hoeveelheden van allerlei soorten fruit en groenten zijn – en ze dus goedkoop zijn – is iedereen in de weer er tafelzuren en chutneys van te maken voor de tijd dat verse groenten en fruit schaars zijn.

Torsji (*torsj* betekent zuur) worden gemaakt van verschillende groenten, zoals kleine aubergines, wortels, bonen, pepers, kleine uitjes, limoenen of citroenen en courgettes. Chutneys zijn er onder andere van perziken en abrikozen, munt en rode peper.

Veel Afghanen die in het Westen wonen hebben me verteld dat ze moutazijn gebruiken voor het maken van chutney en tafelzuur, maar ik weet dat er ook azijn verkrijgbaar is die van druiven wordt gemaakt, zoals dat in Afghanistan veel gebeurt. De keus is aan jou, alleen moet je de hoeveelheden aanpassen aan je eigen smaak.

## Torsji limo / 1
### Tafelzuur van citroenen
*voor ongeveer 2 potten van 450 g*

Er zijn veel recepten voor het traditionele tafelzuur van citroenen en ik geef er twee. Het wordt meestal gemaakt met de heel kleine citroenen of limoenen die je in Afghanistan overal kunt kopen, maar voor het eerste recept kun je ook gewone citroenen gebruiken.

- 450 g citroenen of limoenen
- 1/2 eetlepel *siyah dana* (nigellazaadjes)
- 1/2 eetlepel fenegriek
- 1/2 eetlepel suiker
- 1 eetlepel zout

Snijd de citroenen doormidden, pers het sap eruit en zet het apart. Schep het vruchtvlees eruit en snijd de citroenschilhelften in tweeën als ze groot zijn. Leg ze 24 uur in gezouten water en kook ze een paar keer (zo vaak als nodig is) in vers, schoon water op om de bittere smaak eruit te halen en ze zacht te krijgen. Laat ze uitlekken en kook ze dan een paar minuten in het citroensap. Voeg de rest van de ingrediënten toe, laat ze afkoelen, stop ze in schone, droge potten en schroef het deksel erop. De citroenschillen moeten in de pot altijd onder het citroensap staan, dus voeg zo nodig extra citroensap toe.

## Torsji limo / 2

900 g heel kleine citroenen of limoenen
1 eetlepel *siyah dana* (nigellazaadjes)
1 eetlepel fenegriek
1 eetlepel suiker
2 eetlepels zout

Pers de helft van de citroenen uit en zet het sap apart. Prik gaatjes in de schil van de andere citroenen en doe ze in schone, droge potten. Voeg de andere ingrediënten toe en giet het citroensap erover. Misschien heb je wat meer sap nodig, de citroenen moeten onder staan. Doe er in dat geval naar verhouding extra suiker bij. Schroef het deksel op de potten en zet ze op een warme, liefst zonnige plek tot de citroenen zacht en niet bitter meer zijn. Hoe lang dat duurt hangt af van de plek waar de potten staan. Als er te veel sap verdampt, voeg dan wat extra toe.

## Torsji tarkari
### Tafelzuur van gemengde groenten
*voor ongeveer 4 potten van 450 g*

Dit heerlijke tafelzuur proefde ik voor het eerst bij Mahwash Amani thuis en zij was zo vriendelijk me het recept te geven. De hoeveelheid azijn vinden sommige mensen misschien wat veel van het goede, je kunt de azijn desgewenst met wat water verdunnen. Je kunt er ook meer minder knoflook en pepers in doen, hoewel dit zuur aan deze smaakmakers juist zijn heerlijk pittige karakter te danken heeft. Het past vooral heel goed bij pikant gekruide rijstgerechten.

1 middelgrote aubergine
225 g wortelen
225 g witte savooiekool
1 kleine bloemkool
5,7 dl witte of rode wijnazijn
4 tot 6 groene Spaanse pepers
4 tot 8 tenen knoflook, gepeld
2 eetlepels zout
1 eetlepel munt of dille

Schil de aubergine en snijd hem in blokjes van 1 cm. Schrap de wortels schoon, was ze en snijd ze in blokjes. Verwijder de buitenste bladeren van de kool, snijd de kool in dikke plakken en die weer in repen, zodat je grove stukken krijgt. Was die en laat ze uitlekken. Verdeel de bloemkool in roosjes, was ze en laat ze uitlekken. Doe alle schoongemaakte groenten in een pan en giet de azijn erover. Breng ze aan de kook en laat ze 5 minuten op laag vuur koken. Haal de pan van het vuur.

Hak intussen de groene pepers fijn (nadat je de zaadjes verwijderd hebt). Stamp de knoflook fijn. Voeg de pepers, knoflook, het zout en de munt of dille toe aan de groenten. Meng goed en schep het mengsel van azijn en groenten na afkoeling in schone potten. Let erop dat de groenten helemaal met azijn bedekt zijn, giet er zo nodig wat extra azijn bij. Schroef het deksel op de potten en laat ze 2 à 3 dagen in de koelkast of op een andere koele plek staan voor je ze gebruikt.

## Torsji baandjaan-e siyaah
### Tafelzuur van aubergines

Dit is mijn favoriete tafelzuur. Ik maak dit het liefst van 'baby'-aubergines, maar als je die niet kunt vinden, kun je gewone aubergines gebruiken, die je in blokjes van 1 cm snijdt.

> 450 g baby-aubergines
> 100 g knoflook
> 1 opgehoopte theelepel kurkuma
> 60 tot 85 g verse groene pepers
> 1 eetlepel *siyah dana* (nigellazaadjes)
> 1 eetlepel fenegriekzaadjes
> 1 theelepel zout
> 1/2 eetlepel gedroogde munt
> 1/2 theelepel suiker
> 5 dl azijn
> 1,5 dl gekookt water

Snijd de baby-aubergines in de lengte door tot aan de steel, maar laat de helften aan elkaar zitten. Leg in elke opengesneden aubergine een teen knoflook.

Breng een pan met water aan de kook en doe er de kurkuma in. Leg de aubergines met de knoflook erin in het water. Ze moeten onder staan, maar je zult ze af en toe in het kokende water onder moeten duwen, omdat ze gaan drijven. Zet het vuur laag en laat ze ongeveer 5 minuten zachtjes koken, tot ze net gaar zijn. Schep ze met een schuimspaan uit de pan en laat ze uitlekken. Vul een grote pot of een paar kleinere laag om laag met aubergines, pepers, dan weer aubergines, en zo door tot alles is opgebruikt. Meng dan de *siyah dana*, fenegriek, zout, munt en suiker met de azijn en roer er tot slot 1,5 dl gekookt water door. Giet het mengsel over de aubergines in de potten. De ingrediënten moeten helemaal onder staan; als dat niet zo is, giet er dan wat azijn bij. Schroef het deksel op de potten.

## Torsji zardak
### Tafelzuur van worteltjes

Ik heb het recept voor dit tafelzuur zo bewerkt dat je worteltjes uit blik kunt gebruiken. De azijnsmaak is voor sommige mensen misschien wat te sterk; je kunt er ter verdunning wat water of wat vocht uit het blik worteltjes bij doen.

> 1 groene Spaanse peper
> blik worteltjes van 200 g
> azijn
> 1/2 theelepel zout
> 1/2 theelepel *siyah dana* (nigellazaadjes)
> 1 teen knoflook, gepeld en fijngestampt
> 2 theelepels suiker

Kook de groene peper in een beetje water 5 tot 10 minuten, tot hij zacht is, en hak hem in kleine stukjes.

Laat de worteltjes uitlekken, doe ze in een pan en giet er zoveel azijn over dat ze onder staan. Kook ze een paar minuten. Voeg de *siyah dana*, het zout, de fijngestampte knoflook, de suiker en de groene peper toe. Meng alles goed en schep het zuur in een schone droge pot. De worteltjes moeten helemaal onder staan, giet er zo nodig extra azijn bij. Schroef het deksel op de pot en laat het zuur voor gebruik een paar dagen staan.

## Tsjatni sjaftaloe/Zardaloe
### Perziken- of abrikozenchutney
*voor 2 potten van 450 g*

Ik heb dit recept zo bewerkt dat je perziken of abrikozen uit blik kunt gebruiken.

> 1 blik (820 g) perziken of abrikozen
> 1 tot 2 groene Spaanse pepers, zaadjes verwijderd, fijngehakt
> 2,5 dl witte wijnazijn
> 1 theelepel *siyah dana* (nigellazaadjes)
> 1 eetlepel gemberpoeder
> 1 eetlepel zout

Laat de perziken of abrikozen uit blik uitlekken (het vocht kun je ergens anders voor gebruiken), prak ze met een vork fijn en meng de gehakte groene peper erdoor. Kook de azijn 5 minuten en roer er de *siyah dana*, het gemberpoeder, zout en (desgewenst) een beetje siroop van de perziken of abrikozen door. Zet de pan met azijn van het vuur en doe er de perziken of abrikozen en de pepers in. Schep de chutney na afkoeling in schone, droge potten en schroef de deksels erop. Bewaar ze op een koele plek of in de koelkast.

## Tsjatni gesjniez
Korianderchutney
*voor 1 pot van 450 g*

Deze chutney wordt in de wandelgangen door iedereen altijd *gasjnietsj* genoemd. Al mijn vrienden zijn er dol op. Deze chutney heeft een scherpe smaak en bevat veel vitamine A en C. Hij wordt in kleine hoeveelheden bij *pakaura*, bij kebaabs (vooral bij *sjami* kebaab) en bij rijstgerechten geserveerd. Hij blijft in de koelkast vrij lang goed, hoewel de groene kleur op den duur wat minder mooi wordt.

- 225 g verse koriander (alleen de dunne bovenste steeltjes en blaadjes)
- 10 tot 25 g groene Spaanse pepers, zaadjes verwijderd, fijngehakt
- 10 tot 25 g knoflook, gepeld, gehakt
- 25 g walnoten
- 25 g suiker
- 2,25 dl citroensap of witte wijnazijn
- 2 theelepels zout
- 25 g rozijnen (desgewenst)

Maal de koriander, groene pepers, knoflook en walnoten fijn, en zorg ervoor dat alles goed gemengd is. Roer de suiker door het citroensap of de azijn en voeg dit mengsel toe aan het koriandermengsel, evenals het zout en de rozijnen. Roer nog eens goed en schep de chutney in een schone pot (of potten), schroef het deksel erop en bewaar hem in de koelkast.

## Tsjatni naana
Muntchutney

Deze chutney heeft een verfrissende smaak. Je kunt hem het beste maken als je hem nodig hebt, want hij blijft niet lang goed. Serveer de chutney bij kebaabs of rijstgerechten.

25 g verse munt, gewassen en gedroogd
1 tot 2 tenen knoflook
1 tot 2 verse groene Spaanse pepers
1 tot 2 eetlepels biologische yoghurt
zout, naar smaak

Hak de gewassen en gedroogde muntblaadjes, de pepers en de knoflook, bij voorkeur in een keukenmachine. Roer er de yoghurt en zout naar smaak door.
Bewaar de muntchutney in een afgesloten pot in de koelkast.

## Tsjatni baandjaan-e roemi
Tomatenchutney

Mijn schoonzusje maakt in de zomermaanden altijd grote hoeveelheden tomatenchutney, omdat de tomaten in Kaboel dan zo goedkoop zijn.

225 g witte uien
1 tot 2 rode Spaanse pepers
450 g tomaten
2 tenen knoflook, gepeld en fijngestampt
3 eetlepels azijn
1 tot 2 theelepels zout
2 theelepels suiker
1 theelepel *siyah dana* (nigellazaadjes)

Pel de uien en rasp ze of hak ze in een blender in kleine stukjes. Snijd de tomaten in grove stukken en pureer ze met de rode pepers in een blender of wrijf ze door een zeef. Meng tomaten, pepers, uien en knoflook en roer er de azijn, het zout, de suiker en *siyah dana* door. Schep de chutney in schone droge potten en bewaar die op een koele plek.
Deze chutney past, net als korianderchutney, goed bij kebaabs en *pakaura*.

## Tsjatni aloebaloe
Chutney van zure kersen

Dit recept kreeg ik van een Afghaanse vriendin. Ze vertelde me dat deze chutney heel goed past bij kebaabs. Ze zei ook dat de walnoten zo vers mogelijk moeten zijn, want donkere, ranzige walnoten bederven de smaak. Zure kersen zijn niet altijd makkelijk te krijgen, dus heb ik ook geprobeerd om deze chutney met zoete, donkerrode kersen met rood vruchtvlees te maken. Het resultaat is heel aardig, maar natuurlijk zijn de kleur en de smaak van de chutney niet hetzelfde. De smaak van gewone kersen is veel zoeter; om dat te compenseren zou ik meer azijn gebruiken.

500 g zure kersen
2 groene Spaanse pepers, fijngehakt
3 tenen knoflook, fijngestampt
3 eetlepels walnoten, fijngehakt
1 theelepel zout, of naar smaak
1 theelepel tot 1 eetlepel azijn

Was de kersen en droog ze. Ontpit ze en hak het vruchtvlees grof. Doe de kersen in een blender met de pepers, de knoflook en de walnoten en maal ze tot een pasta (met de consistentie van tomatenpuree). Laat de blender niet langer draaien dan nodig is. Voeg zout en azijn naar smaak toe. Ter afwisseling kun je in plaats van azijn ook wat yoghurt door de chutney roeren.

## Tsjatni mortsj
Rode-paprikachutney
*voor ongeveer 3 potten van 450 g*

*Tsjatni mortsj* heeft een prachtige rode kleur en is bij mijn vrienden heel populair. Iedereen wil het recept hebben, dus hier is het. Deze chutney is lekker bij *qorma tsjalau* en *samboesa*'s, en je kunt hem ook door soep roeren.

4 rode paprika's
40 g rode Spaanse pepers
1 hele bol knoflook
1,7 dl witte wijnazijn
75 g suiker
1 tot 2 theelepels zout, naar smaak
1/2 eetlepel *siyah dana* (nigellazaadjes)

Was de paprika's en droog ze goed af. Verwijder de zaadlijsten. Hak ze paprika's grof. Verwijder het zaad uit de pepers en hak ze grof. Pel de tenen knoflook en hak ze grof. Hak de paprika's, de pepers en de knoflook in een blender tot een dikke puree. Laat de blender niet te lang draaien, anders wordt het mengsel te waterig. Roer er de suiker, het zout en de azijn (naar smaak) door, en ten slotte de *siyah dana*.

Schep de chutney in schone, droge potten en bewaar ze in de koelkast. Deze chutney blijft ongeveer een maand goed.

# Fruit en desserts

Desserts worden in Afghanistan als een luxe gezien en in het algemeen alleen voor bruiloften, partijen, feestdagen en andere speciale gelegenheden gemaakt. Maar dit gebrek aan zoete gerechten wordt meer dan goedgemaakt door het verbazingwekkende assortiment vruchten dat er te krijgen is.

Fruit is vaak het enige dessert en wordt bijna altijd na de belangrijkste maaltijd van de dag geserveerd. In de zomer en de herfst worden grote schalen gevuld met druiven, meloenen, watermeloenen, perziken, nectarines, peren, appels, kweeperen, granaatappels en pruimen. Vooral meloenen en druiven waren er vroeger – misschien nog steeds – in overvloed en van beide bestaan veel verschillende soorten.

De meloenenverkoper

Van veel druiven worden de groene en rode rozijnen gemaakt waar Afghanistan beroemd om is. De groene worden als de lekkerste beschouwd. Rozijnen worden in een aantal Afghaanse gerechten gebruikt, maar ook los of gemengd met noten gegeten en bij thee geserveerd, vooral als er gasten zijn.

De winter is het seizoen voor sinaasappels, bananen, citroenen en verschillende soorten mandarijnen, zoals tangerine en satsuma. Het begin van de lente is de enige tijd dat er weinig fruit te krijgen is en dat duurt tot de abrikozen rijp zijn. Ook komkommers zijn aan het eind van de lente verkrijgbaar en ook die worden, in onze ogen een beetje vreemd, vaak als fruit na de maaltijd gegeten.

Moerbei- en walnotenbomen zie je voornamelijk in het noorden van Afghanistan. In de winter en in het begin van de lente, als fruit en groenten schaars en duur zijn, worden de vitaminetekorten in het dieet aangevuld met *tsjakida*, een mengsel van gemalen gedroogde moerbeien en walnoten. Veel reizigers dragen in hun turbandoeken mengsels van gedroogde vruchten en noten mee. Andere in Afghanistan verkrijgbare noten zijn pistaches uit de streek rond Herat, en amandelen en pijnboompitten. In plaats van amandelen worden vaak abrikozenpitten gebruikt. In tal van Afghaanse gerechten worden noten verwerkt: in *pilau*'s, desserts en gebak. Amandelen met een suikerlaagje heten *noql-e badami*.

## Miwa nauroezi
### Nieuwjaarsvruchtencompote
*voor 6 tot 8 personen*

*Miwa* betekent fruit en *Nauroez* nieuwjaar. Deze compote wordt met nieuwjaar gemaakt, precies wat je al dacht. De oorspronkelijke versie bevatte zeven vruchten en in de naam van elke vrucht kwam de letter *sien* voor. Vandaar dat je het gerecht ook kunt tegenkomen onder de naam *haft* (zeven) *sien* of *haft miwa*.

De zeven vruchten waren: *khasta*, abrikozenpitten; *pesta*, pistaches; *kesjmesj sorkh*, rode rozijnen; *kesjmesj sabz*, groene rozijnen; *kesjmesj siyah* (soms ook *monaqa* genoemd), grote blauwe rozijnen met pitten; *sieb*, appel; en *sendjed*. *Sendjed* is de vrucht van de boom van het geslacht *Elaeagnus* van de oleasterfamilie. Hij is verwant aan de Noord-Amerikaanse *silverberry*. De vrucht ziet eruit als een heel kleine dadel, maar is roder en heeft een grote pit, een weinig uitgesproken smaak en een melige structuur.

Volgens de traditie moet *haft sien* voor het serveren worden gezegend door het voorlezen van *Haft Salaam*, zeven passages uit de Qor'an. Die passages zijn speciale gebeden om gezondheid.

De ingrediënten die tegenwoordig voor *miwa nauroezi* worden gebruikt verschillen per familie. Veel mensen gebruiken de kleine zoete gedroogde witte abrikozen die *shakar paura* heten. Amandelen (*badaam*) vervangen vaak de abrikozenpitten, en ook walnoten (*tsjarmaghz*) gaan er vaak in. Het komt goed uit dat het recept flexibel is, omdat je het makkelijk kunt maken van de soorten gedroogd fruit en noten waarop je de hand kunt leggen, zoals in de versie hieronder. Ik heb de *sendjed* vervangen door kersen.

>100 g gedroogde abrikozen
>50 g lichte rozijnen
>100 g donkere pitloze rozijnen
>50 g walnoten
>50 g amandelen
>50 g pistaches
>50 g kersen

Was de abrikozen en de twee soorten rozijnen en doe ze in twee aparte schalen. Giet er zoveel koud water over dat het fruit 5 cm onder staat. Dek de schalen af en laat ze 2 dagen staan.

Doe de walnoten, pistaches en amandelen in een andere schaal of pan en giet er kokend water over. Laat de noten weken en trek er als ze zacht geworden zijn de schilletjes af. Dat is even een geprutst, vooral bij de walnoten, maar het is de moeite zeer waard. Gooi het water weg.

Nadat de abrikozen en rozijnen twee dagen in de week hebben gestaan meng je ze, inclusief het weekwater, met de noten en voeg je de kersen toe. Als je dit dessert een paar dagen in de koelkast wegzet, wordt het sap nog zoeter.

Schep voor het serveren het met de noten gemengde fruit met wat van het sap in eenpersoonsschaaltjes of coupes.

## Compote-e behi
Kweeperencompote
*voor 4 personen*

>2 grote kweeperen
>225 g suiker
>sap van een halve citroen
>1/4 theelepel gemalen kardemom

Schil de kweeperen, verwijder het klokhuis en snijd elke kweepeer in acht parten. Leg ze in een pan en giet er zoveel water bij dat ze net onder staan. Breng het water aan de kook, zet het vuur laag en laat de kweeperen zachtjes koken tot ze net gaar zijn (60 tot 90 minuten). Schep de kweeperen met een schuimspaan uit de pan.

Strooi de suiker in het kookwater en roer tot de suiker is opgelost. Giet het citroensap erbij. Breng de siroop aan de kook en laat hem een of twee minuten koken. Neem de pan van het vuur. Leg de kweeperen in de siroop en voeg de kardemom toe. Zet de pan nog even op laag vuur zodat de smaken goed op elkaar kunnen inwerken. De kweeperen moeten nu mooi lichtroze van kleur zijn. Laat ze afkoelen in de siroop.

Dien de kweeperencompote op met *qeymaaq* of *clotted cream* (of crème fraîche of mascarpone).

## Ferni
### Afghaanse custardvla
*voor 6 tot 8 personen*

Dit is een van de traditionele zoete melkdesserts die voor speciale gelegenheden zoals bruiloftsfeesten en *Eyd* worden gemaakt. Mijn Afghaanse familie maakt dit dessert altijd met maïzena, maar veel Afghanen geven de voorkeur aan rijstebloem.

50 g maïzena
1 liter melk
275 g suiker
1/2 theelepel gemalen groene of witte kardemom
25 g zeer fijn gehakte of gemalen pistaches
25 g zeer fijn gehakte of gemalen amandelen

Maak de maïzena met een klein beetje koude melk aan. Verhit de rest van de melk in een pan. Roer als de melk heet is, maar nog niet kookt, de suiker erdoor (je kunt naar smaak meer of minder suiker gebruiken). Giet er, wanneer de melk bijna kookt, al roerend geleidelijk het maïzenapapje in. Laat de melk aan de kook komen, voeg de kardemom toe, zet het vuur laag en laat de vla ongeveer 5 minuten zachtjes koken, terwijl je er vaak in roert om aanbranden te voorkomen.

Giet de *ferni* in een ondiepe schaal, garneer de vla met fijngehakte of gemalen pistaches en amandelen en laat hem afkoelen. *Ferni* wordt altijd koud gegeten.

## Kadjkoel-e foqara
### Romig dessert van melk en amandelen
*voor 6 tot 8 personen*

De naam van deze romige melkpudding met amandelen die met rozenwater op smaak wordt gebracht, betekent merkwaardigerwijs 'bedelaarsnap'. Variaties van dit dessert zijn te vinden in Iran en ook verder in het Midden-Oosten, waar het meestal *kesjkoel-e foqara* wordt genoemd. Het recept hieronder is de Afghaanse versie.

*Kesjkoel* (*kadjkoel* in het Dari, het Afghaanse dialect) – *kadj* betekent 'dragen' en *koel* betekent 'schouder') is het Perzische woord voor een ovale schaal die van hout, metaal of een kokosnoot is gemaakt. Deze schalen werden aan een ketting rond de schouder gedragen door bedelaars of *foqara* (*foqara* is het meervoud van *faqier*).

*Foqara*, die zichzelf 'de paupers van God' noemen, wijden net als derwisjen hun leven aan de zoektocht naar God en zijn niet geïnteresseerd in het bezit van onroerend goed of andere wereldse zaken. Ze trokken bedelend om eten van huis tot huis en voedsel dat ze kregen (soms ook geld, hoewel de *faqier* daar niet om mocht vragen) werd in de *kesjkoel/kadjkoel* gelegd, die uiteindelijk vol lag met allerlei soorten eten.

Een *faqier* werd beschouwd als een heilige met speciale, genezende krachten, die in ruil voor het eten voor mensen bad. Hij besprenkelde ze daarbij vaak met rozenwater uit een *golaab-paasj*, een soort glazen of metalen flesje met een druppelaar (*gol* betekent bloem in het Perzisch, *aab* betekent water en *pasjidan* betekent sprenkelen).

Dit romige melkdessert heeft zijn naam te danken aan de manier waarop het besprenkeld en versierd wordt met verschillende soorten noten en kokosnoot en is symbool voor de *kesjkoel* die met verschillende soorten eten wordt gevuld.

> 135 g geblancheerde amandelen
> 2,25 dl water
> 25 g geblancheerde pistaches
> een halve verse kokosnoot (desgewenst)
> 3 opgehoopte eetlepels maïzena
> 1 liter melk
> 275 g suiker
> 1,1 dl rozenwater
> 1/2 theelepel gemalen kardemom

Maak eerst amandelmelk door 2,25 dl kokend water in een schaal over 100 g van de geblancheerde amandelen te gieten. Laat de amandelen ongeveer 15 minuten weken. Doe de amandelen en het weekwater in een blender en maal ze fijn. Zeef het vocht door een dubbele laag kaasdoek in een schaal en wring het kaasdoek uit om er zoveel mogelijk amandelmelk uit te persen.

Schaaf intussen de andere 25 g amandelen en de pistaches of hak ze grof, en laat ze een paar minuten op laag vuur in een beetje water koken om ze zacht te maken. Als je kokosnoot gebruikt, haal dan het vruchtvlees eruit en rasp het. Zet de amandelen, pistaches en kokosnoot apart.

Maak de maïzena met een beetje van de koude melk aan. Breng de rest van de melk met de suiker aan de kook. Voeg het papje geleidelijk toe. Roer daarbij steeds met een houten lepel om te zorgen dat het mengsel niet aanbrandt. Breng het aan de kook, zet dan het vuur laag en laat de vla binden. (Het is heel belangrijk dat het vuur niet te hoog staat en dat je voortdurend roert, want dit mengsel zet snel aan. Als dat toch gebeurt, schraap dan niet over de bodem van de pan, anders gaat de hele inhoud van de pan aangebrand smaken.)

Voeg het rozenwater, de amandelmelk en de kardemom toe en laat de vla nog 2 minuten zachtjes koken. Laat hem iets afkoelen, giet hem dan in een ondiepe serveerschaal en garneer hem met de geblancheerde en gehakte amandelen en pistaches, en eventueel de geraspte kokosnoot.

## Maughoet
### Afghaanse gelei
*voor 6 tot 8 personen*

Deze gelei wordt op dezelfde manier als *ferni* gemaakt, alleen met water in plaats van melk, en met saffraan voor de kleur en de smaak.

> 50 g maïzena
> 1 liter water
> 275 g suiker
> 1/4 theelepel gemalen groene kardemom
> 1 eetlepel rozenwater
> 1/4 tot 1/2 theelepel saffraan
> 25 g geschaafde of fijngehakte pistaches
> 25 g geschaafde of fijngehakte amandelen

Maal de maïzena met een beetje water aan.

Verhit het water en voeg er wanneer het heet is, maar nog niet kookt, de suiker aan toe (je kunt meer of minder suiker gebruiken, al naar gelang je smaak). Roer goed. Wanneer het water bijna kookt giet je er al roerend geleidelijk het maïzenapapje bij.

Breng het water aan de kook en voeg de kardemom, het rozenwater en de saffraan toe. Zet het vuur lager en laat de gelei 2 tot 5 minuten zachtjes koken, tot hij doorzichtig wordt. Haal de pan van het vuur en giet de gelei in een dunne laag in een ondiepe serveerschaal. Strooi er ter versiering de pistaches en amandelen op. *Maughoet* wordt, net als *ferni*, altijd koud gegeten.

## Sjola-ye sjirien
Zoete rijst met noten
*voor 4 tot 6 personen*

Dit smeuïge rijstgerecht wordt vaak gemaakt in de maanmaand *Muharram*, voor *Nauroez*, voor *Eyd* en voor *Nazer*.

225 g witte kortkorrelige rijst
0,55 dl melk
175 g suiker
1/4 theelepel saffraan
1 eetlepel rozenwater
1/2 theelepel gemalen groene of witte kardemom
25 g pistaches, ontveld en gehakt
25 g amandelen, ontveld en gehakt

Spoel de rijst af in koud water. Laat de rijst uitlekken en doe hem in een pan met zoveel water dat de rijst ongeveer 5 cm onder staat. Breng aan de kook en laat de rijst met een deksel op de pan op laag vuur koken tot de korrels zacht worden en het water is opgenomen (dat duurt 20 tot 30 minuten). Roer regelmatig om aanzetten te voorkomen.

Voeg de melk, suiker en saffraan toe. Draai het vuur laag en leg een deksel op de pan. Laat de rijst in 20 tot 30 minuten helemaal gaar en zacht koken. Hij moet vochtig, kleverig en niet te vast van structuur zijn. Doe er zo nodig nog wat water bij om de juiste consistentie te krijgen.

Roer er het rozenwater, de gemalen kardemom, de pistaches en amandelen door en laat de rijst nog een paar minuten op het vuur staan voordat je hem in een grote, ondiepe schaal schept. Laat dit rijstgerecht voor het serveren afkoelen.

## Sjola-ye zard
Zoete gele rijstpudding
*voor 4 tot 6 personen*

*Sjola-ye zard* is een pudding die vaak voor *Nazer* (zie bladzijde 15) wordt gemaakt, en vooral sterk verbonden is met de 10e dag van *Muharram*, wanneer dit dessert traditioneel wordt geserveerd met *sjarbat-e rayhan* (sorbet van basilicumzaad, zie bladzijde 211).

225 g kortkorrelige rijst
250 tot 350 g suiker, naar smaak

1/4 theelepel saffraan
25 g gehakte of geschaafde pistaches
25 g gehakte of geschaafde amandelen
1 eetlepel rozenwater
1/2 theelepel gemalen kardemom

Week de rijst een paar uur of langer in koud water. Breng ongeveer 2 liter water aan de kook en voeg de rijst toe. Het water moet ongeveer 10 cm boven de rijst staan. Laat de rijst op laag vuur koken, terwijl je af en toe roert, tot de rijstkorrels stuk koken en een gelei-achtige massa ontstaat. Dat kan 1 tot 2 uur duren, misschien zelfs langer. Voeg de suiker, saffraan, gehakte pistaches en amandelen, het rozenwater en de gemalen kardemom toe. Draai het vuur zeer laag en laat de rijst nog een half uur koken.

Giet de warme *sjola* in een grote schaal en laat de pudding een paar uur op een koele plek opstijven.

## Sjola-ye holba
Zoete rijst met fenegriek
*voor 4 tot 6 personen*

Het gebruik van fenegriek als smaakmaker in dit rijstgerecht is ongebruikelijk. Fenegriek wordt als 'heet' beschouwd, vandaar dat dit speciale dessert vaak wordt klaargemaakt voor mensen die extra energie of voeding nodig hebben, zoals moeders die net een kind hebben gekregen.

225 g witte kortkorrelige rijst
75 g boter of margarine
10 g fenegriek
1/2 theelepel saffraan
175 g bruine suiker

Was de rijst in koud water en laat hem uitlekken. Verhit de boter of margarine in een pan en voeg de fenegriek toe. Roer tot het vet bruin is, maar laat het niet verbranden. Roer de rijst erdoor. Voeg de saffraan toe en zoveel water dat de rijst ongeveer 5 cm onder staat. Laat de rijst, terwijl je af en toe roert, op laag vuur gaar koken. Misschien moet er tijdens het koken nog wat water bij, maar aan het eind moet al het vocht geabsorbeerd zijn. Roer de suiker erdoor, zet het vuur laag en laat de rijst nog een half uur met het deksel op de pan zachtjes koken. Dien de rijst warm of koud op.

# Diegtsja
## Zoete, kleverige rijstpudding
*voor 6 tot 8 personen*

*Diegtsja* is een dik, kleverig rijstgerecht dat vaak bij speciale gelegenheden wordt geserveerd. Men maakt het klaar op de laatste woensdag van de maanmaand *Safar* en ook voor een *Eyd* en verjaardagen. Soms wordt het bij de avondthee gegeten.

- 4,5 dl water
- 225 g kortkorrelige rijst
- 100 g boter of margarine
- snufje zout
- 4,5 dl melk
- 225 g suiker
- 1/2 theelepel gemalen groene of witte kardemom

Was de rijst. Breng het water in een pan aan de kook en voeg de rijst, de boter of margarine en een snufje zout toe. Laat de rijst op laag vuur koken tot hij zacht is. Roer er tijdens het koken af en toe in. Misschien moet je wat meer water toevoegen, maar wanneer de rijst gaar is moet al het water geabsorbeerd zijn. Voeg de melk, suiker en kardemom toe en kook de rijst op laag vuur tot hij dik is en al het vocht is verdampt. Roer in die tijd regelmatig om te voorkomen dat de rijst aanzet.

Leg een doek op de pan en daarop een goed passend deksel en laat de rijst op laag vuur 20 tot 30 minuten koken. Of beter nog, zet de rijst even lang in een afgedekte ovenschaal in een op 150 °C voorverwarmde oven.

Voor het opdienen schep je de rijst in een grote schaal en laat je hem nog ongeveer uur afkoelen.

# Sjier berendj
## Rijstpudding met melk
*voor 4 tot 6 personen*

*Sjier berendj* lijkt volgens mij op de Engelse rijstpuddingen met melk. Maar het rozenwater, de kardemom en de noten maken de smaak exquiser.

- 100 g kortkorrelige rijst
- 5,7 dl water
- 5 dl melk
- 100 g suiker
- 2 theelepels rozenwater
- 1/4 theelepel gemalen groene of witte kardemom
- 25 g gemalen pistaches of amandelen

Was de rijst en breng hem in een pan met het water aan de kook. Zet dan het vuur laag en laat de rijst zachtjes gaar en zacht koken. Al het water moet dan zijn opgenomen. Roer in die tijd de rijst af en toe door om aanzetten te voorkomen.

Giet de melk erbij, breng de rijst weer aan de kook, zet het vuur weer laag, laat het mengsel koken tot het wat dikker wordt en voeg dan de suiker toe. Roer tot de suiker is opgelost en laat de rijst op laag vuur doorkoken tot hij dik, maar nog vloeibaar is. Roer in die tijd veelvuldig om aanzetten voorkomen.

Doe de gemalen kardemom en het rozenwater erbij en laat de rijst nog 1 tot 2 minuten koken.

Doe de rijst voor het serveren in een grote, ondiepe schotel en strooi er de gemalen pistaches of amandelen op. In Afghanistan eten ze dit dessert koud, maar je kunt het desgewenst ook warm opdienen.

## Sjier siemyaan
Melkpudding met vermicelli
*voor 4 personen*

*Siemyaan* lijkt op vermicelli. Een deeg van tarwebloem wordt door een machine geperst die er dunne draadjes van maakt (*siem* in het Farsi betekent zilverachtig, wit, dun draad). Die deegdraadjes worden gedroogd en in een oven geroosterd.

*Siemyaan* wordt meestal in nagerechten verwerkt die wat weg hebben van de desserts die in India *seviyan khier* heten.

*Siemyaan* kun je ook als rijst koken, volgens de *sof*-methode, en daarna opdienen met suiker of stroop.

> 75 g vermicelli
> 1 eetlepel *ghee* of plantaardige olie
> 5 dl volle melk
> 2 afgestreken eetlepels maïzena
> 200 g suiker
> 1 eetlepel rozenwater
> 1/2 theelepel gemalen kardemom
> 1 eetlepel gemalen pistaches (desgewenst)

Breek de vermicelli in stukjes van 5 cm. Bak ze in de *ghee* of olie op laag vuur tot ze goudbruin zijn en glanzen van het vet. Breng een pan water aan de kook, doe de stukjes vermicelli erin en laat de stukjes een paar minuten koken, tot ze net zacht zijn. Laat ze in een vergiet uitlekken.

Maak de maïzena met een beetje van de melk aan. Verhit de rest van de melk, giet het maïzenapapje er geleidelijk bij, voortdurend roerend, tot de melk dik wordt. Roer er de suiker, het rozenwater en de kardemom door en laat het mengsel nog 2 minuten koken. Doe dan de vermicelli erbij, roer goed en giet de pudding in een ondiepe serveerschaal. Strooi er eventueel gemalen pistaches over en laat de pudding afkoelen.

## Sjier yakh
IJs

In het Dari, het Perzische dialect dat men in Afghanistan spreekt, staat *sjier yakh* letterlijk voor 'bevroren melk'. Afghanen maken waarschijnlijk al eeuwen ijs en het is mogelijk dat de Mogols de kunst van het ijsmaken meenamen naar India.

In Afghanistan, waar zelfs tegenwoordig koelkasten geen gemeengoed zijn, wordt nog veel op de oude manier ijs gemaakt. Het was een nationale traditie om in de lente ijs, dat gemaakt werd door de *sjier yakh foroesj* (ijsverkoper), te eten. De ijsverkoper draaide zijn ijs in een grote metalen cilinder, met daarin een kleinere cilinder of emmer. De buitenste cilinder, die niet beweegt, wordt gevuld met zout en met sneeuw (die in grote blokken uit de bergen naar beneden wordt gebracht). De binnenste cilinder of emmer, met handvatten erop, kan draaien. Hij wordt gevuld met melk en suiker en smaakmakers als rozenwater en kardemom. De emmer wordt vervolgens door de ijsverkoper met de hand rondgedraaid. Af en toe houdt hij even op met draaien, schudt hij de cilinder heen en weer en roert hij met een lange stok die aan het eind de vorm van een lepel heeft, het ijsmengsel door. Het ijsmengsel wordt gaandeweg steviger. Het draaien aan de cilinder gaat door tot de inhoud bevroren is en een romige structuur heeft. Bij het serveren wordt het ijs vaak bestrooid met gehakte pistaches of amandelen.

Ook *sjier yakh qalebi* is een traditionele ijssoort, die in kegelvormige metalen vormen wordt gemaakt. Ze worden met hetzelfde mengsel gevuld en voor het invriezen afgesloten met een deksel dat er met deeg op wordt geplakt, zodat het hermetisch sluit.

Het recept dat ik hieronder geef is eenvoudig, makkelijk te maken en heel lekker. Om romiger ijs te maken kun je er voor het invriezen een halve deciliter room door roeren of er *sahlab* (salep) bij doen. Dat geeft een extra dimensie aan de structuur van het ijs – het wordt er elastischer en gladder door. Strooi voor het invriezen een afgestreken theelepel over het mengsel van melk en suiker en klop tot de *sahlab* is opgelost. Je kunt het ijs allerlei smaakjes even en het ook garneren zoals je wilt, bijvoorbeeld met *qeymaaq*.

170 g witte suiker
5 dl volle melk
2 tot 3 eetlepels gemalen pistaches of amandelen
1 tot 2 eetlepels rozenwater of oranjebloesemwater
1/4 theelepel gemalen kardemom

Koel de ijsmachine volgens de aanwijzingen van de fabrikant.

Los de suiker al roerend op in de melk en roer er dan 2 eetlepels van de gemalen pistaches of amandelen en 1 eetlepel rozenwater of oranjebloesemwater door. Giet het mengsel in de ijsmachine en laat het bevriezen – ook volgens de aanwijzingen van de fabrikant.

Strooi voor het opdienen de kardemom en de gehakte noten over het ijs en garneer het desgewenst met wat *qeymaaq*.

## Faloeda

*Faloeda* is een soort zoet vermicellidessert of vermicellidrankje dat al in de klassieke oudheid werd gemaakt. Men kent het in allerlei versies in Iran, India, en eigenlijk in het hele Midden-Oosten. In Iran heet het *paloodeh*, in India *falooda*. Een soortgelijk gerecht wordt in andere delen van het Midden-Oosten *balooza* genoemd.

Maïzena of tarwezetmeel en water worden gemengd en tot een glazig mengsel gekookt. In Afghanistan wordt dit tarwezetmeel gemaakt door hele tarwekorrels te weken en dan met water fijn te malen tot een melkachtige vloeistof, *nesjaste*. De *nesjaste* wordt gekookt en vervolgens, nog heet, door een soort vergiet of pastamachine (in India heet dat een *seviyan*-machine) in een bak met ijswater geperst. Het resultaat is dat zich kleine, rijstachtige korrels of fijne vermicellisliertjes vormen. Die rijstachtige korrels noemen ze in Afghanistan *djhala*, wat 'hagelstenen' betekent. De *djhala* worden opgediend met een vruchtensorbet of vruchtensiroop, of gebruikt als garnering voor ijs, *qeymaaq*, *ferni* of een melkpudding die met salep op smaak is gebracht en gebonden. Ten slotte wordt er in alle gevallen wat rozenwater over gesprenkeld.

In zijn boek *An Account of the Kingdom of Caubul* schrijft Mountstuart Elphinstone in het begin van de negentiende eeuw over *faloeda*: 'IJs, of eigenlijk sneeuw, kun je 's zomers in Kaboel voor een habbekrats krijgen. [...] Een geliefde traktatie in dat seizoen is *foeloda*, een gelei die uit gekookte tarwe is bereid en gegeten wordt met vers vruchtensap en ijs, waaraan soms ook room is toegevoegd.'

Hier is een recept dat je kunt proberen.

> 50 g maïzena of tarwezetmeel
> water
> ijswater
> roomijs
> *qeymaaq* of *clotted cream* (of slagroom of Mascarpone)
> rozenwater

Maak de maïzena of het tarwezetmeel met een halve deciliter water aan. Giet er dan geleidelijk 2,25 dl water bij. Verhit dit mengsel op laag vuur in een pan, daarbij voortdurend roerend tot het mengsel een gladde, dikke pasta is. Neem de pan zodra de pasta doorzichtig wordt van het vuur. Zet een vergiet op een schaal met ijskoud water. Laat de pasta iets afkoelen, zodat je je vingers niet brandt, en druk hem dan door de gaatjes van het vergiet. Het zullen ondoorzichtige, stevige, vermicelli-achtige draadjes (*djhala*) worden. Je kunt de pasta ook in een spuitzak met een klein spuitje doen en zo de *djhala* in het ijskoude water spuiten.

Laat de *djhala* uitlekken en schep ze op roomijs, met misschien nog wat *clotted cream* en een paar druppels rozenwater erop.

## Liti
*voor 6 tot 8 personen*

Gul Jan Kabiri, de tante van mijn man, gaf me dit recept. *Liti* is een gerecht dat speciaal wordt gemaakt voor moeders die net een kind hebben gekregen. Het wordt als 'heet' eten beschouwd, dus als voedzaam en versterkend. Als je van erg zoet houdt, doe er dan wat meer suiker in.

> 100 g boter, *ghee* of olie
> 225 g gewone bloem of witte *chapati*-bloem
> 75 g suiker
> 1/4 theelepel saffraandraadjes, geweekt in wat warm water
> 1 theelepel gemalen kardemom
> 1 theelepel kaneel
> 50 g gemengde gehakte rozijnen, amandelen, walnoten en pistaches

Verhit de boter, *ghee* of olie in een pan. Strooi door een zeef de bloem erbij en roer voortdurend. Blijf roeren tot de bloem goudgeel is en pas op dat hij niet verbrandt. Neem de pan van het vuur. Roer geleidelijk een liter koud water door het bloemmengsel. Blijf roeren tot het mengsel de consistentie van dikke vla heeft. Roer de suiker (meer of minder, naar smaak) en de saffraanoplossing, de gemalen kardemom en de kaneel erdoor. Verhit het mengsel weer en laat het 2 tot 3 minuten op laag vuur koken.

Serveer *liti* warm of heet in kleine soepkommen en strooi er flink wat van het gehakte mengsel van rozijnen en noten over.

## Halwa-ye aardi
Tarwe-halva
*voor 6 tot 8 personen*

Er zijn veel verschillende soorten *halwa* en in Afghanistan zijn die van tarwebloem, semolina of rijstbloem het meest traditioneel, maar er worden ook andere soorten gemaakt, bijvoorbeeld op basis van groenten zoals wortels en bieten.

Over het algemeen is de *halwa* die men in Afghanistan maakt nauw verwant aan de andere halva-desserts die in het hele Midden-Oosten, Centraal-Azië en India populair zijn.

*Halwa*, vooral de versie op basis van bloem, wordt bij feestelijke gelegenheden geserveerd, maar ook bij begrafenissen en op *Nazer* (bladzijde 15). Het is niet te zoet en heeft een verfijnde smaak. *Halwa* wordt vaak zonder noten gemaakt, maar in de beste soorten gaan ook noten, zoals in dit recept.

> 175 g suiker
> 4,25 dl water
> 175 g margarine of plantaardig vet
> 225 g *chapati*- of heel fijne tarwebloem
> 25 g pistaches, geschaafd
> 25 g amandelen, geschaafd
> 1/2 theelepel gemalen groene of witte kardemom
> 1 theelepel rozenwater (desgewenst)

Meng de suiker met de helft van het water. Smelt het vet op matig tot hoog vuur, voeg geleidelijk de bloem toe en bak die, terwijl je voortdurend roert, goudbruin. Roer het suikerwater erdoor. Giet de rest van het water erbij en roer nog eens. Het vet zal boven komen drijven. Houd het mengsel aan de kook tot het water verdampt is. Roer er dan de pistaches, amandelen, de kardemom en het rozenwater (als je dat gebruikt) door en zet de pan met een deksel erop een half uur in een op 150 °C voorverwarmde oven.

Dien de *halwa* nog een beetje warm, of koud, op in één grote schaal of in eenpersoonsschaaltjes.

## Halwa-ye aard-e berendj
### Halva van gemalen rijst

Deze *halwa* wordt op precies dezelfde manier gemaakt als *halwa-ye aardi*, alleen wordt de bloem vervangen door fijngemalen rijst. Het resultaat is wit, niet bruin. Ook wordt er vaker rozenwater gebruikt om deze *halwa* te aromatiseren en meestal een grotere hoeveelheid: 2 theelepels. *Halwa-ye aard-e berendj* is verfijnder van smaak en structuur dan gewone *halwa-ye aardi*.

## Halwa-ye aard-e soedji
### Halva van semolina

Dit is hetzelfde als *halwa-ye aardi*, alleen wordt het gemaakt met semolina, niet met bloem.

## Halwa-ye zardak
### Halva van wortel
*voor 4 personen*

> 450 g wortels, geraspt en uitgelekt
> 0,75 dl plantaardige olie
> 4,25 dl melk
> 100 g suiker
> 25 g pistaches, in vieren gehakt
> 25 g amandelen, in vieren gehakt
> 25 g rozijnen, bijvoorbeeld sultana's
> 1/2 theelepel gemalen groene of witte kardemomzaadjes

Verhit de olie (houd 1 eetlepel apart) en roerbak de geraspte wortel erdoor tot die bruin begint te worden en al het vocht is verdampt. Roer de melk en de suiker erdoor, zet het vuur laag en laat alles ongeveer een uur zachtjes koken. Roer in die tijd zo nu en dan. Ten slotte moet al het vocht verdampt zijn en de olie boven drijven.

Bak de noten en rozijnen in de resterende eetlepel olie tot ze lichtbruin zijn en de rozijnen zijn opgezwollen. Doe ze bij de gekookte wortel. Roer de gemalen kardemom door het wortelmengsel en laat het nog een minuut of twee op laag vuur staan. Dien de *halwa-ye zardak* warm of koud op.

## Katsji
Halvaroom
*voor 4 personen*

Nog zo'n oeroud recept. Het lijkt op *liti* en wordt gemaakt voor moeders die net een kind hebben gekregen en een beetje aan moeten sterken. Het is een geliefd en verwarmend wintergerecht.

- 225 g boter of *ghee*
- 225 g witte bloem
- snuf zout
- 9 dl water
- 2 eetlepels rozenwater (desgewenst)
- 100 g suiker, bij voorkeur bruine, of stroop

Smelt 170 g van de boter of *ghee* in een pan, roer geleidelijk de bloem erdoor, zodat je een gladde pasta krijgt. Roer dan beetje bij beetje het water erdoor en blijf roeren tot het mengsel de consistentie van dikke custardvla heeft. Voeg een snufje zout en eventueel het rozenwater toe. Laat alles nog een paar minuten koken terwijl je blijft roeren.

Giet tot slot de *katsji* in een schaal en maak een kuiltje in het midden. Smelt de resterende boter of *ghee* en giet die in het kuiltje. Strooi er flink wat bruine suiker over. Serveer *katsji* heet.

## Molida
Zoet bruiloftsgerecht
*voor 6 tot 8 personen*

Dit is waarschijnlijk het meest traditionele gerecht dat op bruiloften wordt geserveerd. De *molida*, of *tsjangali* zoals het soms ook wordt genoemd, wordt door de bruid en bruidegom geproefd terwijl ze op hun bruidstroon zitten. De bruidegom voert eerst een theelepel *molida* aan zijn bruid, dan voert zij hem op haar beurt een theelepel. Vervolgens wordt de *molida* aan de bruiloftsgasten geserveerd.

- 700 g bruine *chapati*-bloem
- 5 eetlepels plantaardige olie
- 1 pakje gedroogde gist
- een flinke snuf zout
- 2,75 dl warm water

3 afgestreken eetlepels gemalen kardemom
250 g fijne tafelsuiker
1 eetlepel rozenwater
100 g gesmolten boter of *ghee*

Maak een deeg van de bloem, olie, gist en het zout, op dezelfde manier als voor *naan* (zie bladzijde 47). Leg er een vochtige doek over en laat het deeg op een warme plek ongeveer een half uur rijzen. Verwarm de oven voor op 230 °C.

Rol het deeg uit tot vier ronde plakken van ongeveer 2,5 cm dik. Kwast een bakplaat in met wat olie en leg er de vier plakken deeg op. Bak ze in de voorverwarmde oven in ongeveer 20 minuten tot ze mooi gerezen en goudbruin zijn.

Laat het brood afkoelen en maak er fijn broodkruim van door het met je handen of in een keukenmachine te verkruimelen. Meng er de gemalen kardemom en de suiker door. Sprenkel het rozenwater erover en meng alles goed. Vervolgens sprenkel je er geleidelijk de gesmolten boter of *ghee* op. Meng alles goed en zorg daarbij dat het fijn broodkruim blijft, zonder klontjes.

Schep de *molida* in een berg op een grote, ondiepe schaal en laat de gasten zelf hun portie op een bordje scheppen.

# Gebak, snoepgoed en koekjes

Rijk gevulde pasteitjes, taarten, koekjes en snoepgoed worden over het algemeen als een luxe gezien en alleen bij speciale gelegenheden of aan gasten geserveerd. Ze worden zelden thuis gemaakt, omdat maar weinig gezinnen er de apparatuur voor hebben en sommige recepten moeilijk te maken zijn. Om die redenen worden ze meestal gekocht bij banketbakkerijen in de buurt, die *koeltsja foroesji* heten.

Veel van de pasteitjes in Afghanistan lijken op soortgelijk gebak in andere landen in het Midden-Oosten, Centraal-Azië en India.

## Samboesa sjirien
### Zoete gevulde pasteitjes
*voor ongeveer 24 stuks*

Afghanen maken graag een zoete variant van *samboesa*. Dit is hetzelfde recept als voor *samboesa goesjti* (bladzijde 65), alleen worden de vierkante stukjes deeg gevuld met *halwa-ye aard-e soedji* of met *halwa-ye aard-e berendj*. Je kunt ze ook maken van filodeeg.

> 450 g *samboesa*-deeg, gemaakt van 450 g bloem
> *halwa* van 225 g semolina of rijstbloem
> poedersuiker, gezeefd
> 10 tot 25 g gemalen pistaches (desgewenst)
> plantaardige olie om in te frituren

Maak de *halwa* (zie bladzijde 179).

Maak het deeg zoals voor *samboesa goesjti*. Rol het deeg zo dun mogelijk uit en snijd het in lapjes van 10 x 10 cm. (Als je kant-en-klaar filodeeg gebruikt, snijd het dan in rechthoeken van ongeveer 10 x 12 cm. Bestrijk zes lapjes deeg met olie en leg die op elkaar. Leg de vulling van je keuze erop en vouw het stapeltje dan tot een driehoek.)

Leg 1 tot 2 eetlepels van de *halwa* op elk lapje deeg. Vouw het dubbel tot een driehoek en druk de randen stevig op elkaar.

Verhit een flinke bodem plantaardige olie in een diepe koekenpan en frituur de *samboesa* aan beide kanten goudbruin.

Schep ze uit de olie en laat ze uitlekken.

Je kunt ze ook in de oven bakken: kwast ze goed in met olie en bak ze in een op 170 °C voorverwarmde oven in 20 tot 30 minuten goudbruin.

Bestuif de nog warme pasteitjes met wat poedersuiker en eventueel met gemalen pistaches.

*Samboesa sjirien* worden heet of koud geserveerd en er wordt thee bij gedronken.

Als variatie kun je de lapjes deeg als volgt vullen met rozijnen en noten:

> 100 g rozijnen, zeer fijn gehakt of gemalen
> 100 g walnoten of amandelen, fijngehakt of gemalen
> 1 theelepel suiker
> 1 theelepel kaneel
> 1 eetlepel heet water
> poedersuiker
> 25 g gemalen pistaches

Meng de gehakte rozijnen en de noten, voeg de suiker toe en meng er een beetje heet water door. Ga verder te werk zoals beschreven in het basisrecept, met ongeveer 1 theelepel vulling per pasteitje. Bestuif ze na het bakken met de poedersuiker en gemalen pistaches.

'Olifantsoren'

## Goesj-e fiel
'Olifantsoren'
*voor 8 stuks*

*Goesj-e fiel* betekent letterlijk 'olifantsoor'. Deze krokante, knabbelige, zoete pasteitjes worden zo genoemd vanwege hun vorm en formaat. Ze worden veel op straat verkocht op nieuwjaarsdag (*Nauroez*) of bij festivals. Het was ook traditie om ze te maken op de dag na een bruiloft; dan werden ze door de familie van de bruid naar het jonge paar gestuurd.

Voor het beste resultaat moet het deeg papierdun worden uitgerold en moet de olie waarin ze worden gebakken flink heet zijn.

> 1 ei
> 1 eetlepel olie of gesmolten boter
> melk
> 225 g witte bloem
> 1 theelepel poedersuiker
> zout
> plantaardige olie om in te bakken
> 25 tot 50 g poedersuiker
> 25 g pistaches, gemalen

Breek het ei in een kom, klop het los en giet de gesmolten boter of olie erbij. Roer er dan zoveel melk door dat het samen 1,1 dl vloeistof is. Zeef de bloem met een snufje zout en 1 theelepel poedersuiker. Voeg deze bloem toe aan het mengsel van ei en melk en meng alles tot een stevig deeg. Kneed het ongeveer 10 minuten op een met bloem bestoven oppervlak tot het deeg glad en elastisch is. Verdeel het deeg in 8 gelijke ballen, leg er een vochtig gemaakte doek over en laat ze op een koele plek een half uur rusten.

Rol op een met bloem bestoven plank de 8 ballen een voor een papierdun uit; de ronde lappen deeg moeten ongeveer 18 cm in doorsnede zijn. Vorm er 'oren' van door de stukken deeg aan één kant te plooien. Knijp de plooien er met natte vingers in, om te voorkomen dat ze tijdens het bakken opengaan.

Verhit in een koekenpan die ook een doorsnede van ongeveer 18 cm heeft een flinke bodem olie. Als de olie heet is leg je de 'oren' er een voor een in en bak je ze aan beide kanten goudbruin. Schud de overtollige olie eraf terwijl je ze uit de pan haalt of leg ze op keukenpapier om uit te lekken. Bestrooi de 'oren' aan beide kanten met een mengsel van gezeefde poedersuiker en gemalen pistaches.

Er zijn veel versies van *goesj-e fiel*, dus ga vooral je gang bij het maken van andere vormen en formaten. Sommige Afghanen maken zogenoemde *goesj-e asp* ('paardenoren') of strikjes.

# Naan-e parata
Zoet gefrituurd brood
*voor 4 stuks*

500 g witte bloem, gezeefd
1 1/2 theelepel zout
1 zakje gedroogde gist
2,75 dl lauwwarm water
12 eetlepels olie, plus olie om in te frituren
50 g poedersuiker

Zeef de bloem met het zout en meng de gist erdoor. Voeg het water beetje bij beetje toe en meng alles tot een stevig deeg. Kneed het deeg tot het glad en elastisch is, maak er een bal van en laat die met een vochtige doek erover ongeveer een half uur rusten.

Verdeel het deeg in 4 ballen en verdeel die weer in vieren, zodat je 16 balletjes hebt.

Rol op een met bloem bestoven werkvlak elk balletje tot een ronde lap van niet dikker dan 1,5 mm. Kwast drie van de lappen in met 1 eetlepel olie, stapel ze op elkaar en leg er een vierde plak op. Druk ze even aan met een deegroller. De stapeltjes mogen niet dikker zijn dan 5 mm. Verwerk ook de rest van het deeg op deze manier, zodat je vier broden hebt.

Verhit zoveel plantaardige olie in een grote, diepe koekenpan dat je er de broden een voor een op matig tot hoog vuur in kunt frituren tot ze lichtbruin zijn. Ze moeten niet te krokant worden. Schep ze uit de pan en laat ze uitlekken. Bestrooi beide kanten van de hete broden met behulp van een zeefje met poedersuiker.

Je kunt ook kleinere broodjes maken, maar dit formaat is traditioneel.

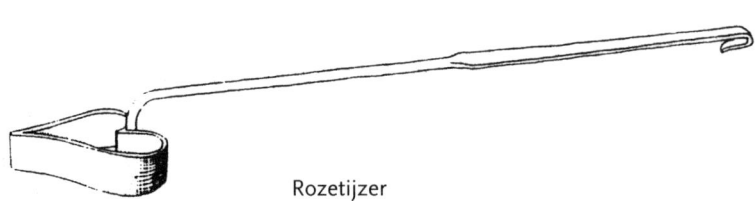
Rozetijzer

## Koltsja-ye pandjareyi
'Ramen'-wafeltjes
*voor 40 tot 50 stuks*

Ik herinner me dat ik deze verfijnde, lichte wafeltjes voor het eerst at in Koendoez, in het noorden van Afghanistan, toen een neef van mijn man, Mahgul Hachimzada, me liet zien hoe je ze moet maken. Je hebt een zogeheten rozetijzer nodig, zoals op de tekening staat afgebeeld, maar ze bestaan in veel verschillende vormen. Ik heb er eentje in de vorm van een vlinder en eentje in de vorm van een bloem.

> 2 middelgrote eieren
> 1 eetlepel suiker
> 1/4 theelepel zout
> 110 g bloem
> 2,25 dl melk
> 2 theelepels gesmolten boter
> olie om in te bakken
> poedersuiker om mee te bestuiven

Klop de eieren goed los in een kom. Klop er de suiker en het zout door en dan afwisselend beetje bij beetje de bloem, de melk en gesmolten boter. Klop goed.

Verhit in een diepe pan of frituurpan een laag van ongeveer 10 cm olie tot 200 °C. Dompel het frituurijzer in de hete olie om het op temperatuur te brengen. Doop het daarna in het beslag, maar zo dat er geen beslag op de bovenkant van het ijzer komt. Houd het ijzer snel 20 tot 30 seconden in de hete olie, tot de olie niet meer bruist en de wafel goudbruin is. Haal het wafeltje voorzichtig van het ijzer af, zo nodig met een vork, en laat uitlekken. Bestuif de wafeltjes als ze zijn afgekoeld met poedersuiker. Ze zijn het lekkerst als je ze meteen serveert, want ze kunnen niet goed bewaard worden, zelfs niet in blik.

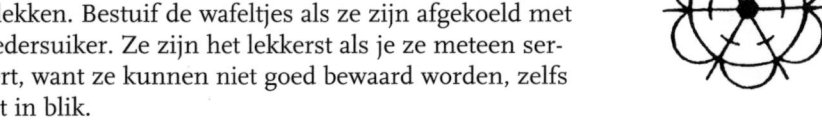

Vormen van 'ramen'-wafels

## Qatlama
*voor ongeveer 6 stuks*

Dit is een zoet, gefrituurd gebak dat vooral in het noorden van Afghanistan te vinden is. Het is een beetje lastig te maken. Dit recept beschrijft de traditionele manier, maar je kunt ze ook kleiner maken – driehoekig, vierkant of ruitvormig – en ook 5 of 6 lagen deeg gebruiken in plaats van 7.

>    2 eieren
>    450 g witte bloem
>    snuf zout
>    1/2 theelepel bakpoeder
>    2 eetlepels gesmolten margarine of plantaardige olie
>    1,1 dl melk of water
>    4 eetlepels olie en olie om in te frituren
>    50 g poedersuiker
>    50 g gemalen pistaches

Klop de eieren schuimig in een kom. Zeef de bloem met het zout en het bakpoeder boven een grote mengkom. Maak een kuiltje in de bloem en giet er de eieren en 2 eetlepels van de gesmolten margarine in. Meng er beetje bij beetje de melk of het water door (meer of minder, zoveel als nodig is) tot je een stijf deeg hebt. Kneed het 5 tot 10 minuten, tot het stevig en elastisch is. Vorm het tot een bal, leg een doek over de kom en laat het deeg een half uur rusten.

Verdeel het deeg in 4 ballen en rol ze een voor een zo dun mogelijk uit op een met bloem bestoven werkvlak: het moeten lappen van ongeveer 32 cm worden. Snijd de lappen deeg in vierkante stukjes van 10 x 10 cm. Kwast de vierkantjes in met de 4 eetlepels olie en leg ze in stapeltjes van 7 stuks op elkaar. Vouw elk stapeltje tot een driehoek en druk ze iets aan met de deegroller.

Verhit in een diepe pan zoveel olie dat je de driehoekjes erin kunt frituren. Bak ze goudbruin. Schep ze uit de olie, schud de overtollige olie eraf en bestrooi ze terwijl ze nog heet zijn met een mengsel van gezeefde poedersuiker en gemalen pistaches.

Serveer ze warm of koud.

## Koltsja-ye nauroezi of Koltsja-ye berendji
Koeken van gemalen rijst
*voor ongeveer 12 stuks*

Deze koeken worden vaak *koeltsja-ye nauroezi* genoemd, als ze speciaal voor het nieuwjaarsfeest worden gebakken, maar ze worden ook bij andere feestelijke gelegenheden gemaakt.

- 225 g margarine of olie
- 225 g poedersuiker
- 1 eiwit
- 225 g rijstebloem
- 450 g witte bloem
- 1 theelepel bakpoeder
- 5 g gemalen pistaches

Laat de margarine, als je die gebruikt, op laag vuur smelten en van het vuur af weer afkoelen. Meng de suiker met de gesmolten margarine of olie en het wit van een ei. Zeef de fijngemalen rijst met de bloem en het bakpoeder en roer er beetje bij beetje het suiker- en vetmengsel door. Kneed alles tot een stevig, glad deeg.

Leg een stuk bakpapier van ongeveer 15 x 15 cm klaar en rol een klompje deeg ter grootte van een ei uit tot een rondje ter grootte van een schoteltje. Trek er met een vork evenwijdige lijnen in. Doe hetzelfde met de rest van het deeg.

Leg de koeken op het bakpapier op bakplaten en bak ze 45 minuten in een op 150 °C voorverwarmde oven. Ze mogen niet bruin worden. Bestrooi ze ongeveer 10 minuten voor het einde van de baktijd met gemalen pistaches.

Haal de koeken uit de oven en laat ze afkoelen. Presenteer de koeken terwijl ze nog op het bakpapier liggen.

## Baqlawa
Zoet gebak met noten
*voor ongeveer 30 stuks*

Dit zoete gebak lijkt op de *baklava* uit andere landen in het Midden-Oosten en Centraal-Azië. Als je je eigen filodeeg maakt kost het maken ervan veel tijd. Ik vind het veel makkelijker om kant-en-klaar filodeeg te kopen. Je kunt het bij veel supermarkten en speciaalzaken uit de diepvries of zelfs vers krijgen.

450 g filodeeg
olie
110 g gemalen pistaches
225 g gemalen walnoten of amandelen

*voor de siroop:*
450 g suiker
2,25 dl water
2 eetlepels citroensap
1/4 theelepel saffraan
2 eetlepels rozenwater
1/2 theelepel gemalen groene kardemomzaadjes

Kwast een bakblik van ongeveer 36 x 20 x 5 cm royaal in met olie.

Leg een vel filo op de bodem en kwast het in met olie. Leg er nog 4 vellen op, elk met olie bestreken. Leg een derde van de gemalen walnoten en een kwart van de pistaches op het deeg. Dek ze af met een vel filo en bestrijk ook dat met olie. Herhaal deze procedure nog twee keer, zodat er in totaal 18 vellen filodeeg op elkaar liggen. Kwast de bovenste laag met extra veel olie in. Als het goed is heb je alle walnoten gebruikt, maar is er nog een kwart van de pistaches over.

Snijd met een scherp mes in de lengte dwars door alle lagen heen, zodat je repen van 4 cm breed krijgt; snijd die dan nog eens schuin door, zodat je ruitvormige stukjes krijgt. Bak de *baqlawa* 35 tot 45 minuten in een op 170°C voorverwarmde oven, tot de bovenkant goudbruin is.

Maak vlak voordat het gebak uit de oven komt de siroop. Breng de suiker, het water, citroensap en saffraan op laag vuur aan de kook, zodat de suiker oplost. Laat het mengsel een paar minuten op laag vuur tot een siroopje inkoken dat op de bolle kant van een lepel blijft hangen. Voeg het rozenwater en de kardemom toe en laat de siroop nog een paar minuten op laag vuur koken. Houd hem warm.

Haal het gebak uit de oven en lepel de warme siroop erover, zodat het gebak ermee doordrenkt wordt. Strooi de resterende gemalen pistaches erover en laat de stukjes *baqlawa* afkoelen voor je ze presenteert.

## Djelabi

*Djelabi* worden meestal in de winter gegeten, als dessert na een vismaaltijd. Op de markt zagen we in de winter heel vaak stapels *djelabi* naast de vis liggen. Ze worden ook gemaakt voor verloofde stelletjes en het is traditie dat de familie van de bruidegom op nieuwjaarsdag vis en *djelabi* naar de familie van de bruid stuurt.

Het maken van *djelabi* is moeilijk, vind ik, en ik moet toegeven dat het me niet gelukt is ze perfect van vorm te krijgen. Ik kreeg het recept van mijn schoonzus, die er geen enkel probleem mee heeft. Zij zegt dat de olie de juiste temperatuur moet hebben en dat je het beslag zelfverzekerd en met vaste hand in de olie moet knijpen. Dat is de hele clou volgens haar.

> 1 afgestreken eetlepel bakpoeder
> 2,75 dl warm water
> 1 afgestreken eetlepel yoghurt
> 225 g bloem
> olie om in te frituren
>
> *voor de siroop:*
> 225 g suiker
> 2,25 dl water
> snuf saffraan
> een paar druppels rozenwater

Meng het bakpoeder met 4 eetlepels van het warme water. Roer er de yoghurt door en zet het mengsel een kwartiertje in een oven die je op de laagst mogelijke stand hebt voorverwarmd.

Roer van de bloem en de rest van het water een dik beslag. Roer het yoghurtmengsel erdoor. Leg er een dikke, schone doek over en laat het beslag op een warme plek 1 tot 2 uur rijzen.

Maak nu de siroop. Los de suiker op in de 2,25 dl water en doe er een snuf saffraan en een paar druppels rozenwater bij. Kook het mengsel op hoog vuur tot de siroop dikker wordt (5 tot 6 minuten). Haal de pan van het vuur, maar houd de siroop warm in een schaal boven een pan heet water.

Verhit de olie tot 180 °C in een frituurpan. Giet het beslag in een spuitzak met een kleine mond erin en spuit het beslag in drie spiralende cirkels en dan twee rechte lijnen erover, in de hete olie. Dat moet heel snel gebeuren en er is wellicht wat oefening voor nodig. Laat de *djelabi* goudbruin bakken, haal hem met een tang of schuimspaan voorzichtig uit de olie en doop hem in de warme siroop. De *djelabi* moet er aan beide kanten mee bedekt zijn. Leg hem op een blad of schotel om af te koelen. Herhaal deze procedure tot al het beslag is opgebruikt.

Het maken van *djelabi*

# Khadjoer of Bosrauq
Gefrituurde gistkoekjes
*voor ongeveer 50 stuks*

De vorm van deze kleine, gefrituurde gistkoekjes is in ieder gezin anders. Wanneer ze op de traditionele manier worden gemaakt, drukt men *khadjoer* op een draadzeef, waardoor ze het patroontje van de zeef krijgen. Veel mensen karameliseren de suiker niet, zoals in dit recept gebeurt, maar mengen de suiker direct door de bloem en het zout.

> 1,1 dl warm water
> 1/2 eetlepel gedroogde gist
> 525 g witte bloem
> 1/2 theelepel zout
> 1,1 dl olie of (gesmolten) margarine
> 225 g suiker
> olie om in te bakken

Meng de gist met het warme water en laat het mengsel even staan. Zeef de bloem met het zout boven een grote mengkom.

Smelt in een pan de suiker met de olie. Giet het mengsel bij de bloem en roer direct om te voorkomen dat zich grote suikerkristallen vormen terwijl de gekarameliseerde suiker afkoelt. Roer er dan het gistmengsel en 4 eetlepels koud water door. Meng alles tot een stevig deeg. Laat het niet rusten, maar neem meteen een klompje deeg ter grootte van een ei en vorm er een balletje van. Druk dat plat tegen de bolle kant van een zeef, zodat het lapje deeg ongeveer 3 mm dik is en een doorsnede heeft van ongeveer 5 cm. Rol deze platte stukken losjes op en druk het uiteinde vast (zie de tekening). Doe hetzelfde met de rest van het deeg.

Frituur de gistkoekjes in een flinke laag olie goudbruin, schep ze uit de pan en laat ze goed uitlekken en afkoelen.

*Khadjoer*

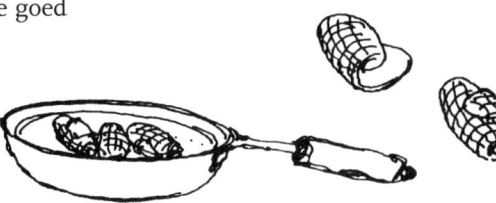

## Koltsja-ye namaki
Hartige koekjes
*voor ongeveer 15 stuks*

450 g witte bloem of *chapati*-bloem
1 eetlepel bakpoeder
1 theelepel zout
225 g margarine
1,5 dl melk
eidooier voor een glanslaagje
*siyah dana* (nigellazaadjes) en sesamzaad
anijszaad om erover te strooien

Zeef de bloem met het bakpoeder en het zout boven een schaal en wrijf de margarine erdoor tot het mengsel eruitziet als broodkruim. Giet er geleidelijk de melk bij en meng het met zachte hand tot een deeg. Laat het een half uur rusten.

Vorm van een klompje deeg een balletje dat iets groter is dan een pingpongbal. Rol het balletje op een met bloem bestoven plank uit tot een dikte van 3 mm. Doe hetzelfde met de rest van het deeg. (Je kunt het deeg ook in zijn geheel uitrollen en er met een steker koekjes uit steken.) Prik de bovenkant van de koekjes met een vork in en bestrijk ze met de losgeroerde eidooier. Bestrooi ze met de *siyah dana*. Bak de koekjes op een ingevet bakblik in een op 200 °C voorverwarmde oven in 15 tot 20 minuten goudbruin.

Deze koekjes worden (naast zoete koekjes) vaak 's middags bij de thee gegeten.

## Aab-e dandaan
'Smelt-in-de-mond'-koekjes
*voor 12 tot 14 stuks*

Dit waren vroeger mijn favoriete koekjes in Afghanistan. Ze zijn licht en bros. Ze worden het hele jaar door gebakken, maar zijn vooral populair op 21 maart, met nieuwjaar (*Nauroez*). Aziza Ashraf was zo vriendelijk mij dit recept te geven. Ze zijn niet moeilijk te maken, al moet ik er wel bij zeggen dat Aziza vindt dat het deeg een uur gekneed moet worden als je het lekkerste resultaat wilt krijgen! Sommige Afghanen noemen deze koekjes *khetaye*.

400 g bloem
110 g poedersuiker
1/2 afgestreken eetlepel bakpoeder
1/2 theelepel gemalen kardemom

2,8 dl olie
1 eetlepel rozenwater
1 tot 2 theelepels gemalen pistaches

Verwarm de oven voor op 200 °C. Zeef de bloem samen met de suiker, het bakpoeder en de kardemom boven een schaal. Verwarm de olie en roer de olie geleidelijk door de bloem en de andere ingrediënten. Doe er het rozenwater bij. Kneed alles tot een deeg en kneed het nog minstens een half uur grondig door. Dek het deeg af en laat het een half uur rusten. Rol het deeg tot balletjes ter grootte van een walnoot en maak er met je duim een kuiltje in.

Leg de koekjes op een ingevette bakplaat en bak ze 10 tot 12 minuten. Laat ze niet bruin worden, ze moeten bleek blijven, en de bovenkant moet openbarsten en kruimelig zijn.

Haal de koekjes uit de oven, strooi er de gemalen pistaches op en laat ze afkoelen. Deze koekjes blijven in een luchtdicht afgesloten trommel lang goed.

## Sjier payra
### Snoepgoed van melk en suiker

Deze machtige snoeperij wordt bij speciale gelegenheden, zoals de geboorte van een baby, bij de thee gepresenteerd. Het is belangrijk dat je de siroop niet te lang kookt, omdat het anders een keiharde traktatie wordt. Je kunt variaties maken op dit recept: in plaats van walnoten kun je bijvoorbeeld amandelen of pistaches gebruiken. Als je er wat saffraan aan toevoegt wordt de *sjier payra* goudgeel.

450 g suiker
1,5 dl water
225 g melkpoeder
25 g walnoten, fijngehakt
1/2 theelepel gemalen witte of groene kardemomzaadjes
15 g gemalen of fijngehakte pistaches
1 theelepel rozenwater

Vet een bakblik in van 20 x 20 x 4 cm.

Breng de suiker en het water in een pan op hoog vuur aan de kook en roer tot de suiker is opgelost. Laat het suikerwater 1 tot 2 minuten koken tot het stroperig wordt (het 'gladde' stadium, waarbij een druppel siroop die je op een koud schoteltje laat vallen niet meer uitvloeit, maar wit wordt en stolt). Als dat stadium is bereikt, zet je de pan snel van het vuur en roer je geleidelijk de melkpoeder door de siroop, die daardoor dikker wordt. Roer de walnoten en gemalen kardemom erdoor.

Doe het mengsel onmiddellijk in het ingevette bakblik. Strooi de pistaches erover. Laat het mengsel afkoelen en enigszins opstijven. Snijd het mengsel met een ingevet, scherp mes in vierkante of ruitvormige stukjes van ongeveer 4 x 4 cm. Laat ze voor je ze presenteert minstens 2 uur op een koele plek of in de koelkast opstijven.

## Abriesjom kebaab
'Zijden' kebaab
*voor 9 tot 12 stuks*

Dit is een oeroud gerecht, dat eigenlijk alleen voor feestelijke gelegenheden zoals bruiloften wordt gemaakt. Het is een soort zoete omelet, maar op zo'n speciale manier bereid dat het resultaat, zoals de naam al aangeeft, gemaakt lijkt te zijn van zijden draden in de vorm van kebaab. Het woord *abriesjom* betekent zijde en komt van het Perzische werkwoord *resjidan*, spinnen.

De bereiding is vrij moeilijk en elk gezin heeft zijn eigen manier. Ik heb de methode gebruikt die mijn schoonzus mij leerde. Zij zegt ook dat je er roomijs bij zou moeten serveren. Het is een ideale combinatie. De krokante, zoete 'kebaabs' en de romige, gladde structuur van het ijs passen prachtig bij elkaar.

Zoals uit het recept duidelijk wordt, hangt het aantal kebaabs dat je maakt af van het formaat van je koekenpan.

Ik zei al dat de bereiding van deze zijden kebaab gecompliceerd is, maar ik moet je ook melden dat het snel tot draden trekken van het eimengsel boven de koekenpan vaak een kliederboel wordt, waarbij het ei overal en nergens terecht kan komen.

200 g suiker
2,75 dl water
1/2 eetlepel citroensap
1/2 theelepel gemalen kardemomzaadjes
snuf saffraan
1/2 eetlepel rozenwater (desgewenst)
5 eieren
25 tot 50 g gemalen pistaches

Breng de suiker, het water en het citroensap in een pan aan de kook, terwijl je rustig roert tot de suiker is opgelost. Laat het suikerwater op hoog vuur 5 tot 10 minuten inkoken tot een siroop die op de bolle kant van een metalen lepel blijft hangen. Voeg dan de gemalen kardemom, de saffraan en het rozenwater toe. Laat de siroop nog een minuut of twee koken. Haal de pan van het vuur.

Klop de eieren los, maar niet schuimig, in een kom. Verhit in een grote, diepe koekenpan een laag van ongeveer 2,5 cm olie. Zet het vuur dan iets lager, tot matig/hoog. De temperatuur van de olie is belangrijk en het kan even duren voordat hij warm genoeg is. De olie moet zo heet zijn dat het ei stolt en gaar wordt. (Als de temperatuur te hoog is wordt het ei te snel gaar en bakt het bruin. Als de olie niet heet genoeg is wordt het ei niet helemaal gaar en krijg je eiklodders in plaats van 'zijden' draden!)

Voor de nu volgende procedure is wellicht wat oefening nodig. Het zal niet direct perfect gaan, maar houd vol. Spreid je vingers, doop ze in het eimengsel en beweeg ze dan onmiddellijk van links naar rechts boven de pan met hete olie, zodat het ei er in dunne straaltjes afdruipt en je 'zijden' draden maakt. Probeer de draden zo dun mogelijk te krijgen. Herhaal dit, maar dan in een beweging haaks op de vorige, zodat de nieuwe draden kruislings op de eerste komen te liggen. Ga zo nog drie of vier keer door, tot de olie bedekt is met een fijnmazig 'zijden' weefsel. Je moet dit allemaal zo snel mogelijk doen, omdat het ei bakt en al snel goudgeel wordt. Fatima Gailani gaf me nog een nieuwe tip: je kunt voor het maken van deze kebaab een metalen of plastic pannenspons gebruiken in plaats van je vingers! De 'eidraden' worden daarmee fijner en regelmatiger en ik heb ontdekt dat deze methode ook makkelijker en sneller is.

Neem nu een satépen en maak het dradenweb langs de rand van de pan los. Prik de satépen dan door het web heen, te beginnen bij de rand van de pan die het dichtst bij je is. Pak nog een tweede satépen en houd die min of meer horizontaal boven het web in de pan. Rol met behulp van de satépennen het weefsel van draden op tot een rolletje van ongeveer 2,5 cm dik. Til de 'kebaab' met de satépennen erin voorzichtig op, laat de overtollige olie eraf druipen en leg de kebaab op een schaal. Herhaal deze procedure met de rest van het eimengsel.

Schep 2 tot 3 eetlepels van de klaarstaande siroop over elke kebaab en strooi er gemalen pistaches en desgewenst nog wat kardemom op. Je kunt de kebaabs terwijl ze nog warm zijn in twee tot drie porties snijden.

'Zijden' kebaab

## Ladoe
### Snoeperij van kikkererwten

*Ladoe* is een zoet hapje dat in Afghanistan door straatverkopers werd verkocht. Ook in India kom je het veel tegen, en in het boek *Indian Sweet Cookery* van Jack Santa Maria vond ik diverse recepten. Ik heb een van die recepten bewerkt om de *ladoe* te maken zoals mijn man zich die herinnert.

> 4 eetlepels *ghee* of boter
> 225 g kikkererwtenmeel
> het zaad van 6 kardemompeulen, fijngestampt
> 225 g bruine suiker
> 2 eetlepels pistaches, gemalen of fijngehakt
> melk, zo nodig

Verhit en smelt de *ghee* of boter en voeg beetje bij beetje het kikkererwtenmeel toe. Bak het mengsel goudgeel. Neem de pan van het vuur. Roer de kardemom, suiker en noten door het boter- en bloemmengsel. Laat het afkoelen en rol er balletjes van ter grootte van een klein ei of een walnoot. Dat gaat makkelijker als je je handen met een beetje boter of *ghee* invet. Als het mengsel te kruimelig is kun je er wat melk door kneden om het wat samenhangender te maken.

## Noql-e badami
### Gesuikerde amandelen

Het is traditie om deze amandelen te serveren bij feestelijke gelegenheden zoals verlovingen of bruiloften, maar ze worden ook vaak bij thee geserveerd, vooral als er gasten zijn. Ze zijn niet makkelijk te maken en Afghanen kopen ze dan ook meestal op de markt of in de winkel.

Het is heel belangrijk dat de siroop op de juiste manier wordt gemaakt en dat de pan heftig geschud wordt als de amandelen met een laagje siroop bedekt moeten worden. Als de siroop te lang wordt gekookt, gaan de amandelen aan elkaar kleven; als hij niet lang genoeg wordt gekookt, wordt de siroop niet wit. Het suikerlaagje wordt niet glad, zoals bij gesuikerde amandelen die je in de winkel koopt, maar ruw en bobbelig.

*Noql* kunnen ook met geroosterde kikkererwten worden gemaakt (*noql-e nakhodi*) of met abrikozen- of perzikenpitten (*noql-e khastahi*).

>450 g amandelen
>450 g suiker
>1,5 dl water
>1/2 tot 1 theelepel gemalen witte of groene kardemomzaadjes

Rooster eerst de amandelen in een op 150 °C voorverwarmde oven.
  Warm intussen het water op in een pan. Doe er de suiker en de kardemom bij en laat de suiker op matig tot hoog vuur oplossen. Laat het mengsel een paar minuten inkoken tot het stroperig wordt (het 'gladde' stadium, waarbij een druppel siroop die je op een koud schoteltje laat vallen niet meer uitvloeit, maar wit wordt en stolt). Op dat moment zet je het vuur laag. Intussen heb je de helft van de amandelen in een grote pan gedaan. Giet de siroop lepel voor lepel over de amandelen terwijl je de pan heftig schudt om te zorgen dat ze aan alle kanten met een laagje siroop bedekt worden. (Je kunt dit het gemakkelijkst met z'n tweeën doen, de één giet siroop over de amandelen, de ander schudt de pan.) Ga hiermee door tot alle amandelen in de pan bedekt zijn met inmiddels wit geworden siroop. Herhaal de procedure met de rest van de amandelen.

## Halwa-ye swanak
[Notenkrokantjes]
*voor 5 tot 6 stuks*

Een soort harde toffee, die vooral bij speciale gelegenheden zoals *Eyd* wordt gegeten. Afghanen maken meestal vrij grote *halwa-ye swanak*, maar je kunt ze ieder formaat geven. Dit recept, dat ik van mijn schoonzus kreeg, is voor kleintjes, die makkelijker te maken zijn.

>50 g suiker
>0,25 dl plantaardige olie
>25 g witte bloem
>25 g walnoten of pistaches, gemalen of fijngehakt

Laat, terwijl je voortdurend roert, de suiker in een pan op matig tot hoog vuur smelten tot hij schuimt en goudbruin is. Giet, terwijl je snel roert, de olie erbij (doe dat voorzichtig!). Draai het vuur laag en strooi er geleidelijk, terwijl je snel blijft roeren, de bloem bij. Roer de gehakte noten erdoor en blijf een minuut roeren. Schep dan met een verwarmde eetlepel een lepel vol uit de pan. Als het mengsel nog te heet is om te kunnen hanteren wacht dan even tot het wat is afgekoeld en rol er een balletje van. Werk snel, want als het mengsel te sterk afkoelt kun je er geen mooie balletjes meer van rollen. Druk het balletje plat en rol het uit tot een rondje van ongeveer 2,5 mm dik. Ga zo door tot het mengsel is opgebruikt. Laat de *halwa-ye swanak* afkoelen.

## Khasta-ye sjirien
Gekarameliseerde noten

*Khasta* betekent noot of pit en *sjirien* betekent zoet. De grote ronde 'borden' van gekarameliseerde amandel- of abrikozenpitten zag je vroeger overal. Het was een speciale traktatie, vooral voor kinderen, op feestdagen zoals *Nauroez* (nieuwjaar) en *Eyd*. Er werden grote stukken van afgebroken en opgeknabbeld.

**225 g amandelen**
**225 g kristalsuiker**

Rooster de amandelen op een bakplaat in een op 150 °C voorverwarmde oven.

Haal ze uit de oven. Kwast een bakplaat met anti-aanbaklaag (liefst een ronde, met een doorsnede van ongeveer 26 cm) in met een beetje olie. Spreid de amandelen er in een enkele laag op uit. Laat de suiker smelten in een pan op zeer laag vuur en roer voortdurend, tot de suiker lichtbruin gekarameliseerd is. Giet de hete suiker voorzichtig over de noten. Wanneer de karamel afgekoeld en hard is, zitten de noten aan elkaar vast.

Een andere methode is dat je de noten door de gekarameliseerde suiker roert, zodat ze allemaal met karamel worden bedekt. Spreid dit mengsel vervolgens snel uit op een met olie ingesmeerde bakplaat.

# Jams en ingemaakt fruit

Jams en ingemaakt fruit, die in Afghanistan *morabba* genoemd worden, lijken meer op compotes of vruchten in siroop dan op de dikke gegeleerde jams uit het Westen. Je kunt ze weliswaar als jam op brood eten, maar ze worden vaker met yoghurt of ijs geserveerd, of door rijstpudding geroerd (zoals ik me ook uit mijn eigen jeugd herinner).

*Morabba* worden gemaakt van allerlei vruchten en groenten, variërend van ook in het Westen daarvoor gebruikte soorten als sinaasappels, appels en kersen, tot minder bekende als kweeperen, wortels, gember en pompoen. Elke huisvrouw heeft haar eigen geheime recepten en is er trots op dat ze haar bijzondere of ongebruikelijke zelfgemaakte jam aan haar gasten kan voorzetten.

## Morabba-ye behi
### Kweeperenjam

Dit recept komt van de grootmoeder van mijn echtgenoot die bekend stond om haar culinaire vaardigheden. Hij herinnert zich dat zij deze jam maakte toen hij klein was.

- 2 grote kweeperen
- 2 sinaasappels
- 900 g suiker
- 1 eetlepel citroensap
- 1 theelepel gemalen kardemom
- 8 dl water
- 1 eetlepel rozenwater

Schil de kweeperen, verwijder het klokhuis en snijd ze in dunne schijfjes of kleine blokjes. Schil de sinaasappels met een dunschiller en snijd de schil (zonder het wit) in juliennereepjes.

Breng de kweeperen, de reepjes sinaasappelschil en het water aan de kook, zet het vuur lager en laat alles koken tot de kweeperen zacht zijn. Voeg de suiker toe en zet het vuur hoger tot de suiker is opgelost. Doe de kardemom en het citroensap erbij en laat het mengsel op laag vuur koken tot het dik en stroperig is. Als het goed is zijn de kweeperen dan mooi roze of rood. Roer het rozenwater erdoor en laat de jam afkoelen voor je er potjes mee vult.

VARIATIE Laat de sinaasappelschil weg en leg in plaats daarvan een halve walnoot op de jam vlak voordat je het deksel op de potjes schroeft.

## Morabba-ye zardak
Worteljam

De groene pistaches en witte amandelen in deze jam steken mooi af tegen het fluwelige oranje van de wortel en zien eruit als glinsterende juwelen. De jam is heel lekker, vooral met yoghurt als dessert, maar ook heerlijk op brood.

- 450 g wortels
- 570 g suiker
- 2,8 dl water
- 100 g geschaafde amandelen
- 100 g geschaafde pistaches
- 5 eetlepels citroensap
- 2 theelepels gemalen kardemom
- 2 eetlepels rozenwater

Schrap, was en rasp de wortels. Breng het water en de suiker aan de kook en roer tot de suiker is opgelost. Roer de wortels, het citroensap, de amandelen, pistaches, kardemom en het rozenwater door het suikerwater en breng alles aan de kook. Laat 15 minuten borrelend koken, tot het mengsel stroperig wordt.

Laat de jam iets afkoelen voordat je er schone, droge potten mee vult. Schroef de deksels er pas op als de jam helemaal koud is. Bewaar de potten jam op een koele plek.

## Morabba-ye zandjafiel
Gemberjam

*voor 2 potten*

Dit is ook zo'n jam die vaak met yoghurt wordt gegeten als snack of dessert, hoewel hij ook op brood lekker is.

- 350 g verse gember
- 2,25 dl water
- 400 g suiker
- 1/2 theelepel gemalen groene kardemom
- 2 eetlepels citroensap
- 1/2 eetlepel geschaafde amandelen en pistaches (desgewenst)

Schil de gemberwortel en rasp hem met de hand of in een keukenmachine. Breng gember en water aan de kook en laat de gember op laag vuur koken tot hij zacht is.

Voeg de suiker en de kardemom toe, kook het mengsel op hoog vuur en doe er als het stroperig begint te worden het citroensap en eventueel de geraspte pistaches en amandelen bij. Laat de jam tot vrij dik inkoken. Laat hem afkoelen en doe hem in schone, droge potten. Bewaar ze op een koele plek of in de koelkast.

## Morabba-ye kadoe
Pompoenjam
*voor 3 tot 4 potten*

Deze jam heeft een prachtige oranje kleur en de kardemomzaadjes geven er een heerlijke smaak aan.

> 1 kg pompoen
> 1 kg sinaasappels
> 750 g kristalsuiker
> 60 g kardemompeulen

Schil de pompoen. Verwijder ook de zaden. Snijd het vruchtvlees in blokjes van 2 cm. Schil de sinaasappels zo dun mogelijk, met een dunschiller, en snijd de schil in luciferdunne reepjes. Pers de sinaasappels uit. Haal de zaadjes uit de kardemompeulen. Roer de stukjes pompoen, het sinaasappelsap, de reepjes sinaasappelschil, de suiker en de kardemomzaadjes in een grote pan door elkaar en laat het mengsel 10 uur of een nacht lang marineren. Roer er af en toe in.

Breng het mengsel aan de kook en laat het op laag vuur koken tot het dik en stroperig wordt. Dat kan een uur of iets langer duren. Laat de jam afkoelen voor je er schone, droge potten mee vult.

## Morabba-ye sieb
Appeljam
*voor 2 potten*

Afghanen eten deze jam, die eigenlijk meer een compote is, meestal als dessert met yoghurt. Voor dit recept heb je een stevige appel nodig, die niet tot moes kookt. De stukjes moeten heel blijven. Het is niet erg als de siroop niet zo dik wordt als jam. Het resultaat is heerlijk, of je nu kardemom of rozenwater gebruikt.

- 5 tot 10 kardemompeulen, naar smaak, of 1 eetlepel rozenwater
- 4 handappels
- 1 eetlepel citroensap
- suiker, evenveel als het gewicht van de appels
- 0,75 dl water
- snuf saffraan

Haal de zaadjes uit de kardemompeulen, maar stamp ze niet fijn, laat ze heel. Schil de appels, snijd ze in vieren en verwijder het klokhuis. Halveer de kwarten, zodat je acht partjes per appel hebt. Besprenkel ze met citroensap.

Breng de schijfjes appel met het citroensap, de suiker en het water aan de kook. Schuim zo nodig af. Laat de appels op laag vuur koken tot ze net zacht zijn en glazig beginnen te worden.

Doe nu een flinke snuf saffraan en de kardemomzaadjes of het rozenwater in de pan, laat het mengsel nog een paar minuten koken tot de siroop dik begint te worden. Neem de pan van het vuur en laat de compote afkoelen. Vul er schone droge potten mee en bewaar die op een koele plek of in de koelkast.

Een Afghaanse theeverkoper met zijn samovar

# Dranken

## Thee

Een Afghaans kookboek zou niet compleet zijn zonder thee, *tsjay*, want thee speelt een belangrijke rol in het dagelijks leven. Het wordt in enorme hoeveelheden gedronken en ik moet zeggen dat zowel de groene als de zwarte soorten van uitstekende kwaliteit zijn. Afghaanse thee is vooral heel verkwikkend in de droge hitte van de zomer.

Thee wordt vaak op smaak gebracht met kardemom en maar zelden met melk gedronken. Bij formele gelegenheden, zoals bruiloften en verlovingen, wordt een speciale groene thee geserveerd, *qeymaaq tsjay*. Op de thee wordt een laagje *qeymaaq*, een soort *clotted cream*, geschept. *Sjier tsjay* wordt op dezelfde manier gemaakt, maar zonder de *qeymaaq*. Aan deze thee wordt soms zout toegevoegd in plaats van suiker en er worden diverse koekjes of brood zoals *rot* of *naan-e roughani* bij gepresenteerd.

De gastvrijheid in Afghanistan is soms overweldigend. Een goed voorbeeld daarvan is dat het eerbetoon aan een gast wordt afgemeten aan de hoeveelheid suiker die hij bij zijn thee krijgt: hoe meer suiker, hoe meer eerbetoon. Een andere Afghaanse gewoonte is dat men eerst een kop thee met suiker drinkt, *tsjay sjirien*, en daarna een kop zonder suiker. Het tweede kopje heet *tsjay talkh*. Veel mensen weken suikerklontjes, *qand*, in hun thee en houden die dan in hun mond terwijl ze kleine slokjes nemen.

Bij thee worden vaak zoetigheden gepresenteerd, *sjirini*, zoals *noql* en, vooral in de winter, *ghoer*, een soort kandij die uit suikerriet wordt gemaakt.

Een ander gebruik dat je vaak ziet is het omdraaien van je kopje als je geen thee meer wilt. Doe je dat niet, dan zal de gastheer of gastvrouw je kopje steeds opnieuw met verse, hete thee vullen.

Omdat thee zo'n belangrijke rol speelt in Afghanistan zijn er veel *tsjaykana*'s, theehuizen. Je kunt er thee kopen, uit de samovar die de hele dag staat te koken, maar ook eenvoudige gerechten en andere zaken waar een reiziger behoefte aan heeft, zoals een simpele soep die *sjorwa-ye tsjaynaki*, theepotsoep, wordt genoemd en inderdaad in een theepot gemaakt wordt. De thee die in een *tsjaykana* wordt geserveerd kan zowel zwart als groen zijn en wordt soms in glazen geschonken, maar vaker in porseleinen kommetjes zonder oor, die veel weg hebben van Chinese theekommen. Elke klant krijgt zijn eigen kleine theepotje, met een schaaltje ernaast voor de gebruikte theeblaadjes. Wanneer de thee wordt geserveerd spoelt de klant zijn glas of kommetje met wat hete thee om en giet die bij de gebruikte theeblaadjes. Dan doet hij suiker, meestal veel, in zijn glas en giet daar hete thee op. Er staan geen stoelen in een *tsjaykana*, de mensen zitten in kleermakerszit in een kring op kleedjes en tapijten op een speciaal daarvoor gemaakt verhoogd gedeelte. Er hangen ook tapijten aan de muren en meestal is er populaire Afghaanse of Indiase achtergrondmuziek, die soms behoorlijk hard aan staat.

## Melk

Melk is in de steden duur en moeilijk te krijgen; als vervanging wordt vaak melkpoeder gebruikt. Melk komt van koeien, waterbuffels, geiten en schapen. Op het platteland houden de meeste gezinnen minstens één geit voor de melk. Zonder koelkast blijft die niet lang goed, dus maakt men er melkproducten van als yoghurt (*maast*), gedroogde yoghurt (*qoroet*), boter (*maska*) en kaas (*panier*). *Qeymaaq* is een luxe melkproduct dat wel iets van *clotted cream* weg heeft. In de zomer wordt veel *doegh* gedronken, een verfrissende drank die gemaakt is van yoghurt, munt, komkommer en zout.

*Koemis* is een bedwelmende drank die gemaakt wordt van gegiste merriemelk. In grote delen van Centraal-Azië wordt deze drank nog altijd gedronken, maar in Afghanistan is het verboden, vanwege het verbod op alcohol. Mountstuart Elphinstone schrijft in zijn boek *An Account of the Kingdom of Caubul* over de nationale drank van de Oezbeken, *qamiz*, 'een bedwelmende drank die, zoals bekend, gemaakt wordt van merriemelk. Men giet de melk in de namiddag in een dierenhuid, zoals die in India gebruikt worden om water in te bewaren, en laat de melk daar tot twee of drie uur voor zonsopgang in. Daarna wordt de melk urenlang in de dierenhuid heen en weer geschud, in ieder geval tot het ochtend is, maar hoe langer hoe beter. De sterke drank die zo ontstaat is wittig van kleur en zurig van smaak: je kunt het alleen in de laatste twee zomermaanden in overvloed krijgen en de meesten die het zich kunnen veroorloven zijn het grootste deel van die periode dronken; maar *qamiz* wordt niet verkocht en alleen zij die genoeg merries hebben om het thuis te maken kunnen ervan genieten.'

## Sorbets en andere dranken

Vruchtensappen, vruchtensorbets en vruchtensiropen worden het hele jaar door van allerlei soorten vers fruit gemaakt. In de zomer wordt het seizoensfruit – perziken, kersen en granaatappels – tot verfrissende dranken verwerkt. In de herfst komen daar de heerlijke kweeperen bij. Van sinaasappels, zowel zoete (*malta*) als bittere (*narendj*), worden in de wintermaanden populaire dranken bereid. Het sap van de zure Sevilla-sinaasappel, en ook dat van de citroen, wordt vaak over *tsjalau* en *pilau* en over salades gesprenkeld om die extra smaak te geven. Straatverkopers hebben vaak *kesjmesj aab*, een eenvoudig drankje dat van rozijnen wordt gemaakt, in de aanbieding. Rozenwater, dat als verkoelend geldt en goed zou zijn voor maagklachten, wordt vaak gebruikt om dranken op basis van citroen of ander fruit op smaak te brengen. *Sekandjabien* is een zeer traditionele drank die van munt wordt gemaakt.

In de gebieden waar druiven groeien, zoals ten noorden van Kaboel, wordt het sap van de druiven die aan het eind van het seizoen over zijn, uitgeperst en op een koele plaats bewaard om zo te drinken.

Afghanistan is een islamitisch land, en daarom worden er geen alcoholische dranken, ook geen wijn, gedronken, maar vanwege de hoge opbrengst en kwaliteit van de druiven in het Poel-e Tsjarki-gebied in Kaboel werd daar in het begin van de jaren zeventig een wijnfabriek gebouwd, waar met Italiaanse hulp wijn voor de export werd gemaakt.

## Qeymaaq tsjay
### Thee met clotted cream
*voor 4 koppen (1 liter)*

Thee wordt in Afghanistan normaal niet met melk gedronken, maar bij formele gelegenheden zoals verlovingen en bruiloften wordt een speciale thee gemaakt die *qeymaaq tsjay* heet. Er wordt thee gezet van groene thee, die door de extra lucht die erin wordt gebracht en door het toevoegen van dubbelkoolzure soda donkerrood wordt. Dan gaat er wat melk (en ook suiker) bij en wordt hij paarsroze van kleur. De thee heeft een sterke, volle smaak.

Bovenop drijft een laagje *qeymaaq*. Mijn echtgenoot, die dichterlijk is aangelegd en heimwee heeft, vergelijkt de kleur van de thee met de roze gloed die over de bergen in Afghanistan hangt als de zon op- of ondergaat. De *qeymaaq* symboliseert de met sneeuw bedekte bergtoppen. In plaats van *qeymaaq* kun je kant-en-klare gekochte *clotted cream* gebruiken, maar smaak en vooral structuur zijn niet hetzelfde, *clotted cream* lost snel op in de hete thee.

**voor de *qeymaaq*:**
4,5 dl volle melk
1/2 eetlepel maïzena
0,75 dl double cream*

*Qeymaaq tsjay*

\* Slagroom is wat minder vet dan *clotted cream*, als je geen *clotted cream* kunt krijgen, gebruik dan wat minder volle melk en wat meer slagroom.

Breng de melk in een pan aan de kook. Zet het vuur laag en roer de room door de melk. Strooi de maïzena door een zeef in het room-melkmengsel terwijl je goed roert. Klop het mengsel schuimig met een garde. Laat de pan op laag vuur staan. Er zal zich een dik vel op de melk vormen. Schep dat er van tijd tot tijd af en doe het in een andere pan, tot er nog maar een klein beetje melk over is. Zet de pan met de verzamelde *qeymaaq* (op een sudderplaatje) op laag vuur en laat hem een paar uur staan. Bewaar de *qeymaaq* op een koele plek tot je hem nodig hebt.

*voor de thee:*
6,8 dl water
6 theelepels groene thee
1/4 theelepel dubbelkoolzure soda
2,8 dl melk
4 tot 8 theelepels suiker, naar smaak
1 tot 2 theelepels gemalen kardemom
8 theelepels *qeymaaq*
ijsblokjes

Maak de *qeymaaq* zoals hierboven beschreven en zet hem weg op een koele plek. Breng het water in een pan aan de kook. Strooi er de groene thee in en laat die een minuut of vijf zachtjes koken, tot de blaadjes open zijn. Doe de dubbelkoolzure soda erbij en laat de thee nog een paar minuten langer koken. De theeblaadjes komen tijdens het koken aan de oppervlakte drijven. Doe er elke keer dat dat gebeurt een ijsblokje bij om de temperatuur te verlagen. Haal de pan van het vuur en laat de theeblaadjes naar de bodem zakken. Zeef de thee en gooi de blaadjes weg.

Doe in een andere pan een ijsblokje en giet de thee er vanaf enige hoogte bij om er lucht in te brengen (je kunt dat ook met behulp van een soepopscheplepel doen, zie de illustratie). Herhaal deze procedure – waarbij je de thee vanaf enige hoogte van de ene pan in de andere giet – een paar keer en doe er elke keer een ijsblokje bij, tot de thee donkerrood van kleur is.

Zet de pan weer op het vuur en voeg de melk toe. De thee is nu paarsroze van kleur geworden. Verhit hem langzaam tot tegen de kook aan en roer er dan naar smaak suiker en kardemom door.

Giet de thee in koppen en schep er twee theelepels *qeymaaq* op.

## Tsjay-e zandjafiel
Gemberthee

*voor 4 koppen (1 liter)*

Gember wordt beschouwd als 'heet' voedsel, dat goed zou zijn tegen maagklachten en reumatiek. Men denkt dat het de bloedsomloop bevordert.

- 1 liter water
- 3 theelepels groene thee
- 25 g bruine rietsuiker
- 2 tot 3 theelepels gemberpoeder
- 25 g walnoten, zeer fijn gehakt of gemalen

Breng het water aan de kook in een pan en doe er de thee en de suiker in. Laat het mengsel 2 minuten koken en zeef het. Giet de thee terug in de pan en voeg het gemberpoeder en de walnoten toe. Breng de thee weer aan de kook en laat hem 2 minuten doorkoken. Serveer de thee in koppen.

## Sjarbat-e bomya
Sorbetdrank van rozenwater en citroensap

Rozenwater en citroensap vormen een prachtige combinatie, die een verfrissend zomers drankje oplevert.

- 450 g suiker
- 2,25 dl water
- 2,25 dl citroensap
- 1,1 dl rozenwater

Breng de suiker, het water en citroensap in een pan op matig tot hoog vuur aan de kook, terwijl je goed roert tot de suiker is opgelost. Laat het mengsel 2 minuten op laag vuur koken. Neem de pan van het vuur en laat de siroop iets afkoelen voor je het rozenwater erdoor roert.

Zeef de siroop en serveer hem in glazen met ijsblokjes of gestampt ijs. Voor een mooi effect kun je de glazen versieren met rozenblaadjes.

# Sjarbat-e aloe baloe
## Jam en sorbetdrank van zure kersen

In dit recept gaat, typisch Afghaans, niets verloren. Het zijn eigenlijk twee recepten in één, omdat je jam kunt maken van de kersen die je overhoudt na het maken van de sorbetdrank. Als er geen zure kersen te krijgen zijn kun je ook zoete zwarte kersen nemen. Roer in dat geval twee eetlepels citroensap door het mengsel voordat je het aan de kook brengt.

*voor de sorbetdrank:*
500 g zure kersen
660 g suiker
5,6 dl water

*voor de jam:*
de overgebleven gekookte zure kersen
1,1 dl van de sorbetsiroop
110 g suiker
wat citroensap
1/2 theelepel gemalen kardemom

Verwijder de steeltjes en was en ontpit de kersen. Breng ze in een pan met de suiker en het water langzaam aan de kook en roer tot de suiker is opgelost. Zet het vuur laag wanneer de kersen koken en laat ze 40 tot 45 minuten op laag vuur staan, tot het sap dik en wat stroperig is geworden. Zeef het mengsel en bewaar de gekookte kersen. Laat de sorbetsiroop afkoelen voordat je hem in schone potten of flessen giet. Bewaar ze in de koelkast.

Dien de sorbetdrank op door een paar eetlepels van het geconcentreerde sap over ijsblokjes te gieten en de drank verder te verdunnen met ijskoud water.

DE BEREIDING VAN DE JAM Doe de gekookte kersen in een pan en voeg 1,1 dl sorbetsiroop en 110 g suiker toe. Doe er een flinke scheut citroensap en de kardemom in. Breng het mengsel aan de kook en laat het op laag vuur 3 minuten tot stroperig inkoken. Laat de jam afkoelen en vul er schone droge potten mee. Deze jam is heerlijk met yoghurt of ijs.

## Sjarbat-e narendj
Sinaasappelsorbetdrank

Deze zeer verfrissende drank wordt meestal met bittere sinaasappelen (*narendj*) gemaakt, als het daar het seizoen voor is, maar je kunt ze vervangen door zoete sinaasappelen (*malta*). De smaak is dan niet precies hetzelfde en je moet de hoeveelheid citroensap tot 4 eetlepels verdubbelen.

> 5 dl vers sinaasappelsap
> schil van 2 sinaasappels
> 2 eetlepels vers citroensap
> 450 g suiker
> 5 dl water

Schil de sinaasappels zo dun mogelijk, met een dunschiller, en snijd de schil in luciferdunne reepjes.
Doe alle ingrediënten in een pan met het water. Breng het mengsel langzaam aan de kook, daarbij roerend tot de suiker is opgelost. Laat het mengsel een half uur zachtjes doorkoken, tot het sap iets dikker en stroperig is geworden. Neem de pan van het vuur en laat de siroop afkoelen. Zeef hem, vul er schone flessen of potten mee en sluit die hermetisch af. Bewaar ze in de koelkast. Dien de sorbetdrank op door wat siroop over ijsblokjes te gieten en er koud water naar smaak door te roeren.

## Sjarbat-e rayhan
Sorbetdrank van basilicumzaadjes

*Sjarbat-e rayhan* wordt per traditie geserveerd bij *sjola-ye zard* (zie bladzijde 172) op de 10e dag van *Muharram*. Basilicumzaadjes kun je in Thaise supermarkten vinden. Sommige Aziatische supermarkten verkopen ze onder de naam *toekmoeriya*.

> 1/4 tot 1/2 theelepel basilicumzaadjes
> 1,5 dl warm water
> 3 eetlepels suiker, of meer, naar smaak
> 4,5 dl koud water
> 1 tot 2 eetlepels rozenwater

Was de basilicumzaadjes en week ze 10 tot 15 minuten in het warme water (de zaadjes zullen 'opengaan'). Roer het koude water en de suiker in een schaal tot de suiker is opgelost. Roer er het rozenwater en de basilicumzaadjes met het weekwater door en giet voor het serveren het mengsel op ijsblokjes in glazen.

## Kesjmesj aab
Rozijnendrank

Deze verfrissende, zoete drank wordt op warme zomerdagen door straatverkopers verkocht. Ze scheppen de rozijnen met een lepel in een kommetje of glas en gieten er wat sap over. De drank is heel makkelijk te maken.

> 250 g groene of rode rozijnen
> water

Was de rozijnen goed en doe ze in een glazen kan of schaal. Giet er zoveel water op dat ze 5 cm onder staan. Laat de rozijnen op een koele plek of in de koelkast 2 tot 3 dagen staan, tot het sap zoet is. Roer ze in die tijd af en toe om.
Serveer de rozijnen in glazen met flink wat van het sap.

## Sekandjabien
Muntsorbet

Toen ik mijn schoonmoeder muntsaus opschepte bij gebraden lamsvlees, vertelde ze me dat de saus haar sterk deed denken aan de sorbetdrank die ze vroeger in Afghanistan maakten. Ze gaf me het volgende recept. Ze vertelde me ook dat deze sorbet vaak gedronken werd vanwege de geneeskrachtige werking tegen geelzucht. Het is een verfrissende drank op hete, stoffige zomerdagen en straatventers verkopen hem aan de mensen die moe na hun werk op weg zijn naar huis.
*Sekandjabien* kan, onverdund, ook als snack geserveerd worden, met een salade van bindsla (Romeinse sla).

> 2,75 dl water
> 450 g suiker
> 1,5 dl witte wijnazijn
> 5 grote takjes munt, en munt ter garnering

Breng het water met de suiker in een pan aan de kook en roer tot de suiker is opgelost. Giet de azijn erbij, breng het mengsel weer aan de kook en laat het 20 minuten op laag vuur koken. Neem de pan van het vuur en leg de takjes munt in de siroop. Laat afkoelen.
Vul, wanneer je deze muntsorbet als drank wilt serveren, een glas voor een kwart tot een derde met de sorbetsiroop en vul het verder met ijsblokjes en koud water. Versier het glas met een vers takje munt.

Doe, wanneer je de sorbet als snack wilt eten, wat in een kommetje en zet er een bordje met knapperige bindsla naast. De slablaadjes worden in de sorbet gedoopt en dan gegeten.

## Doegh
Yoghurtdrank met munt
*voor 6 tot 8 personen*

Op warme dagen is zo'n verkoelend glas *doegh* werkelijk heerlijk. Het heeft een licht slaapverwekkend effect.

> 5,7 dl biologische yoghurt
> 1,1 liter water
> stuk komkommer van 13 cm, geschild en geraspt (of heel fijn gehakt)
> 2 eetlepels verse munt, fijngehakt
> 1 theelepel zout

Doe de yoghurt in een grote schenkkan en roer er het water door. Doe er de komkommer, de verse munt en het zout bij. Roer het mengsel goed door (sommige mensen kloppen de ingrediënten met een garde). Bewaar de *doegh* tot gebruik in de koelkast. Je kunt er ijsblokjes in doen, maar die verdunnen de drank.

*Doegh*

# Literatuur

Zoals uit de dankbetuiging blijkt heb ik meer van mensen geleerd dan uit boeken, en er zijn ook maar weinig boeken over de Afghaanse keuken, in welke taal dan ook. In deze korte lijst staan de boeken die ik heb geraadpleegd en een aantal boeken voor degenen die meer over Afghanistan willen weten.

ABDULLAH AFGHANZADA, *Local Dishes of Afghanistan* (in Farsi), Kaboel 1974.
J.E.T. AITCHISON, *Notes on the Products of Western Afghanistan and North Eastern Persia*, Edinburgh 1890.
AMERICAN WOMEN'S ASSOCIATION, *Kabul Gorgers*, Kaboel 1978.
ALAN DAVIDSON, *The Oxford Companion to Food*, Oxford University Press, Oxford 1999.
RINJING DORDE, *Food in Tibetan Life*, Prospect Books, Londen 1985.
LOUIS DUPREE, *Afghanistan*, Princeton University Press, 1973. (Een encyclopedisch werk.)
NANCY DUPREE, *An Historical Guide to Afghanistan*, Afghan Tourist Organisation, Kaboel 1977.
MOUNTSTUART ELPHINSTONE, *An Account of the Kingdom of Caubul and its Dependencies in Persia, Tartary, and India, comprising a view of the Afghaun Nation, and a History of the Dooraunee Monarchy*. Londen 1815 (herdruk 1998).
S.A. HUSAIN, *Muslim Cooking of Pakistan*, Sh. Muhammad Ashraf, Lahore 1974.
MADHUR JAFFREY, *Indian Cookery*, BBC, Londen 1982.
TESS MALOS, *Middle East Cookbook*, Summit Books, Sydney NSW 1979. (Met 20 blz. over Afghanistan.)
DORIS MCKELLAR (samenstelling), *Afghan Cookery*, Afghan Book Publisher, Kaboel 1972.
ROLAND en SABRINA MICHAUD, *Afghanistan*, Thames & Hudson, Londen 1980. (Veel mooie kleurenfoto's.)
—, *Caravans to Tartary*, Thames & Hudson, Londen 1978. (Veel mooie kleurenfoto's.)
NESTA RAMAZANI, *Persian Cookery*, University Press of Virginia, 1974.
AROONA REEJHSINGHANI, *The Great Art of Mughlai Cooking*, Bell Books, New Delhi 1979.
CLAUDIA RODEN, *De keuken van het Midden-Oosten*, Bzztôh, Den Haag 1995.
JULIE SAHNI, *Classic Indian Cookery*, Grub Street, Londen 1997.
—, *Classic Indian Vegetarian Cookery*, Grub Street, Londen 1999.
MARGARET SHAIDA, *The Legendary Cuisine of Persia*, Lieuse Publications, Henleyon Thames 1992.
WILLEM VOGELSANG, *Afghanistan. Een geschiedenis*, Bulaaq, Amsterdam 2002.
GEORGE WATT, *A Dictionary of the Economic Products of India,*, delen 16, 1e druk 1889, herdruk 1972 door Cosmo Publications, New Delhi.
SIGRID WEIDENWEBER (samenstelling), *The Best of Afghan Cookery. An Afghan Recipe Book*, American Aid for Afghans, Portland, Oregon 1980.

# Dankbetuigingen

## Dankbetuigingen bij de eerste druk

Dit boek zou niet mogelijk zijn geweest zonder de hulp en de belangstelling van veel vrienden en familieleden. Ten eerste wil ik Nasi, mijn echtgenoot, danken voor al zijn hulp, advies, geduld en vooral aanmoediging bij het voorbereiden van dit boek. Ik moet zeggen dat hij met name genoot van het proeven van alle recepten!

Speciale dank ben ik verschuldigd aan mijn schoonzuster Najiba Zaka en aan mijn goede vriendin Shaima Breshna. Beiden stuurden me veel recepten, gaven me adviezen, hielpen me met Afghaanse kooktechnieken en tradities, en lieten me zien hoe wat gecompliceerder gerechten gemaakt moesten worden.

Veel dank ook aan Shaima's man, Abdullah Breshna, die zorgde voor de leuke en bijzondere illustraties in het boek.

Veel andere vrienden gaven me recepten, adviezen en steun. Ik wil met name Khalil en Sara Rashidzada danken, die ons bij hen thuis uitnodigden en demonstreerden hoe de verrukkelijke specialiteit van de Oezbeken, *mantoe*, en een Oezbeekse *pilau* gemaakt worden. Ik dank ook Abdullah en Parwin Ali, Qassim en Valerie Hachimzai, Naheed en David Knight, en Abdul Ghaffour Redja.

Ik ben Anthony Hyman dankbaar voor zijn leiding en adviezen, met name bij de inleiding, en Stephen Keynes voor hulp om het boek gepubliceerd te krijgen.

Mijn moeder, Hilda Canning, en mijn vriendinnen Carole Cooles en Louise Boyd wil ik bedanken omdat ze zo vaak voor mijn kinderen zorgden, vooral voor baby Oliver, zodat ik door kon gaan met het testen van de recepten en het tikken van het manuscript. En ook de kleine Alexander moet bedankt worden omdat hij zo geduldig was en het begreep als ik het te druk had om hem te helpen met zijn huiswerk of met hem te gaan zwemmen.

Ten slotte wil ik iedereen bij Prospect Books bedanken, met name Alan en Jane Davidson, niet alleen omdat ze dit boek wilden publiceren en mij met hun deskundig advies terzijde stonden, maar ook voor hun sympathie met de Afghaanse zaak. Ik ben ook bijzondere dank verschuldigd aan mijn redacteur, Idonea Muggeridge, voor haar hulp en enthousiasme, die ik, omdat ik nooit eerder een boek geschreven had, des te meer waardeerde.

## Dankbetuigingen bij de tweede druk

In de jaren sinds de eerste druk van dit boek heb ik, dankzij de hulp van veel vrienden en kennissen, mijn kennis van de Afghaanse keuken, tradities en gewoonten kunnen vergroten. Veel Afghanen gaven me hun recepten en veel van die recepten zijn in dit boek opgenomen. Voor deze nieuwe recepten en nieuwe informatie ben ik veel dank verschuldigd aan mijn schoonzuster Najiba Zaka, aan Shaima Breshna, Gul Jan Kabiri, Kaka Noor Saberi,

Aziza Ashraf, Mahwash Amani, Zobeida Sekanderi, Lila, Rahila Reshnou, Homa Rundell, Nafisa Yahyaee, Maleka Ibrahimi en Fatima Gailani.

Ik dank opnieuw iedereen die me bij de eerste druk heeft geholpen en met name Abdullah Breshna, die wederom aanbood de illustraties voor me te maken. Vooral de nieuwe tekeningen van de ezelverkoper en van het maken van rozenwater in de tuin vind ik mooi. Ze roepen zulke levendige herinneringen op aan de negen jaar die ik in Afghanistan doorbracht. In alle illustraties is trouwens het karakter van Afghanistan prachtig gevangen.

Ik wil van deze gelegenheid ook gebruik maken om alle mensen te bedanken die zulke uitvoerige en opbouwende recensies schreven over de eerste druk: Claudia Roden, Barbara Santich, Shona Crawford Poole, Paul Levy, Miriam Poulunin, Jill Tilsley-Benham, John Birch, Faye Maschler, Ray Sokolov, Derek Cooper, Julie Sahni, Kerry Connor, Dolf Riks en Rosemary Clancy.

Ik dank ook mijn schoonzuster Michèle Hachim-Saberi, die zo lief was om *Noesje Djaan* in het Frans te vertalen en Wali Nouri voor het regelen van de publicatie in Frankrijk om de organisatie AFRANE te helpen. Ik dank Antonia Fumagalli, die niet alleen mijn boek in het Italiaans vertaalde om de Afghaanse zaak te steunen, maar ook de uitgever Piemme vond. Harriet Sandys, Afghan Aid en het Zweedse Comité waren bijzonder actief bij het stimuleren van de verkoop van mijn boek om fondsen te verzamelen voor humanitaire hulp en liefdadigheidswerk in Afghanistan.

Ik ben al mijn vrienden en kennissen dankbaar die door de jaren heen zo'n levendige en meelevende belangstelling voor de Afghaanse zaak en keuken hebben getoond. Ik wil in het bijzonder Tony en Hilary Hyman, Don en Sylvia Barton, Jim en Paula Cullen, David en Naheed Knight, Qassim en Valerie Hachimzai, Abdul Ghaffour Redja, Ben en Sarah Tomsett, Norman en Jacky Pritchard, Robin en Carol Debell, Bob en Carole Cooles, Laura Mason, Anissa Helou, Russell Harris, Ove Fosså en Charles Perry bedanken.

Opnieuw ben ik Alan en Jane Davidson innig dankbaar, die voortdurend sympathie en belangstelling voor de Afghaanse zaak hebben getoond en mij de laatste dertien jaar voortdurend hebben aangemoedigd en geadviseerd. De afgelopen zeven jaar heb ik naast Alan gewerkt aan zijn *magnum opus*, *The Oxford Companion to Food*. Ik vond het een grote eer en een groot genoegen dit te mogen doen. Ik heb er veel van geleerd. Bovendien gaf het me de kans ervoor te zorgen dat in dat boek ongeveer tien keer zoveel over Afghaanse gerechten en Afghanistan staat als anders het geval geweest zou zijn.

Ook hartelijke dank aan Tom Jaine, omdat hij me opporde deze tweede druk te maken en voor zijn aandeel in het uitgeven van de aparte editie door Hippocrene Books in de Verenigde Staten.

Ten slotte gaan mijn liefde en dankbaarheid naar mijn man, Nasir, die me terzijde stond bij het uitwerken van recepten van gerechten die hij zich nog herinnerde uit zijn kinderjaren en die hij zijn grootmoeder en moeder heeft zien koken. Hij heeft me met het geduld en het enthousiasme die zo karakteristiek voor hem zijn voortdurend geholpen, raad gegeven en bemoedigd. Ik ben hem zeer verplicht.

*Helen Saberi*
Londen, 1986 en 2000

# Register

*aab-e dandaan* 193
— *golaab* 32
aardappelen met yoghurt 152
aardappelsoep 57
*aasj* 72
— *gaaz* 25
*aasjak* 73
*aasj-e asli* 70
*abriesjom kebaab* 195
abrikozen(pitten) 37
abrikozenchutney 161
Afghaanse custardvla 169
— gelei 171
— keuken 23
— lasagne 77
*aloe baloe* 38
— *bokhaara* 39, 139
amandelen 39
—, gesuikerde 197
*anaar* 38
*angoer* 37
anijs 27
appel, stoofschotel met 144
appeljam 203
asafetida 28
auberginepuree 62
aubergines 36
—, gestoofde, met rijst 129
— met yoghurt 149
—, tafelzuur van 160

*baadyaan* 27
*baandjaan batta* 132
— *palau* 111
— *tsjalau* 129
*baandjaan-e roemi* 37
— *siyaah* 36
*badaam* 39
*bamiya* 154
*baqlawa* 189

barbecue 26
*barta* 62
*batta* 132
*behi* 38
bestek 14
bloemkool, stoofschotel met 141
*boelani* 63
— *katsjaloe* 64
— met aardappelvulling 64
*boerani baandjaan* 149
— *kadoe* 151
— *kadoe-ye tsjoetsja* 151
— *katsjaloe* 152
*bor pilau* 120
boter, geklaarde 40
brood 45-51
—, plat 49
—, zoet gefrituurd 186
—, zoet, rond plat 51
bruiloftsgerecht, zoet 181

*chapati* 49
chilipepers 27
chutney
    abrikozenchutney 161
    chutney van zure kersen 164
    korianderchutney 162
    muntchutney 163
    perzikenchutney 161
    rode-paprikachutney 164
    tomatenchutney 163
chutneys, tafelzuren en 158-165
citroenen, tafelzuur van 158
*compote-e behi* 168
courge met yoghurt 151
courgettes 36

courgettes met yoghurt 151
cream, clotted 41
custardvla, Afghaanse 169

*daal* 35, 155
— *nakhod* 35
*daaltsjini* 29
daikon 36
*dampokht*-methode 100, 101
*dana-ye kondjied* 31
deegroller 25
desserts, fruit en 166-182
*dieg* 24
*dieg-e bokhaar* 26
*diegtsja* 174
dille 27, 31
*djalghoeza* 39
*djelabi* 190
*do piyaza/1* 96
*do piyaza/2* 97
*doegh* 213
*dolma barg-e karam* 149
— *mortsj-e sjirien* 148
dranken 205-213
druiven 37
druivenpitten 38
duivelsdrek 28

eieren met aubergines 80
— met *gandana* (of prei) 78
— met groenten 79
eiergerechten 78-82
*esjkana-ye miwa* 56
eten op straat en snacks 61-69
*Eyd-al-Fitr* 15
*Eyd-e Qorbaan* 15

*faloeda* 177
feesten, speciale gelegenheden en religieuze 15
fenegriek 28
*ferni* 169
*foqara* 170
fruit en desserts 166-182
fruit, jams en ingemaakt 200-203

*gandana* 36, 63
*gasjnietsj* 162
*gasjniez* 32
gastvrijheid 13
gebak met noten, zoet 189
—, snoepgoed en koekjes 183-199
gefrituurde gistkoekjes 192
gehaktballen met ei 90
gehaktballetjes met witte rijst 125
gekarameliseerde noten 199
gele rijst *zie* rijst, gele
gelei, Afghaanse 171
gember 28
gemberjam 201
gemberthee 209
gewoonten, sociale 13
*ghee* 40
*ghola don* 37
*ghora angoer* 38
*gilaas* 38
gistkoekjes, gefrituurde 192
*goesj-e fiel* 185
*goesjt-e qaq* 28, 138
granaatappel 38
granenpap met vlees 67
groentebeignets 62
groentegerechten en salades 147-157
groenten 36
—, rauwe 147
—, tafelzuur van gemengde 159

*hadj* 15
*halaal* 102
*haliem* 67
halva van gemalen rijst 180
— van semolina 180
— van wortel 180
halvaroom 181
*halwa-ye aard-e berendj* 180
— *aard-e soedji* 180
— *aardi* 179
— *swanak* 198
— *zardak* 180
handenwasceremonie 14, 16
*haraam* 102
*hawang* 25
'heet' voedsel 32
'hete' *kebaab* 86
— soep met vlees en groenten 54
*hiel* 29
*hing* 28
hogedrukpan 26
*holba* 28
hoofdgerechten 100-146
*hosseyni* 37
houtskoolkomfoor 26

ijs 176
ingrediënten en technieken 26

jam
appeljam 203
gemberjam 201
jam van zure kersen 210
kweeperenjam 200
pompoenjam 202
worteljam 201
jam en sorbetdrank van zure kersen 210
jams en ingemaakt fruit 200-203

kaas met rozijnen 67
kabeljauwfilet, *kebaab* 99
*kadjkoel-e foqara* 169
*kafgier* 25
kalebassen 36
*kalondji* 30
*kandahari* 37
kaneel 29
*karayi kebaab* 88
kardemom 29
kassie 29
*katsji* 181
*kebaab* 83-99
*abriesjom kebaab* 195
forel, *kebaab* 99
'hete' *kebaab* 86
kabeljauwfilet, *kebaab* 99
*karayi kebaab* 88
*kebaab do piyaza* 92
— *digi* 91
— *digi-ye mahi* 99
— *djegar* 93
— *doshi* 92
— *morgh/1* 93
— *morgh/2* 94
*kebaab* in de vorm van worstjes 89
— uit de pan 91
— van gehakt 86
— van lamskarbonades 87
kipkebaab 93, 94
*kofta kebaab* 86
lamskebaab 85
lamskebaab met eieren 88
leverkebaab 93
*lola kebaab* 89
*narges kebaab* 90
'oven-kebaab' 92
*qima kebaab* 86
*siekh kebaab* 85
*sjami kebaab/1* 89

kebaab
    *sjami kebaab/2* 90
    *sjienwari kebaab* 87
    *tekka kebaab* 85
    *tsjapli kebaab* 86
    viskebaab 99
    'zijden' kebaab 195
*kebaab-e digi* 91
— *digi-ye mahi* 99
— *djegar* 93
— *doshi* 92
— *morgh/1* 93
— *morgh/2* 94
kersen 38
kersenstoofpot met rijst 127
*kesjkoel-e foqara* 170
*kesjmesj* 40
— *aab* 212
— *panier* 67
*kesjmesji* 37
*ketsjri-ye quroet* 136
keuken, Afghaanse 23
keukenuitrusting 24
*khaasjkhaasj* 30
*khadjoer of Bosrauq* 192
*khagina sjirien* 81
*khagina-ye baandjaan-e roemi* 81
— *gandana* 78
*kharboeza* 38
*khasta* 37, 39
*khasta-ye sjirien* 199
kidneybonen, rode 35
kikkererwten 35
— met muntsaus 66
—, snoeperij van 197
kip, gevulde 95
kip met yoghurt, stoofschotel met 140
kipkebaab 93, 94
klimaat 13
knoflook 32
koeken van gemalen rijst 189
koekjes, gebak, snoepgoed en 183-199

koekjes, hartige 193
—, 'smelt-in-de-mond'- 193
*koekoe-ye baandjaan-e siyah* 80
— *tarkari* 79
koemis 206
*kofta kebaab* 86
— *pilau* 106
— *sjorwa* 55
— *tsjalau* 125
*kofta-ye narges* 90
koks 24
*koltsja-ye berendji* 189
— *namaki* 193
— *nauroezi* 189
— *pandjareyi* 187
komijn 29
—, 'zwarte' 30
koolbladeren, gevulde 149
koriander 32
korianderchutney 162
korianderzaad 30
kortkorrelige rijst *zie* rijst, kortkorrelige
'koud' 32
kruiden 31
kruidnagel 30
kurkuma 30
kweepeer 38
kweeperen, stoofschotel met 143
kweeperencompote 168
kweeperenjam 200

ladoe 197
lakhtsjak 77
lamskebaab 85
— met eieren 88
lamsvlees 97
— met uien, op brood, gekookt 96
—, stoofschotel met 140
—, stoofschotel met rapen met rijst en 133
lasagne, Afghaanse 77

*lawang tsjalau* 126
*lawang-e samaroq* 154
*lawasja* 45, 48
lente-uitjes 37
lepel met gaatjes, grote 25
leverkebaab 93
*liti* 178
*loebiya* 35
*lola kebaab* 89

maanzaad 30
*maast* 41
maatpot 25
*mahi tsjalau* 128
*malaqa* 23, 25
*manqal* 26
mantoe 75
*masjin-e goesjt* 25
*mastawa* 138
maten en gewichten 23
*maughoet* 171
*mausj* 35
— *pilau* 113
mausjawa 58
melk 206
melkpudding met vermicelli 175
meloen 38
mengkom 26
merriemelk 206
*mikhak* 30
*miwa nauroezi* 167
*moeli safied* 36
— *sorkh* 36
moerbeien 39
*molida* 181
*morabba-ye behi* 200
— *kadoe* 202
— *sieb* 203
— *zandjafiel* 201
— *zardak* 201
*mortsj-e sabz* 27
— *siyah* 31
— *sorkh* 27, 31
mung daal 35

mungbonen 35
munt 32
muntchutney 163
muntsorbet 212
*murgh-e shekam pur* 95

*naan* 45, 47, 48
— *gigeqi* 45
— *maghzi* 50
— *Oezbeki* 48
— *parata* 186
— *roughani* 46, 50
— *toemartsj* 45
*nakhod* 35
*nana* 32
*narendj pilau* 114
*narges kebaab* 90
*nauroez* 15
*nazer* 15, 18
nieuwjaarsdag 15
nieuwjaarsvruchtencompote 167
nigellazaad 30
*noasj piyaaz* 37
noedels, gerechten met pasta en 70-77
*noql* 27
*noql-e badami* 197
noten 39
—, gekarameliseerde 199
notenkrokantjes 198

Oezbeekse rijst met wortel en rozijnen 108
okra, gestoofde 154
olie 40
—, plantaardige 40
'olifantsoren' 185
omelet met aardappelen, zoete 81
'oven-kebaab' 92
paddestoelen in yoghurt 154
—, stoofschotel met 143
*pakaura* 62

*panier-e kham* 67
— *sjour* 67
pannen 24
paprikachutney, rode- 164
paprika's, gevulde 148
pasta en noedels, gerechten met 70-77
— met een vulling van vlees en ui 75
— met preivulling en vleessaus 73
— met yoghurt en gehaktballetjes 70
— met yoghurt, kikkererwten, kidneybonen en gehakt 72
pasteitjes met gehakt, gebakken 65
— met preivulling 63
—, zoete gevulde 183
patrijs, stoofschotel met 140
peper, groene 27
—, rode 27, 31
—, zwarte 31
perzikenchutney 161
*pesta* 39
peulvruchten 35, 147
pijnboompitten 39
*pilau/1* 104
*pilau/2* 105
— met dille en rozijnen 119
— met gevulde kip 121
— met kip of lamsvlees 120
— met paddestoelen 120
*pilau-ye morgh-e sjekam por* 121
pistaches 39
*piyaaz* 37
plakkerige rijst *zie* rijst, plakkerige
*poedina* 32
polei 32
pompoenen 36
pompoenjam 202
pruim 39

pruimen, stoofschotel met gedroogde 139

*qabeli pilau* 107
— *oezbeki* 108
*qatlama* 188
*qeymaaq* 41
— *tsjay* 205, 207
*qima kebaab* 86
*qorma pilau* 109
— *tsjalau* 124
*qorma-ye aloe bokhaara* 139
— *behi* 143
— *gol-e karam* 141
— *kasjmiri* 140
— *kauk* 140
— *rawasi* 145
— *roe-ye naan* 98
— *samaroq* 143
— *sieb* 144
— *sjast-e aroes* 154
— *zardak* 142
*qoroet* 41

rabarber, stoofschotel met 145
radijs 36
*ramazan* 15
'ramen'-wafeltjes 187
rammenas 36
*rang-e sjirien* 31
rapen met rijst en lamsvlees, stoofschotel met 133
*resjta pilau/1* 117
— *pilau/2* 118
rijst 100
rijst, gekookte, plakkerige, kortkorrelige 132
—, gele, gekookt volgens de *sof*-methode 104
—, gele, gekookt volgens de *dampokht*-methode 105
—, gele, met aubergines 111
—, gele, met gehaktballetjes 106

rijst, gele, met noten en
    saffraan 115
—, gele, met vlees 109
—, gele, met wortel en
    rozijnen 107
—, koken kortkorrelige 102
—, koken langkorrelige 100
—, kortkorrelige 100
—, kortkorrelige, met
    lamsvlees, yoghurt en
    kikkererwten 138
—, kortkorrelige, met
    mungbonen en qorma met
    gedroogde pruimen 135
—, langkorrelige 100
— met dille, witte 124
— met fenegriek, zoete 173
— met gekookt vlees 105
— met mungbonen en
    abrikozen of dadels 113
— met noten, zoete 172
— met sinaasappel 114
— met smaragden (spinazie)
    130
— met spinazie 112
— met tomaten 110
— met vermicelli 117, 118
—, plakkerige, met vlees 134
—, plakkerige, met yoghurt,
    opgediend met qorma of
    kofta 136
—, witte langkorrelige 123
rijstpudding met melk 174
—, zoete gele 172
—, zoete, kleverige 174
rijstsoep 55
romig dessert van melk en
    amandelen 169
rot 46, 51
roughan-e domba 40
— nabati 40
— zard 40
rozenwater 32-34
rozijnen 40
rozijnendrank 212

sabzi batta 132
— rawasi 153
— tsjalau 131
saffraan 31
sahlab 42
salade, gemengde 156
salades, groentegerechten en
    147-157
salata 156
— baandjaan-e roemi-wa-piyaaz
    157
salep 42
samanak 15
samaroq pilau 120
samboesa goesjti 65
— sjirien 183
sandali 13
sardi/garmi 32, 42
sekandjabien 212
sesamzaad 31
siekh 26
— kebaab 85
sier 32
sinaasappelsorbetdrank 211
siyah dana 30
sjab-e mordeha 18
sjah toet 39
sjalgam batta 133
sjami kebaab/2 89
— /2 90
sjarbat-e aloe baloe 210
— bomya 209
— narendj 211
— rayhan 211
sjebet 31
— pilau 119
sjienwari kebaab 87
sjier berendj 174
— payra 194
— siemyaan 175
— tsjay 205
— yakh 176
sjier-e toet 39
sjiera-ye angoer 38
sjoer nakhod 66

sjola goesjti 134
sjola-ye ghorbandi 135
— holba 173
— sjirien 172
— zard 172
sjorwa 52
— berendj 55
sjorwa-ye lawang 57
— pyawa 57
— sjamali-war 54
— sjebet 55
— tarkari 52
— tsjaynaki 53
'smelt-in-de-mond'-koekjes
    193
snacks 61-69
snoeperij van kikkererwten
    197
snoepgoed en koekjes, gebak
    183-199
— van melk en suiker 194
soep 52-59
    aardappelsoep 57
    'hete' soep met vlees en
        groenten 54
    rijstsoep 55
    soep met gehaktballetjes
        en dille 55
    soep met vlees en
        groenten 52
    soep van peulvruchten
        en yoghurt 58
    theepot-soep 52, 53
    vruchtensoep 56
    yoghurtsoep met
        tomaten 57
sof-methode 100, 101
sorbetdrank van
    basilicumzaadjes 211
— van rozenwater en
    citroensap 209
— van zure kersen 210
sorbets en andere dranken
    206

specerijen 26
spiezen 26
spinazie met rabarber 153
— met rijst 131
spliterwten 35
stomer 26
stoofschotel met appel 144
— met bloemkool 141
— met gedroogde pruimen 139
— met kweeperen 143
— met paddestoelen 143
— met rabarber 145
— met wortel 142
— van lamsvlees of kip met yoghurt 140
— van patrijs 140
— van rapen met rijst en lamsvlees 133

*tabang wala* 19, 61
tafelzuren en chutneys 158-165
tafelzuur van aubergines 160
— van citroenen 158
— van gemengde groenten 159
— van worteltjes 161
*taghara-ye khamiri* 26
— *qoroeti* 26
*tah digi* 101
talen 10
*talkhun* 39
*tandoer* 45
*tarboez* 38
tarwe-halva 179
*tawah* 45
technieken, ingrediënten en 26
*tekka kebaab* 85
thee 205
— met clotted cream 207
theepot-soep 52, 53

*toet* 39
*tokhm-e gasjniez* 30
— *sjebet* 27
tomaten 37, 147
tomatenchutney 163
tomatenomelet 81
tomatensalade met ui 157
*torsji* 158
— *baandjaan-e siyaah* 160
— *limo/1* 158
— *limo/2* 159
— *tarkari* 159
— *zardak* 161
*tsjaikana* 19
*tsjaka* 41
*tsjakida* 39, 167
*tsjalau dampokht* 123
— *sof* 26, 123
*tsjalau-ye sjebet* 124
*tsjapli kebaab* 86
*tsjar masala* 31
*tsjarmaghz* 39
*tsjatni* 158
— *aloebaloe* 164
— *baandjaan-e roemi* 163
— *gesjniez* 162
— *mortsj* 164
— *naana* 163
— *sjaftaloe* 161
*tsjay* 205
— *sjirien* 205
— *talkh* 205
*tsjay-e zandjafiel* 209
*tsjaykana* 205

uien 37, 147

vastenmaand 15
vergiet 26
vermicellidessert 177
vierkruidenpoeder 31
vijzel en stamper 25
vis, gestoofde, met rijst 128

viskebaab 99
vlees, gedroogd 28, 102, 103
—, vis en gevogelte 102
—, gestoofd, met prei en brood 98
—, gestoofd, met rijst 124
—, gestoofd, met yoghurt 126
vleesmolen 25
voedsel, 'heet' en 'koud' 42
vruchten en noten 37
vruchtensoep 56

walnoten 39
watermeloen 38
wontonvellen 70
wortel, stoofschotel met 142
ворteljam 201
worteltjes, tafelzuur van 161

*yaghoet pilau* 110
— *tsjalau* 127
*yakhni pilau* 105
yoghurt 41
—, gedroogde 41
yoghurtdrank met munt 213
yoghurtsoep met tomaten 57

*zafaraan* 31
*zamarod pilau* 112
— *tsjalau* 130
*zandjafiel* 28
*zard aloe* 37
— *tsjoeba* 30
*zarda pilau* 115
*zardaloe* 161
*ziera* 29
'zijden' kebaab 195
zijderoutes 11
zuurdesem 47

rijst, gele, met noten en
    saffraan 115
—, gele, met vlees 109
—, gele, met wortel en
    rozijnen 107
—, koken kortkorrelige 102
—, koken langkorrelige 100
—, kortkorrelige 100
—, kortkorrelige, met
    lamsvlees, yoghurt en
    kikkererwten 138
—, kortkorrelige, met
    mungbonen en qorma met
    gedroogde pruimen 135
—, langkorrelige 100
— met dille, witte 124
— met fenegriek, zoete 173
— met gekookt vlees 105
— met mungbonen en
    abrikozen of dadels 113
— met noten, zoete 172
— met sinaasappel 114
— met smaragden (spinazie)
    130
— met spinazie 112
— met tomaten 110
— met vermicelli 117, 118
—, plakkerige, met vlees 134
—, plakkerige, met yoghurt,
    opgediend met qorma of
    kofta 136
—, witte langkorrelige 123
rijstpudding met melk 174
—, zoete gele 172
—, zoete, kleverige 174
rijstsoep 55
romig dessert van melk en
    amandelen 169
rot 46, 51
roughan-e domba 40
— nabati 40
— zard 40
rozenwater 32-34
rozijnen 40
rozijnendrank 212

*sabzi batta* 132
— *rawasi* 153
— *tsjalau* 131
saffraan 31
*sahlab* 42
salade, gemengde 156
salades, groentegerechten en
    147-157
*salata* 156
— *baandjaan-e roemi-wa-piyaaz*
    157
salep 42
*samanak* 15
*samaroq pilau* 120
*samboesa goesjti* 65
— *sjirien* 183
*sandali* 13
*sardi/garmi* 32, 42
*sekandjabien* 212
sesamzaad 31
*siekh* 26
— *kebaab* 85
*sier* 32
sinaasappelsorbetdrank 211
*siyah dana* 30
*sjab-e mordeha* 18
*sjah toet* 39
*sjalgam batta* 133
*sjami kebaab/2* 89
— /2 90
*sjarbat-e aloe baloe* 210
— *bomya* 209
— *narendj* 211
— *rayhan* 211
*sjebet* 31
— *pilau* 119
*sjienwari kebaab* 87
*sjier berendj* 174
— *payra* 194
— *siemyaan* 175
— *tsjay* 205
— *yakh* 176
*sjier-e toet* 39
*sjiera-ye angoer* 38
*sjoer nakhod* 66

*sjola goesjti* 134
*sjola-ye ghorbandi* 135
— *holba* 173
— *sjirien* 172
— *zard* 172
*sjorwa* 52
— *berendj* 55
*sjorwa-ye lawang* 57
— *pyawa* 57
— *sjamali-war* 54
— *sjebet* 55
— *tarkari* 52
— *tsjaynaki* 53
'smelt-in-de-mond'-koekjes
    193
snacks 61-69
snoeperij van kikkererwten
    197
snoepgoed en koekjes, gebak
    183-199
— van melk en suiker 194
soep 52-59
    aardappelsoep 57
    'hete' soep met vlees en
        groenten 54
    rijstsoep 55
    soep met gehaktballetjes
        en dille 55
    soep met vlees en
        groenten 52
    soep van peulvruchten
        en yoghurt 58
    theepot-soep 52, 53
    vruchtensoep 56
    yoghurtsoep met
        tomaten 57
*sof*-methode 100, 101
sorbetdrank van
    basilicumzaadjes 211
— van rozenwater en
    citroensap 209
— van zure kersen 210
sorbets en andere dranken
    206

specerijen 26
spiezen 26
spinazie met rabarber 153
— met rijst 131
spliterwten 35
stomer 26
stoofschotel met appel 144
— met bloemkool 141
— met gedroogde pruimen 139
— met kweeperen 143
— met paddestoelen 143
— met rabarber 145
— met wortel 142
— van lamsvlees of kip met yoghurt 140
— van patrijs 140
— van rapen met rijst en lamsvlees 133

*tabang wala* 19, 61
tafelzuren en chutneys 158-165
tafelzuur van aubergines 160
— van citroenen 158
— van gemengde groenten 159
— van worteltjes 161
*taghara-ye khamiri* 26
— *qoroeti* 26
*tah digi* 101
talen 10
*talkhun* 39
*tandoer* 45
*tarboez* 38
tarwe-halva 179
*tawah* 45
technieken, ingrediënten en 26
*tekka kebaab* 85
thee 205
— met clotted cream 207
theepot-soep 52, 53

*toet* 39
*tokhm-e gasjniez* 30
— *sjebet* 27
tomaten 37, 147
tomatenchutney 163
tomatenomelet 81
tomatensalade met ui 157
*torsji* 158
— *baandjaan-e siyaah* 160
— *limo/1* 158
— *limo/2* 159
— *tarkari* 159
— *zardak* 161
*tsjaikana* 19
*tsjaka* 41
*tsjakida* 39, 167
*tsjalau dampokht* 123
— *sof* 26, 123
*tsjalau-ye sjebet* 124
*tsjapli kebaab* 86
*tsjar masala* 31
*tsjarmaghz* 39
*tsjatni* 158
— *aloebaloe* 164
— *baandjaan-e roemi* 163
— *gesjniez* 162
— *mortsj* 164
— *naana* 163
— *sjaftaloe* 161
*tsjay* 205
— *sjirien* 205
— *talkh* 205
*tsjay-e zandjafiel* 209
*tsjaykana* 205

uien 37, 147

vastenmaand 15
vergiet 26
vermicellidessert 177
vierkruidenpoeder 31
vijzel en stamper 25
vis, gestoofde, met rijst 128

viskebaab 99
vlees, gedroogd 28, 102, 103
—, vis en gevogelte 102
—, gestoofd, met prei en brood 98
—, gestoofd, met rijst 124
—, gestoofd, met yoghurt 126
vleesmolen 25
voedsel, 'heet' en 'koud' 42
vruchten en noten 37
vruchtensoep 56

walnoten 39
watermeloen 38
wontonvellen 70
wortel, stoofschotel met 142
worteljam 201
worteltjes, tafelzuur van 161

*yaghoet pilau* 110
— *tsjalau* 127
*yakhni pilau* 105
yoghurt 41
—, gedroogde 41
yoghurtdrank met munt 213
yoghurtsoep met tomaten 57

*zafaraan* 31
*zamarod pilau* 112
— *tsjalau* 130
*zandjafiel* 28
*zard aloe* 37
— *tsjoeba* 30
*zarda pilau* 115
*zardaloe* 161
*ziera* 29
'zijden' kebaab 195
zijderoutes 11
zuurdesem 47